U0929905

中国基础教育评论

第1辑

刘铁芳 主编

格致出版社 上海人民出版社

主编的话

从“关关雎鸠”到“七月流火，九月授衣”，先民给我们留下的不仅仅是优美的诗歌，更是我们想象世界的方式，让我们充满劳碌却不失优雅地生存在农历的天空下。当时光流转，我们已然迈向现代化的深处。对于物质发展和速度的迷恋，让我们淡忘了古典的质朴与优雅。辑刊开篇主题“古典诗教的意味”编入4篇文章，钱理群先生的《让诗歌伴随一生——〈诗歌读本〉总序》，立足生涯发展来看诗歌教育的重要性；刘绪义和孙丽娟的《古典诗教的贵族精神》意在重温《诗经》所蕴含的精神气象；陈文芳的《教育与身体共在——孔子诗教导论》则说明了素以礼教见长的孔子，其内在的支撑正是诗教；余小茅的《保卫教育的古典气质》则直面教育的浮躁现象，意在以古典精神含蕴教育。重申古典诗教传统，一是重温诗教作为教育的初始形式，以激活教育空间；二是诗教原本就孕育着爱与美的人生，重温诗教传统，意在激活教育向着爱与美的生活世界的回归，以焕发诗性精神。

如果说古典诗教是面向古典传统，那么公民教育则是面向现时代和未来社会发展的基本主题。王小庆的《民国时期的公民教育》试图重温故纸堆，发掘、整理民国时期的公民教育资源；李伟言的《班级生活的反思与重建》则是从学校生活的微观视角阐释公民教育的可能性。公民教育的主题绝非两篇文章所能概括，这两篇文章仅仅是开个头。

李庆明的《都市田园课程：通向儿童的回家之路》是其在中央教育科学研究所深圳南山实验学校的都市田园教育实践的纲领性文字。刘发建是近年来涌现出来的小学语文教坛新秀，《亲近鲁迅，温暖生命——“鲁迅启蒙教育”的实践与思考》是其小学鲁迅作品教学研究与实践的概括提升。两篇文章，一篇从学校出发，一篇从学科出发，都是当前基础教育深度实践的成果表达。傅国涌的《老中学的传统》、刘良华的《生命教育哲学视野中的儿童教育》是富于现场感的演讲整理，在勾勒历史、直面人生困境的过程中，阐释当下基础教育的幽微主题。许锡良的《小学才是最重要的》、谢英娜的《迟开的花儿》、刘云杉的《一个蛋头，又一个蛋头》，都是很有教育意趣的小文章，意在唤起一线教师的自我教育生活关注。

目录

古典诗教的意味

让诗歌伴随一生

——《诗歌读本》总序

钱理群

北京大学中文系教授、博士生导师

奉献给读者的这套《诗歌读本》共分六卷:《天籁之声——学前(出生—6岁)卷》,《成长之歌——小学(7—12岁)卷》,《生命幻想曲——初中(13—15岁)卷》,《心中的诗——高中(16—18岁)卷》,《诗道寻踪——大学(19—22岁)卷》(此卷读者可含大学毕业以后的青年、中年人),《憩息诗乡——老人(60岁以后)、儿童(7—12岁)合卷》。

读者不难看出我们的"雄心":《诗歌读本》的对象涵盖各个年龄层次的读者,我们的编辑理念是:"让诗歌伴随你一生。"

读者自然要问:你们为什么要编这样一套书?你们如何编这套书?

我们的编辑灵感,来自中国的"诗教"传统。其实,不仅是中国,世界许多民族,特别是希腊、印度这样的古老民族,都有一个诗教传统。

所谓"诗教",按我们的理解,有广义和狭义两个方面。从大的方面说,也是更接近本义的,就是要以诗来管理、教化社会,以诗治国。这就是《诗大序》所说的"厚人伦,美教化,移风俗,莫近于诗"。这里有一个核心的治国理念,即对人心、民心、民情的重视,观人心、民心、民情的最好途径就是听其声,所以又有"治世之音安以乐,其政和;乱世之音怨以怒,其政乖;亡国之音哀以思,其民困"之说。这就是所谓"诗可以观"的功能。按儒家的理念,诗的最大功能还是对人的精神的引导、教化,这就是孔子所说的"入其国,其教可知也,其为人也,温柔敦厚,《诗》教也"(《礼记·经解》)。也就是要通过诗歌的吟诵,发泄不满和悲苦,使情绪得以平复("诗可以怨"),然后,通过诗的移情、潜移默化的作用,涵养人的中和之性情("诗可以兴”)，由个人心灵的净化、性情的温柔敦厚，进而发展为人与人关系的融合，弥漫于家庭、社会以至于国家，就可以达到天下的长治久安与和谐（“诗可以群”）。

对这样的儒家的以诗治国观，历来是有不同看法的，也有尖锐的批评，这里不予讨论。我们注重的是，其中至少有一个合理因素，即对人的心性、内在精神世界以及对人伦关系的重视，强调诗歌对提升、净化人的心灵的作用及移风易俗的作用。由此，我们想起了人们已经熟知的“人诗意地栖居”的理念，这样的联想大概是有道理的。

一位中学老师对这一理念作了这样的阐述：“人生活在两个世界里。首先，我们生活在现实世界里，生活在一个世俗化的世界里。但这绝不是生活的全部。我们每一个人还拥有另外一个世界，那是一个意义的世界，是一个诗意的世界。”这位老师说，“为了一种诗意的生活”，这就是我们今天需要阅读诗歌的“第一条理由”。

我们提出“让诗歌伴随你一生”的理念，最基本的意义是，在不间断的诗歌阅读中，人将永远保持对生命意义的探寻，对真、善、美的向往与追求，永远保持不断提升和净化自我心灵的态势，这确实是一个人“一生”的生命命题，也是我们面对假、恶、丑，必须坚守的最后的人生底线。

我们不仅自己读，还要和朋友一起读，至少要和自己的孩子、家人一起读，这样，我们不仅有充满诗意的生命个体，还有读诗、写诗的家庭和读诗、写诗的朋友圈。在这样一个无诗的时代里，坚守一种诗的个体与群体的“存在”，哪怕是十分微弱的存在，这本身就是一首“诗”、一种意义。我们编选这一套《诗歌读本》，也是为了创造一个由编者、出版者、读者共同组成的诗的精神共同体，至少在我们拿起这套书时，能够感受到一点诗意，感受到现实中所稀缺，因而不免有些怪异，但却是超越时空的、永恒的、美好的诗歌及美好人生的“存在”，这就够了。

“诗教”还有一层意义，就是重视和强调诗歌在儿童和青少年教育中的特殊作用，这也是诗歌教化功能的一个重要方面。

这首先是基于诗歌和儿童、青少年本原性的亲和力及诗与童心的内在契合。如一位儿童文学研究者所说：“人天生即具备歌唱的本能……在声音与节奏、韵律与情感之间，儿童天生地即与诗有一种最亲密的联系。”诗的创造“植根于这种原初的、天才的想象力和本质性的儿童精神生活中”。如一位中学老师所说：“几乎在每一个人的一生中，都有一段诗意盎然的岁月，那是多愁善感、混沌初开的青春期，迷惘执着的深情、敏感纤细的心灵，仿佛只有诗歌才能诉说满腹的心思，书写对生活的最初感应，因而，每个年轻人天生地就是诗人。”

于是，就有了阅读诗歌的第二条理由：“诗歌是教育，而且是最好的教育，它增进人与人之间的沟通——因为诗歌是诗人灵魂的产物，灵魂的交谈方式是最能抵达根本的交流方式。”而且，诗歌能够使我们获得对世界最好的理解。

而儿童教育学者们更看重诗歌的两个教育功能：首先，诗教“不仅适合儿童的天性”，而且“有助于激活（孩子自身潜在的）人类本原的精神自由与想象力”，而儿童心灵自由的保护与培育，又是人的“生命中最伟大的事件”，这对儿童个体生命的终身发展和民族精神的健全发展，都是至关重要的。其次，诗教有助于儿童建立个人与古典文明或民族思想文化价值传统，以及人类文明传统之间的亲和联系。这也是由诗歌的本性、本质所决定的：诗在文学的文类中是最具精神性的。因此，杰出的、伟大的诗人的诗，总是集中了时代的个体精神、民族精神和人类精神。在这个意义上，可以说，读诗，特别是经典诗歌，是承接民族和人类文明精神成果的最佳途径。编选中国和世界最出色的诗歌，促进文明的传承，正是我们这套《诗歌读本》的一个重要动因和目的。

这当然也是有感而为。正值诗意年龄的儿童、青少年却不读诗，他们的生活也了无诗意，这是我们必须面对的教育现实。究其原因，首先是在应试教育的狂澜下，诗歌也以应试的面目出现，“那种非生命形态，是肢解后的残句片语，接受着一种指令性的观赏”，知识的灌输、解剖式的分析，使得最应亲近诗的孩子望诗而生畏（原珠海一中老师曾宏燕语）。

对诗的挑战还来自电影、电视、动画。如研究者所分析的，“对于儿童来说，生命经验有限，观看动画艺术自然有助于激发他们的想象力”，但电影、电视、动画的想象是“直接的、确定的、图像化的，它具有一种特别的强制性，即让接受者没有自我创造和自我独立想象的空间，只有被动接受和感知的自由”，因此，“我们如果只重视动画艺术，那么，很可能全世界儿童的想象力将来都是一样的”。这就会导致一个“十分可怕”的后果：“儿童的精神想象没有了自由和无限的可能性。”这样，通过诗歌的阅读来保护儿童的自由想象力和个人创造力，就具有了特殊的重要性。可惜，中国的教育界和诗歌界，至今还很少有人注意到诗与视觉艺术本质上的对抗性，还不懂得，越是面对教育手段的科技化，恢复诗教传统就越具有迫切性。我们编辑这套《诗歌读本》，为“诗教”而大声疾呼，实在是出于诗歌教育因应试、视觉艺术的冲击而被边缘化的隐忧。

但我们也有自己有限的信心，还是基于前面所说的诗歌与人，特别是儿童、青少年本原、本质上的血缘关系，即所谓“人在，诗在；青春永在，诗永生”。我们甚至觉得，教育的所有领域：幼儿教育、小学教育、中学教育，以至于大学教育、成年教育、老年教育，都是诗歌“展翅飞翔”的广阔天地。这些年来，诗歌界一直在讨论如何走出只有诗人读诗的小圈子和困境，却很少注意到诗教给诗歌发展和传播带来的巨大空间和可能性。而在我看来，一个时代的诗歌的生命力，很大程度上要看诗歌能否进入年轻一代的精神生活。因此，编选这套《诗歌读本》，也是一次沟通诗歌界与教育界、大学与中小学教育的自觉努力，因此，请来了诗歌研究的专家洪子诚教授和我共同担任主编。本书的编者也大都是诗人和诗歌研究者，这样，也就同时增强了这套《诗歌读本》的学术含量。

我们确实是把《诗歌读本》的编选当做学术工作来做的。这就说到了我们“如何编”，即按照什么原则来编选，其理论依据是什么的问题。大体有两大依据和原则。

我在编辑工作一开始就提出，“人类个体发生和系统发生的程序相同，儿童时代又经过文明发达的历程的人类学基本原理，是我们编选这套《诗歌读本》的理论基础”[1]。我们强调，人对诗歌的阅读是一个生命成长的过程；也就是说，人在生命成长的不同时期（童年、少年、青年、中年、老年）和诗歌发生不同的关系，有不同的诗歌阅读需求和期待。因此，我们要根据人的生命成长、心理发展的不同程序来编读本，在人生命和心理发展的不同阶段，提出不同的诗教要求，也就有不同的选文与编排。

我们正是根据这样的编辑思路，将全书分为以下六卷：

学前卷。分两个阶段：从出生到进幼儿园之间的诗歌，是父母吟唱给孩子听的，是所谓的“母歌”。其特点是诗教与乐教的统一，突出的是“歌”的特点，只为好听，意义并不重要。孩子在聆听、歌唱中学习母语，培养孩子的听觉思维，在听中感悟生命的欢乐、自由和神秘。从孩子进幼儿园开始，就意味着进入了一个群体，进入了“儿戏”阶段。其最大特点是群体的歌、舞、诗、画的统一，是更接近原始艺术的。我们在这一卷里编选的“游戏歌”、“问答歌”、“数字歌”、“连锁调”、“谜语歌”、“拗口令”、“颠倒歌”等儿歌，都有这样的特点。这一时期诗教的主要功能是，在语言游戏中培育孩子对语言（特别是语音）的感觉与趣味，对五官，特别是听觉、视觉、躯体的感觉，培育孩子的自由想象力。

小学卷。和学前相比，这一阶段的诗教有三大特点：一是直接面对文本，逐渐和歌、舞、画分离，成为独立的文字阅读；二是由群体的游戏性阅读变成个体的阅读行为；三是除声音层面外，开始注意诗歌的意义层面。因此，本卷的编选突出的是“儿童的思维”、“儿童的情感”、“儿童的生活”（包括儿童的家庭和集体生活以及儿童在大自然中的生活）、“儿童的智慧与德行”等，其功能是培育童心、童趣、童思、性情、情感、智力和品德的全面发展。

本卷虽不分初小和高小，但特地编选了主要供小学高年级学生阅读的《少男少女的歌唱》和《祖国土》两个单元，突出“成长”的主题，表现少年意气和精神，并引导孩子的视野由家庭、学校扩展到祖国与世界。本卷诗歌的诗体更加丰富，除儿童诗之外，还有童话诗、寓言诗、哲理诗等。

初中卷。少年时期是人一生中感觉最敏锐、情感最丰富、想象最活跃、自我意识开始觉醒、心理变化最大的时期。为了适应这样的成长特点，我们将本卷的诗歌定位为“生命幻想曲”，以生命母题组织单元，展现人和自然的关系，人与自我、他人、社会以及历史的关系，这都是少年期最基本的生命命题。所选的诗歌大都充满浪漫主义激情、丰盛、不羁的想象，并且充溢着生命的亮色，这是为孩子一生的精神成长垫底的。

少年也是诗的自觉意识觉醒的时期。为此，我们特地组织了诗的要素单元，对每首诗都作了详尽的导读，引导学生鉴赏诗歌，并撰写了介绍诗歌基本知识的专题，同时引导孩子自己朗读诗，写诗。

高中卷。学生从少年逐步走向青年，思想、感情都趋于复杂，这是接触“现代诗”的最佳时期。因此，本卷以现代诗的阅读与鉴赏为中心，分别展示现代诗的多义性、风格和抒情方式的多样性以及现代诗的结构和层次。除导读之外，还编选了有关的分析、讨论文章，以引导学生对诗歌的理解逐渐进入诗学的层面，在感性的激发之外，也多一些理性的沉思。

大学卷。大学和大学以后阶段的诗歌读者，大都本身就是诗人或诗歌研究者，他们对诗歌有一种迷恋和探索热情，因此，本卷的定位是“诗道寻踪”。从表面上看，似乎更偏向于对“诗”本身的理性思考，所展现的是“诗歌在现代社会的位置及诗歌文化的多个侧面”。但诗的背后，仍有人和人的精神世界；诗学所要追问的，最终是诗道和人之道。它涉及精神与身体、个体和社会及历史，语言和人的思维、古与今、中与西以至于纯与不纯、小与大、自由与规范、少数与多数等等社会、历史、美学、哲学问题。如本卷编者所说：“读一首诗，同时也是接近一种生活方式和想象方式；理解诗歌的目的，最终在于理解自我，理解那洋溢在语言之中的、生生不息的精神创造力。”这样，对诗的理解又回到最初的个体生命的精神自由与创造，这也是诗教的本质。

老人、儿童合卷。这是人的生命的一个合题：老人与儿童相遇。这也是诗教的一个合题：老人和孩子一起读诗。本卷命名为“憩息诗乡”，诗分“天道”、“人心”、“童心、童趣”三篇，而且全选中国古典诗词，这都有返元、归根之意。

这样，本书的编选也就此画了一个圆圈。

这套《诗歌读本》编选的第二个原则，是追求“家庭诗教”、“学校诗教”、“社会诗教”的合一。因此，本书定位为这三类诗教的阅读读本，它的预设读者是家庭的祖、父、孙三辈人，学校老师与学生以及社会上热爱诗歌的老、中、青三代人。

我们特别注重的是家庭诗教。这是一个至今没有引起充分重视的教育问题，却又存在着巨大的需求。家庭诗教的最大意义在于，为家庭营造一个浓郁的诗性空间，让亲情在诗中得到升华。研究者甚至说：“当每个家庭都自由地传出诵诗声与音乐声时，中国的现代文明就会产生真正的变化。”《诗歌读本》编选的一个重要动因，就是要为家庭诗教提供一个切实可用的文本、具体可操作的途径。我们设想，家庭诗教可以以不同的方式贯穿一生的阅读。学前阶段，以“母教”为主，或由母亲（或父亲）给孩子吟诵诗歌，或父母和孩子一起玩“儿戏”，在游戏中读儿歌。小学（尤其是初小阶段）及部分的初中阶段，由家长和孩子一起读诗，家长给予适当的讲解。初中、高中和大学阶段的诗教，应以孩子的自主阅读为主，但家长也要自己读诗，这既是自我精神提升的需要，而且也可以和孩子一起讨论诗，交换彼此的阅读体会。这应是父母和青少年时期的孩子进行精神交流的一个较好的方式，在这一时期，孩子和父母的交流常有障碍，一起讨论诗是最好的沟通方式。最后，是老年的祖父母和幼年的孙子、孙女一起读诗，这既是彼此的精神需要，也是沟通祖、孙辈的较好途径。

这样，诗歌就真的伴随我们一生的健康成长，伴随我们家庭的健全发展了！其乐何如，其乐何如！

【注释】

[1] 详见《〈诗歌读本〉编选杂想》，载《钱理群语文教育新论》，华东师范大学出版社，2010 年版。

古典诗教的贵族精神

刘绪义
长沙税务干部学院教授、中国社会科学院哲学所博士后
孙丽娟
上海财经大学哲学系博士研究生

周公和孔子是2000多年来中国文化的先知、使者。周公，即周公旦，是周文王姬昌第四子、周武王的弟弟、周成王的叔父，因封地在周（今陕西岐山境）而得名“周公”，是西周初期的一位重要的政治家。他辅助成王摄政，为周王室鼎立天下立下了重大功勋，对于建立和完善周代的封建制度有很大贡献，后世尊他为先贤，奉其为圣人。周公在历史上最大的贡献还在于他制礼作乐，用礼乐精神来教化人民，培育了西周“郁郁乎文哉”的文化气质，提出了“以德配天”、“敬德保民”的治国思想，从此，人的地位得以迅速上升，人为神之主。不仅平民和奴隶的命运大幅改观，而且贵族士大夫间都流传着一股浓厚的道德观念，一种绵延500年的贵族精神得以确立。

春秋时期的孔子非常崇尚周公的为政，他从小就学习西周流传下来的六艺知识，掌握了西周的典章制度。他对西周的政治制度非常尊崇，认为西周社会是尽善尽美的社会，而周公也成为他心目中最向往的人物，以至于常常梦到周公。今天，如陈来等人都已认识到，没有周公，孔子的出现难以想象。

孔子秉承周公，虽然史上说他“述而不作”，但在“述”的过程中还是可以看到孔子赋予周公传统以新的生命。周公制礼乐，礼是一种宗法制度，乐则是一种教育制度，本意就是为了丰富贵族的修养，培养贵族的道德精神。孔子则大力倡导君子人格，通过行忠恕、修《诗》、《书》、正雅乐、作《春秋》、教弟子，不论出身，都希望弟子们能入则行孝弟，出则得干禄，拥有一种躬行礼乐的贵族（君子）精神，

以期恢复周公之道。

如今，贵族已如“落花”，寻之不易；诗教有如“芳草”，解之更难。本文试图从零落成泥的落花迹中觅得贵族的踪影，在千年之后的芳草丛里解知诗教的奥秘。

一、修辞与敬身

继周公之后，孔子对诗教高度重视。经历多年的游说奔波之后，孔子退而修《诗》、《书》，并开坛授徒，孔门四科“德行、言语、政事、文学”都与诗教紧密相关。而其中，“言语”科与诗教关系最为突出。后世以为，“言语”科就是耍嘴皮子、练口才，其实大谬。所谓“言语”，依刘宝楠引《毛诗传》的解释，就是“建邦能命龟，田能施命，作器能铭，使能造命，升高能赋，师旅能誓，山川能说，丧纪能诔，祭祀能语。此九者，皆是辞命，亦皆是言语”[1]。能在此九个方面施命达辞，不仅要有高深的修养，还得有应变的思维，不光是一个口才了得。

《荀子·非相》中说：“故君子之于言也，志好之，行安之，乐言之，故君子必辩。凡人莫不好言其所善，而君子为甚。故赠人以言，重于金石珠玉；观人以言，美于黼黻文章；听人之言，乐于钟鼓琴瑟。故君子之于言无厌，鄙夫反是：好其实不恤其文，是以终身不免埤污佣俗。”[2] 荀子对君子“赠人以言”、“观人以言”、“听人之言”的重视，反映了言语不只是一种沟通的工具，言语之别已然成为君子和鄙夫的分别，体现出一个人的高雅与庸俗的区别。

经过周公的兴礼作乐之后，作为一个有修养的贵族或君子，不仅在日常生活中要有好的语言表达，而且在政事、外交、军事、指挥等各方面都要有很好的语言修养。它已经涵养于贵族或君子的内心，传达出一种高贵、文雅的精神风范。他们发言成诗，出口成章，表现出一种“郁郁乎文哉”的礼文。这有点像许纪霖先生所说的：“法国大革命中，路易十六和皇后都被送上了断头台。皇后上断头台时，不小心踩到了刽子手的脚，脱口而出：‘对不起，先生。’”这是平时自然形成的礼貌习惯，也是贵族精神的一种表现。

鲁哀公对孔子说：“请问，什么是敬身？”孔子这么回答：“君子过言则民作辞，过动则民作则。君子言不过辞，动不过则，百姓不命而敬恭，如是则能敬其身。”这段话载于《礼记·哀公问》，表达了孔子“修辞”与“敬身”一致的命题。“修辞”是培育一个君子所必须具有的全部特质。敬身是养成君子的初阶，养成君子又是成贤（贵族）立德的初阶。孔子反复强调言辞要有物有伦，诚信合德，得体合礼，谦恭谨慎，要求弟子们通过对象征精神层次的言语的习得而提升自身，使自己在礼文的内化中完成君子角色的塑造。因而，孔子认为，修辞就是敬身。

《周易·乾卦·文言传》说："子曰：君子进德修业，忠信所以进德也。修辞立其诚，所以居业也。"[3]孔子把进德与修辞并举，前者为修业之本，后者为居业之本，可见，孔子把修辞看得比进德还要高一个层次。

作为贵族，要正定号令，就首先必须坚持慎言的原则。其次，言要文（"言之无文，行而不远"），辞要达，言要雅（"不学诗，无以言"），这不仅仅是一个语言的技巧问题，还是礼文的体现。为什么这么讲？孔子说："言以足志，文以足言。"[4]不言，谁知其志？无文，传之不远。传之不远，还包含两层意思，一是指"无文"之言，传布范围相当有限；二是指"无文"之言，不会传播后世。

孔子如何落实"文以足言，言以足志"呢？无他，仍然秉承着西周时的诗教。《尚书·尧典》："诗言志。"这一传统诗教持续到整个春秋，并绵延至战国和西汉，如《庄子·天下》："诗以道志。"《荀子·儒效》："诗言是其志也。"《毛诗序》："诗者，志之所之也，在心为志，发言为诗。"

通过诗教来达到修辞居业，是孔子教育的重要方式。他突出了两个关键词，一是"修辞立其诚"之"诚"字；一是"辞达而已"（《论语·卫灵公》）之"达"字。

何谓"诚"？诚是内心的一种实在、真信，相当于"质"；何谓"达"？达是辞命表达的明确、通达，相当于"文"。钱大昕说："三代之世，诸侯以邦交为重，论语使于四方，不辱君命，则称之，使于四方，不能专对，则讥之。此辞即专对之辞也。《公羊传》：大夫出使，受命不受辞。《聘礼记》（《仪礼》的一篇）：辞无常，孙而说。辞多则史，少则不达。辞苟足以达，义之至也。"[5]这里的"文"显然不是文饰，而是对"质（诚）"的准确表达。"文质彬彬，然后君子。"是故，孔子提出"三恶"："恶紫之夺朱也，恶郑声之乱雅乐也，恶利口之覆邦家者。"[6]三者之中有"二恶"涉及了言和声，都是指不合乎礼文的言语。

诗教作为提升人类精神境界的教化活动，孔子其时的诗教内容有哪些呢？《周礼·春官·宗伯下》记载了西周春秋时教育的内容：

> 大司乐掌成均之法，以治建国之学政，而合国之子弟焉。凡有道者，有德者，使教焉，死则以为乐祖，祭于瞽宗。以乐德教国子：中、和、祗、庸、孝、友；以乐语教国子：兴、道、讽、诵、言、语；以乐舞教国子：舞《云门》、《大卷》、《大咸》、《大磬》、《大夏》、《大濩》、《大武》。[7]

"成均"是周代的大学名，现在的韩国仍然有成均馆大学。它和辟雍、上庠、东序（又称“东胶”）、瞽宗构成“五学”。教育贵族子弟的内容有乐德、乐语和乐舞，其中，乐语的载体就是诗歌。从这里可以看到，诗教是与乐教相融合的。

“兴”是起兴，是感发意志的审美体验的初步；“道”训导，言古以剀今；倍（背）文曰“讽”，以声节之曰“诵”。《说文》云：讽，诵也；诵，讽也。发端为言，答述曰“语”。合起来就是乐语（即诗教）。

那么，诗教是如何来实施教学的呢？

第一步：讽诵（即“风”）。孔子说：“诵诗三百，授之以政，不达；使于四方，不能专对。虽多，亦奚以为？”讽诵是诗教的初阶，因此，孔子说，仅能背诵诗三百，却辞命不达，专对不能，那又有什么用呢？不过，“熟读唐诗三百首，不会作诗也会吟”，这一步是贵族弟子诗教不可缺少的。

第二步：赋诗（展诗）。选中《诗经》中某一二诗章赋诗专对。赋诗在春秋时期已经蔚然成风。《左传》、《国语》有着大量的赋诗记载。“左传襄公二十七年”，叔孙穆子为齐庆封赋《相鼠》，庆封不知；次年，穆子降低标准，使乐工为之诵《茅鸱》。或许，春秋时期的贵族只有齐国的庆封、宋国的华定二人不歆此道。[8]赋诗比讽诵难度大得多。因为赋诗必须坚持“歌诗必类”的原则，要会“引譬连类，托事于物”，赋诗者要对诗进行重新解释或赋义，能够由具体的一人一事一物联想到诗义、诗句。如隐公三年，君子因毛、菜、器、水联想而及《召南·采蘩》、《采苹》。赋诗者，要借《诗经》这个文本寄托情志；听赋者，要从《诗经》的微言中发掘大义，所谓“微言相感”。

《汉志》记载：“传曰：不歌而诵谓之赋，登高能赋可以为大夫。言感物造耑，材知深美，可与图事，故可以为列大夫也。古者诸侯卿大夫交接邻国，以微言相感，当揖让之时，必称诗以喻其志，盖以别贤不肖而观盛衰焉。”[9]

“登高能赋”可以位列大夫，是周文之制。可见，诗教中的赋诗就在于培养贵族弟子修辞、敬身的人格和能力。能够因物动志，造辞义之端绪；能够出使专对，微言相感，称诗言志。

“三复白圭”可以妻人，是孔子之为。“南容三复白圭，孔子以其兄之子妻之。”[10]白圭之诗出于《大雅·抑篇》：“白圭之玷，尚可磨也；斯言之玷，不可为也。”南宫适所三复者即为此诗。孔子在别的场合还曾称许他“邦有道，不废；邦无道，免于刑戮”[11]。足见孔子所以器重他，把侄女许配给他，不仅仅是因为他能诵白圭之诗，而是因为他在深会诗意之余，犹能凭诗意导正其行。由此可见，孔子承绪周文而以诗教，颇重诵诗，而诵诗的目的，就是培养人格和气质。

第三步：比兴。比兴是“六义”之二，比是比喻，兴是寄托。比兴并非漫无边际的比附和寄托，而是为了达政、专对。达政、专对，就是使为政者知所鉴戒。贵族子弟诗教的目的，就是为将来从政和出使培养人才。受过诗教的贵族，也自然地被赋予了社会期待和自我期许，否则就会被归入“不肖”一类。

第四步：颂。颂就是祭祀。“颂者，美盛德之形容，以其成功告于神明者也。”祭祀是贵族统治者的专有权力，威仪三千，歌功颂德，弦诗舞诗，其境界又高于达政和专对。

可见，太师教诗，弟子学诗，都不是为了作诗，而是为了用诗。[12]“上以风化下，下以风刺上”，而不是赤裸裸的指责和攻击。可见，用诗也就是修辞、敬身，从而达到“经夫妇、成孝敬、厚人伦、美教化、移风俗”的目的。

自孔子之后，诗教对于人格培养的效果进一步得到了人们的重视。唐朝时，专门设立“成均监”（即国子监），用以培养贵族弟子。开科取士，重视诗赋，由是养成了诗意盎然的盛唐气象。后世诗人、诗论家对写诗诵诗的认识，给人的启示更加鲜明。如嵇康说：“声音以平和为体；而感物无常；心志以所俟为主，应感而发。然而声之于心，殊途异轨，不相经纬。”[13]越是意境深缈的音乐，就越需要欣赏者借助想象的力量，增强审美感知，升华人格精神，循声律节奏可以领悟诗中的情感与神气，品味诗中的意境，感受诗中那无穷的韵致。这种欣赏过程，正是和悦情感、自我提升审美精神的过程。《文心雕龙·声律》也说：“是以声画妍蚩，寄在吟咏，吟咏滋味，流于字句；字句气力，穷于和韵。”[14]声律表达情感节奏可以通过吟咏慢慢品味出来，而诗的意境、滋味则寄托于字句，格调、气力呈现于韵节之中。

可见，诗教的功用主要有两点：一是澄净心灵神气。“积字成句，积句成章，积章成篇。合而读之，音节见矣；歌而咏之，神气出矣。”[15]二是启悟知觉与想象。一行先生引施特劳斯的话并发挥道：“正如施特劳斯所说的，我们只有经常理解一点有意义的东西，才能发挥我们的理解力。这种理解除了提升你们的判断力和精神品级之外，也将使你们获得人生转折关头的决断能力——我们知道，并不是所有的十字路口都可以用理性计算的方法进行比较，而在这种难以取舍和选择的时刻，那种从对自身心性和才能的认知而来的判断力将赋予你们一种精神性的直觉和预感，由此作出的决定将开启和规定你们一生的命运。”[16]诗教赋予的正是这种启悟知觉（判断）和想象（预感）的能力。

二、《诗经》与贵族

在人类追求文明与进步的道路上，《诗经》所起的作用功不可没。司马迁就说：

“诗三百，大抵圣贤发愤之所为作也。”所谓“发愤”，乃感发善心而得其性情之正也，亦即古圣先贤身处逆境而执着于担当、自强的信念，愤而不失其性情，刺而有所正风俗。《诗经》在500年间的行吟歌唱之中，包含了思想史、社会史、风俗史中最切近人生的一面。[17]一首《关雎》，伴随着“关关”的和鸣，映照着君子与淑女的和谐匹配，洋溢着先民素朴的人性而一唱千年；一首《黄鸟》，把人径直拉向死亡对面，一开始就叩问起人生的大命题。《诗经》就是古典贵族的哲学，它始终洋溢着周代礼制时期的贵族心性。

春秋时期，士大夫交往总要以诗起兴，借赋诗可以化解政治危机或缔结盟约；将帅之任用，亦常以“说礼乐而敦诗书”为准，乃至有宋襄公“为确保礼乐不失，虽败不悔”的例子。这些史实表明，春秋时期，富国强兵这种功利目标虽然已占首要的地位，但整个社会仍被笼罩在人文教养的氛围之下；士大夫亦并未被职能化而成为技术官僚，他们仍被浸润在精神气质的追求之中。[18]所以，钱穆先生就曾说：“春秋二百四十二年，一方面是一个极混乱嚣张的时期；但另一方面，则古代的贵族文化，实到春秋而发展到它的最高点。春秋时代常为后世所想慕与敬重。春秋时代，实可说是中国古代贵族文化已发展到一种极优美、极高尚、极细腻雅致的时代。”[19]

说到诗教，就不能离开西周春秋时期的贵族和《诗经》。贵族，在当代中国人的眼里，早已蒙上了意识形态的灰尘，完全看不出当年贵族的风采和精神了。正所谓“诗亡而王者之迹息”。所以，时隔千年之后，人们读《诗经》，就开始把《诗经》误读为里巷歌谣，根据近现代主流的诗学观念，《诗经》被一步步地读成了一部“地道”的民歌总集。

20世纪30年代，著名学者朱东润先生并不盲信胡适等人的观点，他发表了《国风出自民间说质疑》，从诗篇作者的统计情况、诗的本文入手，对《诗经》进行了周详的分析，并指出：“大抵就《国风》所言地位、境遇、服御、仆从诸端，作诗者或自言，或言其关系之人，或言其所歌咏之人，要其所言者皆为统治阶级之事，其诗亦自为统治阶级之诗，《国风》如此，则大、小雅、三颂更可知。”[20]这样理性的声音，在那个狂热的反传统、反贵族潮流中，传之不远可以想见。

到20世纪80年代，学术界趋于活跃之时，学者潘重规先生提出：“三百篇创造之始，即与政治教化有关；创造完成，即为政治教化之工具。此一政治教化之工具，即由国史乐官采录，政府官吏保存、教授、推广，此孔子之前《诗经》形成之实况。明白了这一点，才知道《诗经》为什么篇篇皆与政教时事有关，为什么篇篇皆表达了美刺的意见。”[21]这段论述应该是相当精到的，恢复了《诗经》作为礼乐之用和诗教之用的本质。

扬之水先生则从诗的早期生存样态来确证《诗经》的本质。首先，诗是由美的文辞和美的声乐组成，二美俱，才可以正得失，动天地，感鬼神。其次，诗乃有所为而作，有的诗就是为了某一事件而作，如“心之忧矣，我歌且谣”(《园有桃》)；“寺人孟子，作为此诗；凡百君子，敬而听之”(《巷伯》)；“家父作诵，以究王訩”(《节南山》)。因此，诗生长在一个从物质到精神都为宗法贵族体制所笼罩的社会里，从内容到语言，都很难说是民间的文学。第三，诗发挥着乐教、言教与讽喻的功用。《左传》中，文子对叔向说“诗以言志”，《庄子·天下》云“诗以道志”，《荀子·儒效》说“诗言是其志也”，究其意是言谁的志呢？民间百姓固然可以言其志，贵族统治阶级就不能言其志了吗？诗的时代，统治阶级会把言民间百姓之志的诗拿来为己所用吗？他们会在严肃的朝堂之上、规整的外交场所、肃敬的祭祀时刻、优雅的杏坛之内大唱民歌吗？

有人会问：“我们今天还需要诗教吗？”这个问题需要回答吗？我们印象深刻的是，海子一句“面朝大海，春暖花开”的诗，不知引起了多少现代人的心灵共鸣。可知，不管是周孔时代，还是当代，诗教都是一种培养人格的教化方法，诗的节奏就是生命的节奏。

因此，我们需要深入《诗经》现场，澄清诗的奥义，彰显诗的精神，重温周公、孔子的诗教传统，去切近《诗经》的原旨。

回到《诗经》现场，我们不难发现，《诗经》中出现的青铜器、车马等名物，更佐证了《诗经》是礼的产物。钟鼎彝器，究属礼器，即使是世卿之家，也多不作为日常生活用具。诗的时代，车马包含了礼的精神，会聚了多种艺术。“装饰的细节中，寄寓着具体而微的仪文礼节，却又不时漫溢出活泼的生趣。”车轭、车衡上的鸾铃，车轼、车较、车后的鸾旗，车牙上工巧细致的铜饰，各样材质，诸般工艺，精整密致，配置合理，错落纷纭中见得用心安排出来的灿烂鲜明，功能与美观即凑泊得巧妙。一乘完全按照礼制装饰起来的车，那么轻捷，可以奔行如飞，驰突于战场。“而田猎、行役、出征、嫁娶、思妇、怀人及都人士、君子女，诗思一半在载驱载驰的驷马车中。诗的时代，几乎一切庄严的、有限止的仪式之后，都接续着轻松的、无限止的歌与酒。庄严自然是真，庄严之后的轻松，却不是对庄严的否定，而是接续，只不过换了一个亲切的方式。因此当日之宴饮，不妨说，是生活中的政治，政治中的生活。”[22]

扬之水先生以名物学专家特有的理性，来对诗中的具体名物作了切近人性的考证。然而，即使是如此精心的考证，至今仍无法改变人们对《诗经》民歌说的看法，不少学者仍然在极力证明《诗经》的民歌性。

探究《诗经》的性质问题，不仅仅是一个学术问题，它关乎诗学的奥义所在。诗学的奥义何在？我以为，就在《诗经》中洋溢着的贵族心性。这是我读《诗经》30 年，由懵懂到困惑，再到豁然开朗而悟出的最大心得。

读《诗经》，我深深地为古代贵族的最高精神所吸引。严格地来说，诗的时代并不是人类生活的理想时代，甚至连和谐社会都算不上，那么，是什么使得《诗经》充满着那样一种愤而不失其性情，刺而有所正风俗的贵族心性呢？是对礼的担当，而不是生存，成为那个时代的最高原则。人性的全部高贵都在人们的担当中体现出来，并以美刺的艺术形式表现出来。这种精神就是狮与豹的精神，而不是绵羊或者豺狼的精神。

孔子心仪《诗经》，便是因《诗经》中执着于君子和淑女的和谐匹配，对社会硕鼠的蔑视与诅咒，对伐檀的底层民众的关注。可以说，诗三百，就涉及了 300 个贵族精神气质大大小小的方面。

由于历史的原因，我们今天对"贵族"这个词充满了警惕性的偏见。一提起贵族，我们脑海里马上浮现出挥金如土、一掷千金、豪爽大气、锦衣玉食、妻妾成群等画面。实际上，我们所看到的这样一幅图，只是没落贵族的集体相，或者说是异化了的贵族。真正的贵族不是这样。

世界上并没有一种贵族天然地尊贵。最早的贵族可能就是在远古的丛林、荒野或河套上的一个武士，他徒手打死了害人的猛兽，从而赢得了人们的尊重；也可能是一个身材并不高大，身体并不孔武的氏族成员，他凭着自己的才智，带领部落成员战胜了来犯的敌人，从而获得了大家的爱戴。他把这种勇敢和智慧传给了自己的儿子、孙子，引领大家共建美好家园，第一个贵族便诞生了。

贵族与平民并不是天然的划分，最初是根据血统的亲疏远近来区分的，也就是"自己人"、"朋友"与"外人"。有着贵族血统的子弟并非都能秉承其祖的精神，他们可能保有一时的贵族身份，但随着他们自己精神的堕落、新的贵族出现，他们迟早会丧失贵族地位，八旗子弟的兴衰史便是最好的注脚。所以说，权力诰封的只是贵族血统，历史加冕的才是贵族精神。那么，真正的贵族精神是什么呢？

陈独秀在《敬告青年》一文中说过："所谓的贵族精神，指的是一种高尚的人格理想、高贵的精神气质和高雅的审美情趣，其中，人格力量最为重要。"[23] 既称之为"贵族"，它多半是在优势的文化教育环境中熏陶出来的。这就是说，贵族精神应具有"三高"：高尚、高贵和高雅。有了这"三高"，才是贵族。

《诗经》所流露出来的心性是高尚的，"高尚"是贵族精神的灵魂，它指的是一种超然小我的担当与牺牲精神。贵族是经过血与火考验的，是具有智慧和勇敢，通过自我奋斗赢得尊重、荣誉和财富的人。真正的贵族首先要具备一种贵族精神，贵族精神不仅仅是高高在上，更重要的是俯身向下，为社会、为民众承担责任。这种敢于担当责任的贵族精神与平民意识并不矛盾，但绝不等同于平民化。高尚赋予了贵族丰富的人文内涵。它首先是一种价值观念，延伸为社会行为准则和价值标准，并由此形成一种历史文化传统。

《诗经》中的人是高贵的。“高贵”是贵族精神的内在性情。高而且贵者，便是区别于普通底层人民的精神风貌和性格特质。它不同于大众化，更不同于平民化的精神。在行为举止上如果要流露出高贵气度，就不能纡尊降贵，作出不成体统的事来。最重要的是，在任何情况下，都要使感情严格处于理智的控制下。

《诗经》中的生活是高雅的。“高雅”则是贵族精神的外在生活态度。贵族本身就是一种生活方式，它既是一种艺术的、审美的方式，又是一种节俭、勤劳、谦逊、礼让的生活作风。由此出发,养成一种高度的艺术素养和品位。那种住豪宅、开名车、穿名牌、吃名菜、一掷千金的奢侈生活与高雅并不同质，更是与贵族精神格格不入。这种纯粹用商业财富的标杆衡量出来的，就只有富爸爸和穷爸爸，没有真正的贵族。

举个例子，《江有汜》一诗历来分歧特大。有人认为此诗写的是妇人遭遗弃后的哀诉；有人认为是写媵女不得从嫁而怨；甚至有人认为这是写被抛弃男子之怨恨。这些解释大都是以今例古。“江有汜，之子归，不我以。不我以，其后也悔。”读起来似乎能感觉到诗中的女子,对于做妾情有独钟。其实,《诗经》时代,作为陪嫁的媵，首先得断了她正经嫁人的念头，就人性而言，谁愿意舍弃堂堂正正的正妻不做而去争做妾呢？如果因为家庭贫困却也可以理解，但贵族女子总不至于如此吧。在贵族家庭，做媵的女子一般 8 岁时就“备数”了，差不多明确身份了。而到了时候突然不让她从嫁，便有了“其后也悔”、“其后也处”、“其啸也歌”。这里的“其”不是说媵在悔、处、歌，而恰恰是媵女对姐妹的倾诉：到时候你去寻后悔药吧，到时候你一个人去苦恼吧，到时候你长歌当哭吧！这种预见，并不是媵女因赌气而胡乱自道，相反,是有着深厚的礼制文化背景的。这三句诗恰恰道出了让她去做妾（媵）的好处。

好处在哪？诗中并没有明说，但我们从当时媵婚制的设立初衷上来看便可知。何休这么说：“必以侄娣从之者，欲使一人有子，二人喜也，所以防嫉妒，令重继嗣也，因以备尊亲亲也……不再娶者，所以节人情，开媵路。”[24] 这段话涵盖了媵婚文化中的两重观念：第一，“重继嗣”的生殖繁衍观念。第二，“防嫉妒”的婚姻伦理观念。也就是说，媵婚制有两大好处，一是可以保障后继有人，万一正妻不生育，或者不生男孩，还有妾。由于妾跟自己是一个家族的，在血缘上有了亲近和保障；

二是有从小一起长大的姐妹共侍一夫，感情上较为亲近，可以防止一个男子娶两个没有任何关系的女子时，她们相互之间因嫉妒而争风吃醋。正如《左传正义》中所说，“参骨肉之至亲所以息阴讼，阴讼息所以广继嗣”。由此出发，当时礼制还规定，作为与“防嫉妒”相配套的政策，男子只许“一娶”，就是只许结一次婚，一次可以娶几个女子。这也就是《白虎通义·嫁娶》中所云：“必一娶何？防淫佚也。为其弃德嗜色，故一娶而已。人君无再娶之义也。”[25]

这样看来，诗中本应媵嫁的女子是深通礼制的，她懂得自己的牺牲能为姐妹换来这么多好处，而不按礼制规定行事，等到想起这些好处来，后悔也就晚了。

不难想象，在周孔那样一个宗法社会的时期，贵族们会用里巷歌谣来教育弟子，用来出使专对、辞命祭祀吗？这与今天的学校，于课堂之上教孩子们唱通俗流行歌曲是无法相提并论的。正如通俗歌曲培养不出孩子们的道德精神，里巷歌谣也不太可能培养出贵族气质。

如果说人民大众是创造历史的动力，那么，贵族精神则是提升人类文明的根本动力。《诗经》中的贵族精神是崇尚荣誉、秩序与权威的，虽然这种秩序与权威是礼制的，但也同样具有法律的权威。这种权威甚至超过了一般意义上的法律，成为约束王位和自我约束的力量，这一传统和英格兰传统是一样的。贵族势力的存在，是对专制政治的一种有效制约。一个追求荣誉与秩序的民族就是富有贵族精神的民族，当荣誉和秩序成为一种权威，取代了既有的世俗权威之后，才有可能形成一种现代意义上的贵族精神。这种精神，用文字表达出来，就是不流于俗、不依于权、不惧于势、不畏于苦、不败于志，是独立、崇高、清俊，是骄傲、脱俗和风流。因此，真正的贵族应该是社会文化和精神的命脉，真正的贵族是历史上的伟人。

《诗经》里的贵族精神具体来说，体现在三个方面：一是一种深沉的诗思。这种诗思确切地讲，就是对礼崩乐坏的忧思。二是鲜明的美刺精神。三是审美雅致。所谓“美”，就是赞美、褒扬；所谓“刺”，就是讥刺、批评。这种以诗为刺，以诗为谏的人文关怀，就很好地起到了惩劝善恶之柄、补察得失之端的作用。这种关怀就是《诗经》直指现实的批判精神，“腾褒裁贬，万古魂动”。后世司马迁所谓“发愤”说、韩愈“不平则鸣”说，都高扬一种是非判断的道义价值。

贵族精神或者说贵族气质、品位中含有某种隽永优美的人性化在生生不息，涵养了华夏民族温柔敦厚的性情和追求精神享受的习惯，这种精神成就了中国不朽的艺术，《诗经》就是这样一种艺术。《诗经》中的“美刺”，就是贵族精神的一个重要体现，也形成了一种很精致的美刺艺术。

最能表现中国贵族精神的诗歌在人们精神生活中起着重要的作用，许多好诗妇孺皆知，这对于培养人们的贵族气质、涵养人们的贵族性格有着的巨大潜移默化的作用。中国长时期凭诗赋取士，也形成了中国另一个与众不同的传统，那就是西方的贵族是世袭的，而中国的贵族却不是，平民也可以凭诗赋晋升为贵族。

《诗经》崇尚的美是温柔敦厚，即所谓《礼》严《诗》宽，但《诗》之宽，是“耸乎其必讥，断乎其必不恕”，也就是“于极宽处见极严”的意思，于无声处闻惊雷，处春风和气中觉凛然，使闻之者“外不敢怒，而其中愧死矣”。这就是春秋战国时期的贵族们热衷于引诗、用诗的原因。《诗经》这种美刺确实达到了超越于现实政治得失之上的忘我精神。但西汉之初，经学取代子学，一家取代百家，加上政府以招聘的方式延揽人才，就使士人救世济民的志向同企求获得统治者赏识的私念交织起来了，原来直面现实的是非判断便转化为道义自高的内省自美意识。

唐代的贵族精神是很旺盛的，士大夫能通过诗赋取士的途径获得晋升的机会，赋诗蔚然成风，士人的慷慨精神与大唐的强盛也能匹配。同时，诗赋也成为表达自己情志的载体，呈现出一种审美化贵族精神。而宋词的好议论，更是回归《诗经》美刺的传统。杨万里在《诗论》中就说：“盖天下之至情，矫生于愧，愧生于众，愧非议则安，议非众则私，安则不愧其愧，私则反议其议。圣人不使天下不愧其愧、反议其议也，于是举众以议之，举议以愧之，则天下不善者不得不愧。愧斯矫，矫斯复，复斯善矣——此《诗》之教也。”[26]他认为，人所以有改过之心，是内心有愧；人所以有愧，是受到社会大众群体关系制约；人虽有知愧之心，若没有批评意见制约他，也就自原自恕了；批评意见若不来自大众，其意见就会偏私不公。由愧思改过，由不善而归于善，这就是“诗教”。诗教的目的就是要实现天下众议、方直之人格，以道德风化社会。

到了明清两代，诗的地位越来越低下。虽然清诗不仅在数量，而且在质量上都取得了很大的成就，然而，诗歌的影响力却越来越有限，也直接导致人们对清诗的评价不高。

随着科举制度的终结，古典诗教传统也随之终结。等到白话诗兴起以后，本来最富有贵族特色的诗歌，越发变成“小我”和少数几个人把玩的东西，连贵族情调也找不到了，诗歌中的贵族精神荡然无存。

贵族作为一种阶层，已经随着时代的发展化为历史的陈迹，但是贵族精神却永远也不能磨灭消失。在一个没有贵族的平民时代，如何重建贵族的精神？许纪霖先生说，所谓贵族精神，就是我今天讲的教养、责任和自由。在平民时代，这一贵族传统不再是对少数精英的要求，而是对所有公民的要求。在一个没有贵族的时代，贵族精神就是现代的公民精神。我们今天重温古典贵族的诗教，也就是在呼唤现代贵族精神。

早先看过一部题为《豹》的不太引人注意的意大利影片，片中一位公爵临死前沉痛地感叹，豹子(贵族)消失以后的世界，将为走狗和绵羊所替代。这一声感叹深深地刻在我的记忆中。

世界可以坍塌，但我们的精神不能坍塌，精神坍塌的后果远胜于一次地震。

【注释】

［1］刘宝楠:《论语正义》，中华书局，1998年版，第905页。

［2］《荀子•非相》，上海古籍出版社，1986年版，第53页。

［3］《周易•乾卦•文言传》，中华书局，1980年版，第15页。

［4］《左传•襄公二十五年》，中华书局，1980年版，第1985页。

［5］钱大昕:《潜研堂文集》，载《皇清经解》，卷四四五，广东学海堂刊本咸丰十一年补刊本，第21页。

［6］《论语•阳货》，中华书局，1980年版，第2525页。

［7］《周礼•春官•宗伯下》，中华书局，1980年版，第787页。

［8］俞志慧:《君子儒与诗教》，三联书店，2005年版，第102页。

［9］《汉书•艺文志》，中华书局，1962年版，第1755页。

［10］《论语•先进》，详见杨伯峻译注:《论语译注》，中华书局，2006年版，第126页。

［11］《论语•公冶长》，详见杨伯峻译注:《论语译注》，第47页。

［12］俞志慧:《君子儒与诗教》，第123页。

［13］嵇康《声无哀乐论》，载戴明扬校注《嵇康集校注》，人民文学出版社，1962年版，第197页。

［14］周振甫:《文心雕龙今译》，中华书局，1986年版，第300页。

［15］刘大槐:《论文偶记》，人民文学出版社，1959年版，第77页。

［16］一行:《什么是教化》，http://blog.sina.com.cn/s/blog_4c57ee4f0100deo4.html。

［17］扬之水:《诗经名物新证》，北京古籍出版社，2000年版，第27页。

［18］冯达文:《作为人文教养的早期儒学》，载《中山大学学报》(社科版)，2003年第4期。

［19］钱穆:《国史大纲》(上册)，商务印书馆，1996年版，第69—71页。

［20］朱东润:《诗三百篇探故》，上海古籍出版社，1983年版，第1—46页。

［21］潘重规:《诗经是一部古代歌谣总集的检讨》，载《“中央”研究院第二届国际汉学会议论文集》(文学组上册)，中国台北“中央”研究院，1989年版，第59页。

［22］扬之水:《诗经名物新证》，北京古籍出版社，2000年版，第29页。

［23］陈独秀:《敬告青年》，载《青年杂志》，1915年9月15日。

［24］何休解诂，徐彦疏:《春秋公羊传注疏》，中华书局，1980年版，第2235页。

［25］班固撰，陈立疏证:《白虎通义•嫁娶》，万有文库本，1932年版，第394页。

［26］周汝昌:《杨万里选集》，上海古籍出版社，1979年版，第296页。

教育与身体共在
——孔子诗教导论*

陈文芳
《福建论坛》杂志社

“天不生仲尼，万古如长夜”，宋朝无名氏仅凭这句题于舍壁的感叹便流传千古，他用最简洁的方式表达了后人对孔子的基本态度——这一表达在无名氏诞生之前的1000年尚未蕴生，而在其后1000年，人们依然未能找到更恰妙的表达句式。

这行在夸张与事实间游离的感叹句，为后人提供了一个巨大而迷人的想象空间：孔子到底是一个怎样的人?

本文着意于探讨身为一名普通教育者的孔子在教育活动过程中的形象，具体而言，是探讨其在诗教活动过程中的具体形象——我把他定义为“诗教中……”[1]或“教育中……”的孔子。而在此之前，我们首先要做的便是悬置已有的认识，从最源头的资料——《论语》和《诗经》出发，来认识这位2500年前的教师。

显明“教育中……”的孔子，实际上也是在呈现一种原初形态的教育活动，这将为今人理解孔子形象以及思考教育的本质带来一些微光。

对诗、礼的原初形态及其同人的关系的认识，是理解孔子诗教的前提，这是本文第一部分主要探讨的内容。基于对诗与礼本性的把握，本文第二部分将着力还原孔子诗教的过程。最后，本文将尝试从孔子的诗教活动中抽象出其中所蕴含的教育逻辑。

* 本文由作者的硕士学位论文《论孔子诗教》删节而成，指导老师是刘铁芳教授。

一、原初形态的诗与礼及其同人的关系

“古者诗三千余篇，及至孔子，去其重……三百五篇孔子皆弦歌之，以求合韶武雅颂之音。”又，子曰：“周监于二代，郁郁乎文哉！吾从周。”由这两句话便可以确认，在孔子之前，诗与礼早已存在，如此，身为教育活动实践者的孔子有可能进行过诗教。

（一）诗：“可以兴”

《诗经》开篇之句“关关雎鸠，在河之洲”作为全篇的总领，为我们打开了一扇认识“诗”之门，但这扇门又是隐而不现的。

孔子听过鲁国太师对该章的弹奏后，赞叹：“关雎之乱，洋洋乎盈耳哉！”这表达的正是一个踏入“隐门”之人的感觉。

“关关雎鸠,在河之洲”确立了本真的诗与天地同源。“关关”为自然之音,“雎鸠”为自然之物，“在河之洲”为自然秩序的一种显现，三者融合为一体，才可谓之“自然”，才可以“诗”的形态呈现。与天地同源的“诗”如何与人发生关系？这便与那扇隐而不见之门有关，孔子称其为“兴”。

孔子说：“诗，可以兴……”又说：“兴于诗……”此处的“兴”可做二解[2]：于诗而言，“兴”是诗本身就具有的状态，如同自然的内在秩序一样，这种“兴”的状态是不可触摸的（见图 1）；于人而言，诗可以“兴”人（见图 2），“洋洋乎”和“盈耳”便是诗与孔子的身体发生关系之后，在孔子身上所“兴”出的感觉（见图 3）。前者是诗之根本，是诗之所以成为诗的质料，它没有后者也可以存在，然而这种存在于人而言，却无意义。身体若没有碰上内含“兴”之状态的诗，则永远不会发生这种“洋洋乎盈耳”之感,“盈耳”是身体与诗发生沟通并在身体上作出反应后，人所体验到的感觉。从这种感觉体验出发，人才能“接触”到诗。

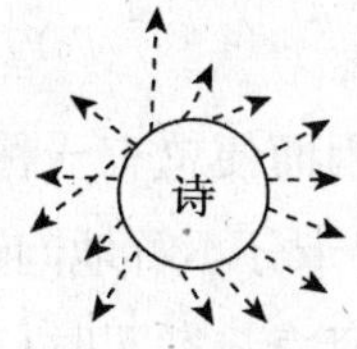

图 1　诗“兴”的状态

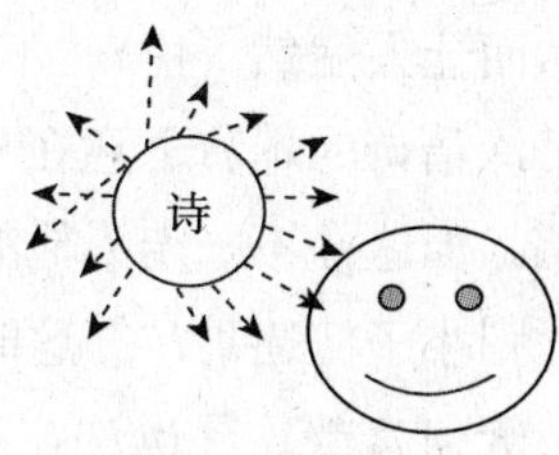

图 2　诗“兴”人

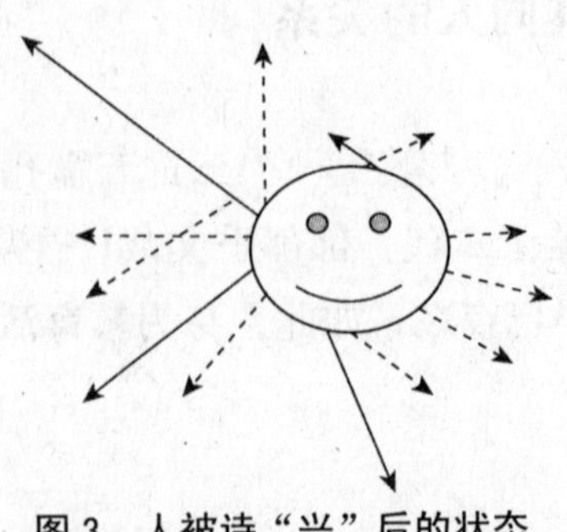

图 3　人被诗“兴”后的状态

孔子对诗的理解显然已经抵达了诗的本真之地，他不再说出诗之义，而只是给人们描述出那种“洋洋乎盈耳”的体验。用现代的哲学话语来说，则是“诗意让敞开发生，并且以这种方式，即现在敞开在存在物中间才使存在物发光和鸣响”[3]。这样的敞开不是具体事和物的呈现，而只是存在物本身的“发光和鸣响”——它通过人的感受引发身体和精神的战栗。这样的身体感受是无法用言说来具体化的，因而维特根斯坦说“对于不可说的东西我们必须保持沉默。”[4] 孔子旨在让人们去体验，从而在沉默中去接近诗。

《论语》中另一段记载孔子闻乐之后感受的文字，说得更为传神：“子在齐闻韶，三月不知肉味。曰：‘不图为乐之至于斯也。’”这与对韶乐“尽美矣，又尽善也”的赞扬之辞构成了一个呼应。但“尽善尽美”显得过于抽象，是听完韶乐之后的总结，而非沉浸于韶乐中时被乐所“兴”之感。“三月不知肉味”是一种最直观的身体表达，“三月”在时间上让人感受过程的漫长，而“肉味”是现实世界中的物质诱惑，“肉味”的诱惑在很多时候可以让人放弃一切。但孔子听到韶乐之后（实际上还是在听之中），竟“三月”不知“肉味”，然后感叹一句：“不图为乐之至于斯也！”孔子的这句感叹依然没有正面谈韶乐的具体内容，而只是用了一个否定形式——“不图”。诗之兴便在于这个“不图……至于斯”，因为诗本身的意境能让人产生“洋洋乎”的体验，通过兴所打开的意会世界，会不断地在人的身体上降临，并“兴发”出新的惊奇，从而让人猛然一悟：“不图……至于斯。”

孔子深谙诗的本真之意在于个体对“兴”之状态的感觉，因而便总有一种“欲无言”之感。但这并不一定为他的学生所明白。比如，子贡就曾十分不解地问道：“子如不言，则小子何述焉？”这时，孔子的回答十分精妙：“天何言哉？四时行焉，百物生焉，天何言哉！”也许在孔子看来，诗所兴发出的意境当与天地融合，因而我们多半只能自己站在无言之天地下去感受其“兴”，而非说出具体的“知”，正所谓“知之者不如好之者”。“好”在此可理解为沉浸于事物中，让人随时有被“兴”的可能。

即便孔子如此解释，弟子们还是紧追不放，想从孔子那里获得更精确的“知”。所以，孔子最后只能无奈地慨叹说：“二三子以我为隐乎？吾无隐乎尔。吾无行而不与二三子者，是丘也。”并非孔丘本人的隐而不教，实在是“道可道，非常道；名可名，非常名”。而庄子又告诉我们：“可以言论者，物之粗也；可以意致者，物之精也。”

由此也可以理解朱熹在教导学生读《诗》时所说的：“读诗之法，只是熟读涵味，自然和气从胸中流出，其妙处不可得而言。不待安排措置，务自立说，只恁平读著，意思自足。须是打叠得这心光荡荡地，不立一个字，只管虚心读他，少间推来推去，自然推出那个道理。”“不立一个字”，因为一旦“立字”，便会使诗对象化，在对诗的把握上便无可避免地出现遗漏，会把诗读死了。因而孔子才说：“诗三百篇，一言以蔽之，曰：‘思无邪’。”无邪是指诗之“自然”状态，而非一种道德评判，因而，读诗之人要能够读懂诗，也应回到诗的“自然”状态之中去，故“须是打叠得这心光荡荡地”——这意味着，不仅要让此时此地的阅读态度进入“自然”状态，过去的先见也应该摒除，这固然是一件难事。光认识到这种难，对于学习是无甚益处的，因而朱熹才说要“熟读涵味”，“只恁平读著”，“只管虚心读他，少间推来推去”，朱熹接着强调这种等待被诗“兴”的准备状态，是为了防止学生在等待时的消极性，提醒人们要主动地准备，这样才能得其“不可得而言”之妙处。对于《关雎》篇，朱熹如此说道：“《关雎》一诗文理深奥，如乾坤卦一般，只可熟读详味，不可说。”

总体来说，诗在根本上是拒绝对象化的，本真的诗通过“兴”与人沟通，人才是被诗兴发的对象。因而，我们谈论的诗，具有丰富的身体性[5]，倘若谈论诗的时候离开了身体，诗对于人便没有任何意义。对于人而言，诗的根本在于“兴”，“兴”才感，感后才有可言之志，“诗言志”只是所“感”可具体化的部分。本真的诗与天地同源，在此意义上，诗为人接触作为整全意义的道（自然）提供了可能。

（二）礼：祭神以通天道

《礼记》云：“夫礼之初，始诸饮食。其燔黍捭豚，污尊而抔饮，蒉桴而土鼓，犹若可以致其敬于鬼神。”又，“礼有五经，莫重于祭”。

礼起源于原始宗教祭天祀地活动，关于这一点，古今学者都没有异议。从礼的繁体“禮”字来分析，我们也可以清晰地看到这个字所要展现的“形象”——左边的“示”是一个人在做指示给他人看的动作，是为“示范”；右边的“豊”则是在一个大器具上放有祭祀的物品（多数人认为是两串玉器）。两者连在一起，加上《礼记》中的描述，我们便可以想象出一个巫师引领众人祭拜天地的情形。

与神灵的沟通只能通过“祭”的形式，传达神灵意念的是被集体公认可以神灵附体的“巫”，人们对神灵的忠诚和敬畏之心，在现实世界则转移到对“巫”的忠诚和敬畏上来。

由此可以看到，原初的礼本质上是为了达到人与自然（天）的沟通。帝王出现之后，礼已形成一定的制度规范，尽管帝王自命为“天之子”，但在祭祀时，依然位列国师之下。设若其中出现政治上的权谋，则“礼”的过程便可能异化，变成一项政治阴谋，这样的“礼”实际成了借天之名来实现人类私念的工具。这一现象到春秋战国时期变得越来越严重。

孔子经常提及的“礼”首先是周礼，孔子说：“吾从周。”在孔子看来，周朝的礼仪制度是以夏商两朝为依据，并有所扬弃而成，是足以“配天地、泽苍生、治天下、成仁义的大经大法”[6]，孔子对其持完全赞赏的态度。周礼与周朝的国家稳定和政治教化有紧密的联系，但周天子（包括周文王、周武王、周公三代）所施行的礼对政治发生影响，绝非一种行政手段，而是“道之以德，齐之以礼”，最后让人民“有耻且格”。这种礼制使礼直接与人的生命发生关系，进而在人身上生发出鲜活的意义，不可不谓一种理想的政治形态。雅斯贝尔斯在这一点上理解的是很准确的，他说：“礼意味着所有人的不断教育，礼又是生活的范式，在整个现存的状况中产生出一种适当的氛围，使人以严肃的态度对待事物、信任和敬意。礼借助于普遍性来控制人，并通过教育使礼成为人的第二天性……这些范式给予个人的是坚固、安稳和自由。”[7]礼还“可以保持秩序……培养整体的精神”[8]。

“礼”为什么能达到孔子和雅斯贝尔斯所说的那种效果？这是我们需要讨论的问题。

首先，从表象层面来分析，“礼”始终处于祭礼的准备活动以及祭礼活动本身当中，整个过程都是在“示”给神看。但我们不能反而推之，认为类似这种形式的活动都是礼——然而，这种以形式替代实质的认知方式古今中外大有人在。

其次，从心理层面来讲，“礼”是人的主动需求，而且是一种强烈的需求。“礼”与人发生关系的过程中，人的主动性要大大强于“诗”与人发生关系时的主动准备。人之所以对“礼”的需求如此迫切，一个重要的原因便是，通过祭礼可以倾听先祖或神灵的指引——这种指引可以给世人带来安定和福祉，这种指引实际上便是天道的“下降”。对祭神可以通往天道这一信念的认可，使得先民每时每刻的生活都处于“礼”的围裹之中，因为先民有强烈的美好期望，“礼”不仅在祭礼的时候存在，而且在任一时刻都存在。

最后，就过程而言，“礼”形成了一个群体共在的场域（见图4）。在祭神时，人们在这个场域中感受神的存在，自己与神同在。在这种时刻，“精神不再是一种受到礼仪影响的外在存在；恰恰是在礼仪之中，精神得以生动表现并获得了它的最大灵性”[9]。人在祭礼时的这种状态与被诗“兴”之后的状态（见图3）比较相似，只不过前者是人为的，而且是群体性的，而后者主要在于自然的兴发，共同之处则在于，都需要身体在场。人们只有在这种状态下，才能打开一条通向先祖或神灵的“道”（见图5）。与此同时，“礼”以家族传统的形式代代相传，“共同享有的传统将人们凝聚在一起，使他们成为真正的人”[10]。在“礼”的过程中，人们也获得了作为一个真正的人的自我认同。

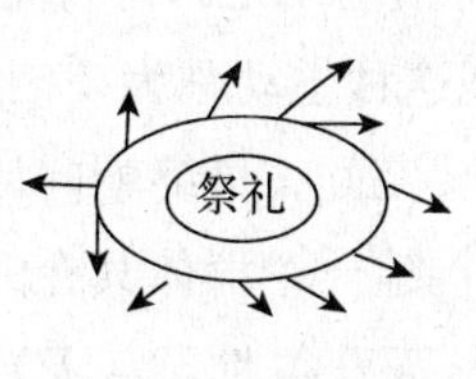

天、神灵、先祖

祭礼

图4　祭礼形成的场域　　　　图5　祭礼活动中与天沟通

但是，孔子生活的时代已经“礼崩乐坏”，很大程度上，他只能在自己的内心想象并建构完满的、理想的周礼。面对许多官僚对礼的僭用，孔子自知无法从行动上制止，只能发出“吾不欲观之矣”的感叹。

对于孔子而言，他所践行的只是自己的“祭如在，祭神如神在”以及“吾不与祭，如不祭”的信念，这两句话显明了孔子所理解的礼与原初之礼的一致性。“真正的礼仪的‘发生’，则是一种自发性。它‘自然而然地’发生。其间蕴含着生命，因为参与礼仪活动的人是严肃而真诚的……‘礼’通过自发的协调而起作用，这种自发的协调则植根于虔敬的尊严之中。”[11]所以，孔子在祭祀祖先的时候，好像祖先真的在那里一样，这种自然生发的虔敬与前面所言的祭礼在心理层面为人的主动需求并不矛盾。实际上，只有感觉到祖先真正在场，才可能做到“自然而然地”发生，才更有可能达成自己（主动需要）的期待。

通过群体严肃而真诚的集结，在敬畏中形成一个场域，这是寻找与天（自然）沟通之道的前提准备。人们在“示给神看”的活动中，渐渐习得了神的某些行为方式，找到了通往神灵（先祖）的桥梁（不可见但又无处不在，随时为祭礼的人们打开）。从更广泛的意义上讲，人通过“礼”的行动，达致与天（自然）的沟通，这种沟通是不能由他人替代进行的。实际上，在祭神的时候，参与祭祀的人在自身建构了一个与天（自然）沟通的场域，每个人只能在自己的场域中清晰地见到神灵；而且，不参与到祭礼中来，祭礼便只是观的对象，“礼”对个人便失去了“成”人的意义。所以，孔子认为，若不亲自参与祭祀活动，祭祀对自己是没有意义的。

孔子对周礼的赞赏和不断强调，实际上是希望让其时代的人们都回到“礼”的原初形态上去，从而在真正的“礼”的形式浸润中，回到自然赐予人类的秩序上来，而不是政治权力上的炫耀和纷争。但事实却与孔子的愿望完全相背离，而且越行越远。

（三）诗礼与人发生关系的身体共性

原初的（本真的）诗与天地同源，这是前面已经得出的结论。诗时时都处于“兴”的状态，而人只有去读诗，并主动地做好准备（我把这种主动称为“消极的主动”），才可能被诗“兴”，然后在人身上“兴”发出一片意会空间，最终朝向诗所要显现的整全之物——自然（天）。礼则通过“礼”的活动，构建一个群体共在的场域，在严肃而真诚的行动中寻找与神灵（天）沟通的通道，从而获得神灵（天）的指引。前者在身体和精神感受中“被”天接触，后者在主体的身体力行中与天沟通，两者都需人的身体参与，并且是时时刻刻[12]在参与，这是人与天（自然）沟通的基本条件。

如果把诗与人的关系看成是从天到人自上而下的模式，那么，礼与人的关系便可以看成是从人到天自下而上的模式。前者是天道“兴”发人，通过人的身体（Ⅰ），让人发生对天道的领会之感，又通过身体（Ⅱ）回到生活本身（见图6）；后者是人主动、严肃而真诚地祭拜神灵的行为，通过人的身体（Ⅲ），聆听神灵的意旨，最终也通过身体（Ⅳ）回到生活本身（见图7）。为了方便分析，我用罗马数字按顺序分别把这四个“身体”标上了序号，并用身体（Ⅰ′）代表被诗“兴”后回到生活本身的身体，用身体（Ⅲ′）代表“礼”之后回到生活本身的身体。

从图6和图7中可以明显地看到，诗礼同人发生关系时，身体的参与一直处于不断的变化当中。诗与人发生关系时，是这样的变化：身体（Ⅰ）→身体（Ⅱ）→身体（Ⅰ′）；礼与人发生关系时，是这样的变化：身体（Ⅲ）→身体（Ⅳ）→身体（Ⅲ′）。这种变化可能是不断循环螺旋上升的，也可能是做加法形式的累积，考虑到人本性的复杂性，后者的可能性要小一些。

另外，尽管身体在两种情况下都担任了一定的中介作用，但作为有独立人格和独立思维的人而言，身体一旦参与到诗礼活动中来，身体所起的作用便要远远超越简单的中介角色。虽然身体在诗礼活动中的能动性很难系统地明现，但身体参与的

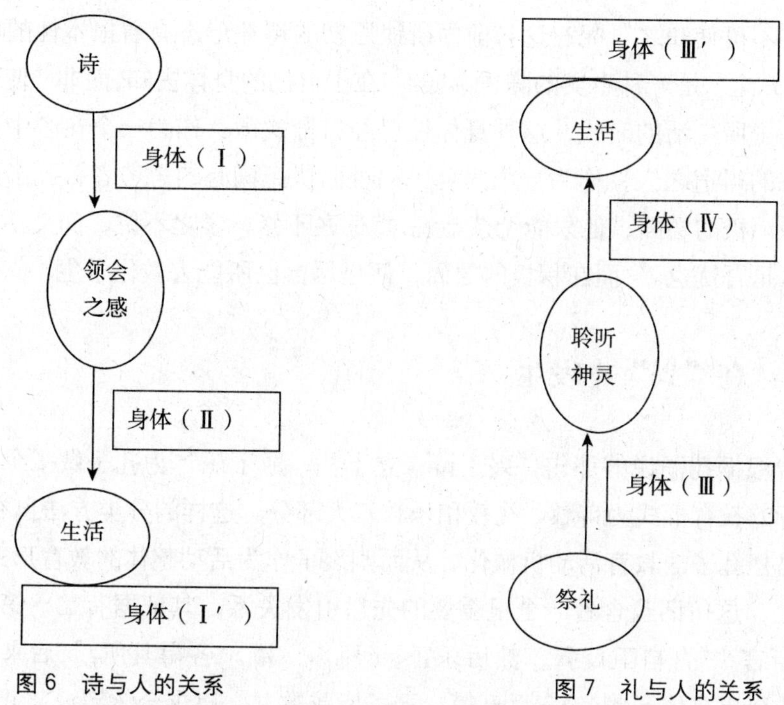

图6　诗与人的关系

图7　礼与人的关系

不断变化这一事实却可以确证，身体参与变化的程度也从侧面说明了身体能动参与的程度。

在孔子看来，原初的诗礼精神在上古帝王那里得到了很好的运用，所以孔子会如此赞叹："大哉尧之为君也！巍巍乎！唯天为大，唯尧则之。荡荡乎，民无能名焉。""巍巍乎，舜禹之有天下也而不与焉！"尧帝"唯天为大"，是去"则之"，而非知之，更非斗之，尧帝为什么能"巍巍乎"？为什么"荡荡乎，民无能名焉"？其根本原因便在于他以"天"为"则"。

尧被众部落首领推举为部落联盟的首领——实际上便是一名帝王，自有其异于常人之处。这种差异在直观上的表现便是，尧"巍巍乎"，而民"无能名"。实际上是尧悟明了原初的诗礼之精神，因而能够通过礼（其时礼中有诗）与天沟通，并从"天"中获取治理万民之道。普通的"民"却难以做到，作为一般的老百姓，他们只能在现象层面看到尧的功绩之伟大，看到尧所显现的气象异于常人，但却说不出个所以然来。由此可以看到，原初形态的政治与天道也是相通的，它能够让天下子民都感到"通畅"，所以国家有序。

正是在这个意义上，孔子说："民可使由之，不可使知之。"这句话绝不是许多人所说的愚民政策，"民可使由之"有一个重要的前提，那便是为君者能够"唯天为大"，能够以天为则，这时，君王所选定的道路便接近于天道，所以才可"由之"。

但为何又“不可使知之”呢？这与前面所谈原初的诗礼形态有着根本性的联系，因为“不可使知之”是一种事实的陈述。“知”在于自己的身体去知，而非“使……知”。但是，在孔子所生活的时代，这种身体性已经日渐式微。作为一个在心中已看到理想国家形态的得道之人，作为一个为全民福祉而忧患满心的思考者，孔子面对这样的现状，在消极的层面，他只能无奈地说：“德之不修，学之不讲，闻义不能徙，不善不能改，是吾忧也。”而在积极的层面，便是尽自己所能去教化学生。

二、诗教：在“兴”中发生

后人曾根据孔子说的那句“兴于诗，立于礼，成于乐”为孔子做了个总结，认为他所施行的教育形式为诗教、礼教和乐教三大部分。这样的分类方法自有其道理，但却很容易把孔子的教育活动机械化，从而割裂了作为活动整体的教育形式。

事实上，这句话蕴含着一个很重要的先后引发关系，其证据有二：第一，来自孔子自己所言：“吾自卫反鲁，然后乐正，《雅》、《颂》各得其所。”后来，司马迁替孔子表述得更具体一些：“三百五篇，孔子皆弦歌之，以求合《韶》、《武》、《雅》、《颂》之音。”这说明诗可以入乐，而且好的诗入乐后，可以达致韶乐的境界。第二便可从诗礼的原初形态来谈，“兴”、“立”都是以人为对象的，人被诗“兴”发到一个特殊的意会之境，由此通过身体与天（自然）相遇，并从天（自然）那里习得天（自然）之道,形成可立人之“礼”。“成于乐”之“乐”与“乐其可知也”之“乐”是一样的，是可被人知的。相对于原初形态的诗与礼而言，乐是天（自然）之道下降到人身上的一种最完满的表现，这为普通人去接触原初形态的诗（所开发的意境）提供了一种可能。

由此可见，诗是礼乐的根本源头，子曰：“小子何莫学夫《诗》？《诗》，可以兴，可以观，可以群，可以怨。迩之事父，远之事君；多识于鸟兽草木之名。”孔子以诗来教育弟子，是抓住了他所处时代的教育之本。

（一）“诗教”正义

就字面意义而言，“诗教”二字可以做以下两种解释：一为动词，即以《诗》去教；一为名词，即“以《诗》去教”这种教育活动。两种解释并不造成理解上的混乱，在一般意义上可以通用。

作为一种粗浅的认识，以上对“诗教”的界定已算比较完备，然而细究起来，我们发现，正“义”的工作并没有完成。“诗教到底是什么？”“它与其他形式的教有何不同？”类似这样的疑问依旧悬而未决。

“诗教”的目的是什么？这是我们面临的首要问题。放在孔子身上，这个问题变成，孔子想通过“诗教”来改变些什么？它直接与孔子所处的时代有关。孔子曰：“天下有道，则礼乐征伐自天子出；天下无道，则礼乐征伐自诸侯出。”孔子所生活的时代已经开始朝向后者，是一个“礼崩乐坏”的“无道”时代，他想改变这一现状，重立礼乐传统。孔子从周礼，正乐，都是为了达到这一目的。另外还有一项，便是孔子的教育活动，而“诗教”为教育活动中重要的一部分。

我们再来分析“诗教”的形式。“诗教”就是以《诗》去教，这没有错，但教的前提很重要，那便是要理解《诗》，这与上一章已经分析过的诗的原初形态有很大关系。诗原本就有一个“兴”的状态，人只是被诗“兴”，而人可以言说的，只是对“兴”之后的身体体验可言说部分的言说。孔子要做的事情是把那可言说的部分言说出来（比如，“洋洋乎盈耳哉”，“不图……至于斯也”），把学生循循善诱到诗之“兴”的范围中。因而可以说，“诗教”的形式，与诗的本真状态是分不开的。

“诗教”的过程其实更像是“不教”。从诗的本原来看，对诗的理解并非教出来的，而是通过身体与诗所兴发出的意会空间的接触而体悟出来的。“诗教”绝非教“诗之义”，而是把人引导到学诗的路上来。“曰：‘学诗乎？’对曰：‘未也。’‘不学诗，无以言。’鲤退而学诗。”孔子对儿子孔鲤的教导十分简洁，没有告诉他要去学什么具体内容，更没有帮他分析出哪些内容讲了什么道理，而是以叩击的形式问：“学诗了吗？”若没有，则需要去学；若学了，则说明还有继续深化的可能，不可浅尝辄止。而学诗的过程，只在于自己的体悟。

最后，再回到图 6 上来分析，“诗教”所要培养的人能在身体的螺旋式参与中获得天（自然）的滋养，从而增强个体的体悟能力，并能在每一次的身体参与中增加对“礼”的理解，从而最终确立新的礼乐传统。

（二）诗教中的身体性及语言在场

诗与礼在原初形态上的身体共性决定了孔子诗教存在很强的身体性，但相对于孔子对诗的理解和体悟而言，“诗教中……”的身体性则显得有些朦胧，因为其中隔着一层语言。

诗教的结果使孔子和学生通过各自的身体不断与诗发生关系，这种结果性的期待所呈现的身体性要比“诗教中……”的身体性简单得多，因为两个不同个体的独立性已十分明朗，可以直接把这种身体性看成两个图 6 模式。

就整个诗教过程而言，其真正的核心问题出在“诗教中……”孔子与学生的关系上。“诗教中……”与个体对诗的理解和体悟的根本差异在于，前者需要通过一个人的语言向另一个人言说。个体通过身体去体悟一首诗是很难的，维特根斯坦认为，(在语言中去）理解一首诗只能去寻找其唯一的排列：“只有这种语词，这样排列，才表达这一思想。”[13]我很赞同这个说法。理解一首诗，用图2的过程来说明，则是，人被诗“兴”时，通过一条“道”与诗发生沟通，达到被“兴”的状态，在这种状态中，可以与诗发生共契。如此看来，再要通过语言来描述一首诗，几近不可能。不恰当的语言像一幅刻板的图画，而这样的图画“囚禁了我们。我们逃不脱它，因为它在我们的语言之中，而语言似乎不断向我们重复它”[14]。而且，庄子告诉我们：“可以言论者，物之粗也；可以意致者，物之精也。”过多的言语是有害的。

孔子通过一种巧妙的迂回之术避开了这个难题，弗朗索瓦·于连把孔子的这种迂回表达之术称为“微”言，通过“微”言可以传递给学生的是被“兴”的状态，而非一次“兴”之后的既定事实描述。用弗朗索瓦·于连的话来说：“以老师教授学生形式说出的与环境相关的孔子之言，远非要描述现实，而是要在抽象领域中重新建立诸物之间的重要关联，它只能是指示性的。但由于它生动活泼并且运用特殊的表达方式，它同时向事物的无限进程开放。”[15]弗朗索瓦·于连还认为，孔子的教育活动“不是凭借引发语言的回答，而是凭借沉默中的变革”[16]。这种“微”言没有理论企图，也非首创，它停留在可能是作为真理或本质话语的另一种话语的空白之处。所以，这种话语中哪怕一点点的迂回都能够揭示本质，它叙述的“小事”相当于整体的标志。[17]

这与维特根斯坦所言的“本质在语法中道出自身”[18]具有一致性。正是因为所要表达的整体时时刻刻都在言说中显现（也许是一部分，也许是全景），若要去理解这个整体，则要求人的身体时时刻刻都“在”，所以维特根斯坦又说，“预期和实现在语言里相接触”[19]。

现在，让我们再回到“诗教中……”孔子与学生的关系上来，“诗教中……”不仅要求人的身体在场，还要求语言在场。语言的在场与孔子自身对诗的理解有关，并直接影响到学生对诗的理解。语言的在场受制于身体性——用图6来解释，语言的在场受制于孔子“身体（Ⅰ）→身体（Ⅱ）→身体（Ⅰ′）”的过程，并最终由身体（Ⅰ′）表达出来；同时，又指向引发另一个肉身——由孔子身体（Ⅰ′）的言说，引导学生身体（Ⅰ）朝向诗“兴”的状态，并完成学生“身体（Ⅰ）→身体（Ⅱ）→身体（Ⅰ′）”的过程。举一个例子：

子曰：“小子何莫学夫《诗》？《诗》，可以兴，可以观，可以群，可以怨。迩

之事父，远之事君；多识于鸟兽草木之名。”

“何莫学夫《诗》”可以做两种理解：一是“为什么不去学诗呢”？二是“为什么不到诗中去学呢”？前一个可以在学生尚未学诗的时候说，后一个则可以在学生学过一些诗但并未感受到被诗“兴”的状态，或者有了疑惑但不愿到诗中去追寻的时候说。

“《诗》，可以兴，可以观，可以群，可以怨。”这是孔子提出“何莫学夫诗”的理由，这样的陈述是非系统性的，也是弗朗索瓦·于连所说的，“停留在可能是作为真理或本质话语的另一种话语的空白之处”的“微”言。从图 1 中我们可以看到，诗“兴”的状态是发散性的，没有一个具体的指向，诗教应承着诗的本真形态，也没有准确的指向。作为老师，孔子要做的事情只是把学生引导到诗“兴”的状态之中，至于最后学生到底是学会了“观”还是学会了“群”或“怨”，是用在“事君”还是用在“事父母”上,都不在孔子的教育计划之中(这也可以看成教育目的层面的“思无邪”)，但与此同时，这些可见的效用又都蕴藏在未来的可能之中。

“多识于鸟兽草木之名”与原初形态的诗有着内在关联。对这句话最表层的理解是：读诗可以认得更多的鸟兽草木。对这种理解的追问更有助于我们理解孔子“微”言之本义。

前面已经论证过，作为原初形态的诗是与天地同源的，诗从根本上拒绝对象化的认识。而“鸟兽草木”本身就是自然之物，其“名”与其作为自然之物应当具有同样鲜活而丰富的内涵，因而，“鸟兽草木之名”本身也是拒绝对象化的。

“名”是最初以声对物进行的命名，所打开的是一个物在场的意会空间。但随着时间的推移，“名”逐渐成了一种义，它逐渐被限定，被压缩到一种确定的“义”上来。

“孔子的时代正是《诗》以声为用，到《诗》以义为用的过渡期”[20]，孔子已经意识到，对于诗而言，过多的言语只会使诗变得僵化，从而丧失诗的原初之意。激活诗的本真状态，需从身体开始，需时时刻刻主动准备着被诗“兴”，从而为“草木鸟兽之名”正名。同时，“多识于鸟兽草木之名”又能让学生学好诗，弱化“诗教中……”孔子语言在场的障碍,使诗教的活动时时刻刻都处于诗之“兴”的状态之中。因而老子才说：“名可名，非常名。”

在孔子的教育实践中，把孔子的语言在场与自我的身体参与融合得最好的学生，非颜回莫属。

子曰："吾与回言终日，不违，如愚。退而省其私，亦足以发，回也不愚。"

子谓子贡曰："女与回也孰愈？"对曰："赐也何敢望回？回也闻一以知十，赐也闻一以知二。"子曰："弗如也，吾与汝弗如也。"

孔子说颜回"退而省其私，亦足以发"与子贡说"回也闻一以知十"，所表达的其实是同一个意思，把这两句话放到孔子诗教活动中来看，便可以这么讲：孔子运用"微"言把学生引导到通往诗之"兴"状态的道上来，颜回从一开始就在认真跟随，并去体会孔子言语中所隐藏着的诗意，由于整个身体都专一地参与其中，所以表现得"如愚"。一旦退下，孔子的言语引导不再起主导作用时，颜回自己的身体便开始显露，通过不断地省思，颜回自己终于遭遇了诗之"兴"的状态，于是他开始进入被诗"兴"的状态，不仅"足以发"，而且还可"闻一以知十"，这是一般人难以做到的，也是孔子以及孔子的弟子经常夸赞颜回的缘由。

总体而言，诗教中的身体性已经确立，而且对于"诗教中……"这一活动状态而言，不仅要意识到作为教师的身体性和语言在场，而且还要意识到学生的身体性以及教师语言在场对学生的影响。好的诗教活动是自然的，是诗的，而且时时刻刻都包含着教师和学生的身体参与，好的语言在场（"微"言）不仅能让师生沟通得更加顺畅，更重要的是，好的语言在场（"微"言）引导学生踏上通往诗之"兴"状态的道路。

（三）作为诗教过程和结果之一的言说[21]

什么样的语言在场才是好的语言在场？孔子迂回的"微"言 表达已经给出了答案。

好的语言在场要达到怎样的结果？这是我们仍需讨论的。让学生学会用身体体悟诗，感受被诗"兴"，而且要时时刻刻去体悟和感受，这是孔子诗教的根本目的，是隐而不现的身体参与在改变。

诗教结果在可见的层面是学生的言说，"不学诗，无以言"。而言说的本质是流动性的思维表达，它作为诗教的结果之一，便可以随时参与到"诗教中……"来。

由此，我们可以进入到"诗教中……"一个更成熟的阶段。此时，不仅有孔子的身体在场和语言在场，有学生的身体在场，还有学生的语言在场。在这一阶段，学生作为一个处于被诗"兴"状态的肉身，他能够像诗"兴"的状态一样去"兴"自己的老师——孔子。在这一阶段，老师（孔子）、学生和诗共处一个融融的场域之中，思维可以相互刺激，不断迸发，以致引发连续不断的"不图……至于斯"的惊叹。

子曰："不愤不启，不悱不发。举一隅不以三隅反，则不复也。"

子夏问曰："'巧笑倩兮，美目盼兮，素以为绚兮。'何谓也？"子曰："绘事后素。"曰："礼后乎？"子曰："起予者商也！始可与言诗已矣。"

结合以上两段引文，可以更好地来分析"诗教中……"这个更成熟阶段的具体发生情形。

子夏所引之诗见于《诗经·卫风·硕人》，原文只有"巧笑倩兮，美目盼兮"这两句，第三句被后人疑为佚诗，本文不对此再做详细考证。子夏的引诗原意是在描述卫夫人之美，这种陈述一旦作为诗的形式出现，则不再拘泥于对特定对象做描绘，从其蕴含的更基本的东西——美出发，这句诗可以"兴"出许多其他道理。

子夏在学习、研读这几句诗时，已经感受到了诗"兴"的状态朝自己涌来，却又无法真正与诗达成沟通，而是处于一种被诗触摸得很痒的状态（痒感），这也是孔子所说"不愤不启"之"愤"的状态。孔子听了学生的问题之后，便抓住这一良机进行教导，用了四个字来"启"子夏。

"绘事后素"作为孔子的一次"微"言，有两种理解方式：一是孔子读这首诗时，通过自己的身体与诗发生沟通所获得的所有"兴"之感。二是在读诗所获得的"兴"之感中，选取"绘事后素"这部分理解来对子夏进行"因材施教"。这两种情况在整个文本中都可以理解畅通，且并不造成歧义。无论这句话做何理解，有一点是可以肯定的，即孔子对子夏所问之诗有自己独特的体验，却没有体悟到子夏所体悟到的"礼后"。

"礼后乎？"子夏的这个疑问标志着孔子与子夏之间发生的诗教活动已经达到了一个成熟的阶段。被孔子"启"过的子夏很快找到了与诗沟通之道，这里面又蕴含着三层身体参与的过程：首先是孔子通过自己的语言在场，把子夏引导到诗"兴"的状态之中，在这一引导过程中有子夏的身体参与，否则不可能发生接下来的事情；随后，子夏通过身体参与踏入与诗沟通之道，感受被诗"兴"的状态；子夏在被诗"兴"的状态中，通过身体的体悟寻找特定的语言排列，并最终说了出来，这也是孔子诗教想要达到的结果之一。

被孔子"启"之后的子夏，通过言语再一次进入"诗教中……"这一状态，当子夏说出"礼后乎"之时，他的身体参与和言语参与同在。

子夏通过言语再一次进入到"诗教中……"的状态，更重要的还在于，他通过自身的语言在场"起"了孔子，因而孔子说："起予者商也！始可以言诗已矣。"此时，一个融融的师生互动场域正在形成。

既然学生已经处于被诗“兴”的状态，那么，这个“诗教中……”的场域便可以通过继续“言诗”得以扩大。新的言说正在酝酿，因为新的、被诗“兴”的场域正在不断打开。

从以上的分析可以看到，“诗教中……”的学生开始言说成为诗教成熟的一个基准点。把学生引导到可以言说的道上来，是孔子诗教的一个目标。因而可以说，学生的言说是诗教的结果之一。与此同时，我们更应当看到，这个成熟的基准点又是一个起点，它使得构筑一个教师、学生、诗共在的“诗教中……”场域成为可能，并由此开始，通过各自的身体，不断在“兴”中发现新的惊奇。

但由于孔门弟子众多，理解能力自然也参差不齐。一些水平出众的弟子，如颜回、子夏、子贡、子路等，可以跟随孔子一起领悟诗“兴”的状态，并与孔子一起“言诗”。同样也会有一些无法进入诗“兴”状态的学生，他们无法体会孔子的“微”言。

孔子必须通过语言的在场来引导学生，言语中的“文”是可以被学生“得而闻”的。但语言只是沟通诗“兴”状态的“道”，而并非真正的道。子贡和子路都明白这一道理，因而子贡会认可“夫子之言性与天道，不可得耳闻也”，因为天道是通过自己的身体力行而感触到的，非孔子可以直接传递而得。子路的“未之能行，唯恐有闻”所构建的是一个学生处于“诗教中……”的鲜活形象。诗“兴”之状态是发散性的，而人被诗“兴”之后的状态也是发散性的，孔子可能在不同的时刻寻找到不同的语言秩序，进而开始言说。子路为了能更好地跟上老师的思维，也为了能更快地踏入与诗沟通之道，一个好的方法便是去听老师的言说。

然而，并非所有的学生都能像子贡和子路那样明白孔子的“微”言大义，实际上，他们不明白闻听孔子“微”言之后的身体实践。

一旦学生在诗教中身体缺席，则孔子之“微”言便不再有引导和兴发的功能，而成了要去追寻和明确地确定的“义”。明确之义的欲求与“微”言本身的启发性和弥散性在根本上是相悖的。有些学生想从孔子那里获得一些确切的知识，但却不可得，而像樊迟那样去问稼，还会被孔子斥嘲。这些学生跟不上孔子的步伐，更领会不到孔子“微”言之后的大义，所以便认为老师对他们有所隐瞒。面对这样的误解，孔子该如何辩解呢？他实在找不到合适的辩解方式，只能像发誓一般地跟学生说：“我对你们是没有隐瞒的啊！我没有一点不向你们公开，这就是我孔子的为人！”[22]这样的辩解对于那些在诗教中身体缺席的学生而言，实在是无济于事。

孔子原本胸怀重兴周礼的决心，但终于在长时间的诗教活动中认识到有些矛盾不可调和，故而只能独自喟叹：“没有人能够懂得我啊……难道懂得我的，只有天吗！”[23]

孔子与那些不能理解他之人的根本不同在于，孔子可以“下学而上达”——这简单的五个字把诗教的根本形式说了出来，而其他人做不到。“下学”所学的是人世间发生的普通事情，而“上达”所达的却是天道。能够上下一以贯通之，原因在于，孔子时时刻刻都敞开自己的身体感受。孔子异于常人之处在于，他不仅能感受到诗“兴”的状态，而且能在现实生活中让被诗“兴”过的身体时时刻刻参与到生活中来，这种身体参与是通达天道的必要条件。

由此我们也可以看出，孔子的喟叹并非自负，而是或多或少表达着某种悲凉之情。孔子在“诗教中……”与当时代、自己的学生、世人的矛盾，其根本在于身体的缺席。

三、孔子诗教中的教育逻辑

当我们或多或少呈现出一点孔子“诗教中……”的情形时，一个更基本的问题朝我们涌来——教育是什么？面对这一古今中外争论不休的问题，谈论就将面临巨大冒险，而下定论在多种情况下，只是在显明个体认知的界限——每一个定论都在告诉人们，定论者对此问题的认识就是这样了。

对于“教育是什么”这个基本问题，我自知没有能力去直接面对，但就前文所做的各种分析，我们可以来探讨一个比“教育是什么”更具体的问题：作为原初形态的教育活动，孔子“诗教中……”的教育逻辑是怎样的？这个问题分开来谈，则包括“诗教中……”教师（孔子）的逻辑是怎样的？“诗教中……”学生的逻辑是怎样的？“诗教中……”本身蕴含着怎样的逻辑？确立这些问题还有一个前提，那便是对原初形态的诗礼的认识以及对诗礼如何同人发生关系有着深刻的体会和理解，详情请参照第一部分的论述。

“诗教中……”教师的逻辑是怎样的？

处于“诗教中……”的孔子获得了被诗“兴”的状态，这是诗教的前提。比较图 1 和图 3，我们可以发现，被诗“兴”之后人的状态与诗“兴”的状态有些相似，都是弥散性的——这种弥散性意味着诗“兴”人时具有多种的可能，而人被诗“兴”之后，也能够生发多种体验和认知的可能，两种情况都时时刻刻需要人身体的参与。图 3 虚线箭头表示被“兴”之后，人可以通过身体的参与在自身构建一个融融的场域，个人构建的场域与群体祭礼时所形成的场域（见图 4）发生同样的效果，都可以让人体验到那种“暖暖的”与天接触之感。图 3 的虚线表示人的能动性，它体现人在所有暖暖之感中可以言说的部分，是人找到了特定语词排列的时刻。

“诗教中……”的孔子处于图3和图2相融的情形中，事实上，一旦人们达到了图3的阶段，便能时时刻刻处于图3和图2相融的情形中。孔子希望学生也能够达到图3的状态。但这种状态本身的身体性使得它不可能通过简单的知识移植来获得。

孔子说:“天何言哉？四时行焉，百物生焉，天何言哉？”这意味着，孔子十分清楚天道是不可说的，所以孔子不说了。但从另一个角度来看，实际上这是孔子“微”言的又一次践行——通过“微”言，孔子教导学生该如何去学天道。天道不在于“义”，而在于不断地“行”和“生”，天道就是天道生成和运行本身，而“义”是死的。因而孔子所教的，并非具体而微的细则，而是引导学生踏上与诗沟通之道，通过诗之“兴”再引发人的身体对天道的体悟。

尽管天道的不可言说性在孔子那里早已确立，但弟子们起初却不知道这些，因而，孔子必须通过言说（即图3中实线的箭头）来引导。前面已经说过，孔子所言说的只是他能言说的东西，如图3所示，实线的箭头是有限的，并且不一定符合诗“兴”时本身的方向（道）。这一事实提醒人们，在“诗教中……”，孔子言说的有限性是必然的，因为身体可以体验到的被诗“兴”的状态是有限的，其中可以言说的东西更是有限的。而且，孔子的言说可能偏离了诗“兴”时其本身的方向（道）。由此也可以显明，孔子“诗教中……”的“微”言运用，实际上有一定的被迫性。孔子对“诗”的理解包括对以上两种情况的理解，因而在“诗教中……”，他的身体时时刻刻都在参与。

以上两种情况还为“诗教中……”学生将来的言语表达以及师生的对话提供了巨大的空间。诗之“兴”的弥散状态，致使人的言说永远都处于一种未完成的状态，作为教师的孔子，他的职责便是引导学生踏入与诗沟通之道，然后与学生一起在永远的未完成状态中时时刻刻地身体参与，在特定的时刻言说。

“诗教中……”学生的逻辑是怎样的？

为了简化该问题，我把参与诗教前的学生假设为尚未体验到一个完整的被诗“兴”并发生“身体（Ⅰ）→身体（Ⅱ）→身体（Ⅰ′）”改变过程的个体。“诗教中……”的学生也许正处于“悱”而待“发”的状态，也许正处于“愤”而待“启”的状态，或者，还是处于完全懵懂而接触不到诗“兴”的状态，但他们处于“诗教中……”便意味着，他们都期待从孔子那里获得“道”。

在“诗教中……”学生学什么？孔子教什么，学生就要学什么吗？问题并不是这么简单。

前面已经分析了，孔子所言说的仅仅是他能言说的部分，“微”言旨在引导学生踏上与诗沟通之道。如果把学习仅仅看做学习确定性的知识，或者仅仅看做达成一个确定的结果，那么，学生的确是没有什么可以学的。孔子诗教中与学生的矛盾也恰恰发生在这个节点上，一旦学生进入不了孔子通过迂回的“微”言所要引领他们进入的小径，则学生根本就不会明白自己正在学什么；唯有通过孔子“微”言的引导进入一个诗“兴”状态的空间，学生才可能在诗之“兴”中，通过身体去感悟被诗“兴”的状态，从而在被诗“兴”的过程中体悟天道。“兴”所营造的是一种自然氛围，是天人合一的一种表征，在诗“兴”人的状态中，人的身体与自然情境可以相互交融。一旦学生进入了孔子的“微”言中，开始踏上迂回的与诗沟通之道，怎么学的问题便因人而异了。颜回的“不违”，子贡的“未之能行，唯恐有闻”，子夏的“言诗”，因每个学生的个性以及所学程度而有不同的表现形式，但其根本指向是统一的：不同的学习方式都在指向对诗本身的理解，而这种理解需要身体时时刻刻的参与。

对于学生而言，最忌讳的事情莫过于对诗“义”的刻板追求，因而孔子才说：“举一隅不以三隅反，则不复也。”又说：“诵诗三百，授之以政，不达；使于四方，不能专对；虽多，亦奚以为？”如果教给一个人东方有什么东西，他却只知生硬地记住这一点而再也不会去推知其他方向是否也可能蕴藏着这一事物，这样的教育看似达成了某一既定的目标，但在孔子看来，这种活动本质上是无意义的，没有必要再教了。诵诗三百而无所作为，是从另一个角度表达同一个意思。“义”懂得再多，除了徒添累赘，还能有什么用呢？

回到诗的原初形态上来看，诗与人发生关系的过程是变动不居的，只要身体时时刻刻参与进来，“义”便可随机而变，唯有诗本身不变地存在于那里，不停地“兴”这一事实是永远不变的。诗的原初形态以及诗与人的关系提醒我们：学生与老师同诗发生关系的可能性是同等的，而且发生关系之深度也有同等的可能。老师之所以为老师，只是因为他对“诗”兴状态的体验在先，在起初阶段的体验比学生丰富。一旦学生步入了被诗“兴”的状态，他应当持续不断地让身体参与，体验被诗“兴”的状态，在融融的场域中勇敢地说出降临于身体的语词排列。

最后的问题是，“诗教中……”本身蕴含着怎样的逻辑？这一问题在“诗教中……”的成熟阶段表现得更加丰富明了。

“诗教中……”的老师和学生都要以身体参与，而一个良好的诗教活动则意味着，身体参与时时刻刻在进行。“诗教中……”的老师对诗之“兴”的体验在先，他能起引导学生踏入与诗沟通之道的作用，因而才被称为“老师”。这种用来引导学生踏入与诗沟通之道的对诗之“兴”的体验，老师是永远在先的——这或许是其成为老师这个身份的根本因素。但这并不意味着，老师对诗之“兴”的体验永远都比学生准确和丰富。随着诗教活动的进展和深入，老师和学生的身份变得越来越不明显。

在前文我们已经讨论过，学生开始参与言说成为诗教成熟的一个基准点。这意味着，成熟阶段的“诗教中……”状态不仅有孔子本人的身体在场和语言在场，还有学生的身体在场和语言在场。在这一阶段，学生作为被诗“兴”状态的肉身，能够像诗“兴”的状态一样去“兴”自己的老师——孔子，也能够通过言语，像老师引导自己一样去引导老师，此时，老师与学生在师生角色的表现上已经开始模糊。在这一阶段，老师（孔子）、学生和诗共处一个融融的场域之中，思维可以相互刺激，不断迸发，以致引发连续不断的“不图……至于斯”的惊叹。

理顺以上这层逻辑关系，依然要回到诗的原初形态中去。处于被诗“兴”状态中的人能体验到与诗共在的融融场域，但这并不意味着，个体可以把完整的状态描述出来，毕竟特定的词语和特定的排列不是那么随便就会暴露的。在与诗共在的融融场域中，人们最多只能把握其能够把握的语言，言说那些可以言说的语言。在被诗“兴”的过程中，人更多的时候是处于“悱”而待“发”的盈溢状态——语言等待着外层薄膜的破裂从而形成言说，这也使得师生与诗共在的场域成为一个最佳的“诗教中……”场域，盈溢的思想和言说的冲动让整个场域处于一种生命涌动的状态。

在“诗教中……”的孔子迂回的“微”言，最终指向的是那个“无形”之“大象”——道，孔子诗教的践行指向的也是这个“大象”，整个“诗教中……”指向的也是这个“大象”。弗朗索瓦·于连说，“大象”并不归结于相异于它个体的和具体的固有现实。但大象是在让我们脱离既独一又有限的特性——由于这种性质，个体物与具体物总是趋于自我封闭——的过程中，让我们了解现实。大象并不让我们在高于它的地方理解某种“实体”，而让我们从这方面的任何禁锢中解放出来。大象让我们通过它理解作为内在性根源自发展开的东西，并让我们理解“自然”[24]。

四、结语

诗礼的原初形态及其同人的关系向人们展现了从被诗“兴”中体验天道、从群体的祭礼中聆听天道的可能性，获得这种可能性的前提是人身体时时刻刻的参与。

对周礼心怀向往的孔子深刻地认识到诗礼的这种本性，因而希图通过诗教来引导人们行天之道，其最终目的是为了重立周礼。从诗礼的原初形态来看，“诗教中……”必然要求丰富的身体参与；同时，为了在“诗教中……”把学生引导到与诗沟通之道上来，孔子还需要运用自己的语言。在诗教的成熟阶段，孔子的言说和学生的言说共同存在于融融的诗意之中。

孔子诗教中的教育逻辑显示：为老师确立身份的因素在于引导学生踏入与诗沟通之道的对诗之“兴”的体验，老师是永远在先的，但这并不意味着老师对诗之“兴”的体验永远都比学生准确和丰富。随着诗教活动的进展和深入，老师和学生的身份将变得越来越不明显。对于所有人而言，若想真正去体验无言之天道，就不应对其进行简单的对象化处理，不应去逃避教育中迂回的“微”言，不应逃避理解无形之大象的艰难过程。教育从根本上来说，应当从身体开始，教师和学生都应时时刻刻保持身体的觉醒，时时刻刻通过身体去体悟，时时刻刻通过身体去践行。

对于今人而言，作为一种活动的孔子诗教不仅让我们更好地认识到了原初形态的教育活动的基本架构，还有助于刺激我们去厘清“教育是什么”这样的教育基本问题。从另一种角度来看，孔子诗教的价值将督促我们在追求社会发展的同时，要经常回望中华民族文化的源头，这意味着，我们需要不断去重读那些已被阅读了2000多年的经典著作。这既是孔子对我们的启示，也是时代对我们的召唤。

【注释】

[1] 对“诗教中……”做如此特别的处理，是想表达诗教作为一个活动的连续性，这相当于英语中现在式的表达。同时，这也表明诗教活动会形成一个特别的场域，这种场域会有思想上的浓浓的暖意。总体说来，“诗教中……”这个特殊表达意在提醒人们在阅读中，要时刻在脑海里建构孔子诗教活动的场景。

[2] 这也是本文所用之“兴”与张祥龙在《孔子的现象学阐释九讲——礼乐人生与哲理》一书中所用之“兴”的不同之处，但我对“兴”的理解很大一部分源自该书第四讲和第五讲的启发。

[3] 海德格尔著，彭富春译：《诗·语言·思》，文化艺术出版社，1990年版，第68页。

[4] 路德维希·维特根斯坦著，贺绍甲译：《逻辑哲学论》，商务印书馆，1996年版，第105页。

[5] 身体性与身体参与有关。在孔子诗教中，老师和学生的身体时时刻刻参与其中，这种参与方式包括所有感觉器官的觉醒、思维的在场和随时准备着去身体力行，身体性所指的便是这种身体参与的特性。

[6] 张祥龙：《孔子的现象学阐释九讲——礼乐人生与哲理》，华东师范大学出版社，2009年版，第179页。

[7] 雅斯贝尔斯著，邹进译：《什么是教育》，三联书店，1991年版，第91页。

[8] 雅斯贝尔斯著，邹进译：《什么是教育》，第90页。

[9] 赫伯特·芬格莱特著，彭国翔、张华译：《孔子：即凡而圣》，江苏人民出版社，2002年版，第13页。

[10] 赫伯特·芬格莱特著，彭国翔、张华译：《孔子：即凡而圣》，第60页。

[11] 赫伯特·芬格莱特著，彭国翔、张华译：《孔子：即凡而圣》，第7页。

[12] 这种重言的运用能让人感觉到某种身体的紧迫感，它所要展现的是一种紧迫感觉的场域。

[13] 维特根斯坦著，陈嘉映译：《哲学研究》，上海人民出版社，2005年版，第170页。

[14] 维特根斯坦著，陈嘉映译：《哲学研究》，第56页。

[15] 弗朗索瓦·于连著，杜小真译：《迂回与进入》，三联书店，2003年版，第202页。

[16] 弗朗索瓦·于连著，杜小真译：《迂回与进入》，第209页。

[17] 弗朗索瓦·于连著，杜小真译：《迂回与进入》，第222页。

[18] 维特根斯坦著，陈嘉映译：《哲学研究》，第136页。

[19] 维特根斯坦著，陈嘉映译：《哲学研究》，第154页。

[20] 朱自清：《诗言志辨》，广西师范大学出版社，2004年版，第102页。

[21] 之所以把身体参与、语言在场以及言说分离出来，并不是否认语言和言说本身的身体性，而是考虑到语言和言说的特殊性，语言在被言说之际，不仅包含在个体的身体参与中，还游离于身体之外，语言会刺激其他个体进行身体参与。

[22] 子曰："二三子以我为隐乎？吾无隐乎尔。吾无行而不与二三子者，是丘也。"

[23] 子曰："莫我知也夫！"子贡曰："何为其莫知子也？"子曰："不怨天，不尤人，下学而上达。知我者其天乎！"

[24] 弗朗索瓦·于连著，杜小真译：《迂回与进入》，第313页。

保卫教育的古典气质

余小茅
贵州师范大学教育科学学院副教授

近年来，各种有关教育问题的讨论持续升温，诸如有关素质教育与应试教育的关系、“新课改”的是非得失、教育的公平与效率、高等教育大众化与精英化、教育的国际化与本土化、高考模式的改革、取消高考文理分科等等。可以毫不夸张地说，教育问题俨然成为国人广为关注的热点问题，人们基于各自不同的价值观与立场，表达各自对于教育问题的思考与研究心得。作为一名一线教师和长期关注教育问题的思考者，笔者以为，当代中国教育潜隐一种极为深刻的危机（此危机仍为广大的教育研究者所忽略），即教育内部那种不为世俗功利权势所左右的高贵的精神气质与文化底蕴（笔者谓之“教育的古典气质”）几近丧失（虚无）。保卫教育的古典气质，其实就是保卫教育的高贵精神与文化底蕴，就是保卫教育的人文旨趣与诗意情怀。为了让教育尽快走出如上困境，摆脱如上危机，笔者拟提出“保卫教育的古典气质”这一命题。那么，究竟什么是“教育的古典气质”呢？它是指凝聚在现当代教育之中的古典文化精髓，其外在表现是教育的古典性、高贵性和神圣性，而内蕴着古典的精神与情怀。综合而言就是，教育超越当下物质功利的诱惑，以追求高贵的古典精神为旨趣。

古典与现代是两个完全不同的概念，但它们并不相互对立。热烈地追求古典文化的人，一般而言都高雅清丽、超凡脱俗；而追求现代文化的人往往关注新颖，追求变化。一般而言，古典文化是一种优秀的文化，因为它经过了历史的考验，而在现实生活中留下来了。相对而言，现代文化则良莠不齐，现代社会所热衷的潇洒和时髦这两种观念，最能体现现代文化品格。在现代人看来，世间没有永恒不变的东西，“古典”就意味着保守和封闭。“优美的古典时代已经过去，古典的服饰仪容、常用词汇、消费方式和交际礼节均已变成尘封已久的过时之物。古典失去了高贵的意味而成为一个遭受鄙夷的年份……在日常用语中，‘古典’毋宁说是一个不合时宜的别名。古典的对立面是现代。‘现代人’是一个令人自豪的美称。‘现代’是一个由时尚组成的花花世界。古典的遗物正无望地挣扎于时尚的波涛之中，等待最后的沉没。”[1] 就当下中国文化的发展而言，古典文化一般具有温柔清丽、庄重含蓄、飘逸空灵的特性，给当代为世俗生活压力所迫的人们带去清凉的慰藉。结合本文的要旨，笔者所理解的气质，更多地是采取了社会文化、人类精神的视角，即更接近于将气质理解为与一个人的教养、品格、内涵、素质等相联系的风采、风度、风韵、风格等等。统而言之，古典气质（气象）大抵“博大沉宏，深幽独特，风云整齐，光辉明妙，浑然一体，契合无间，精纯不杂，云蒸霞蔚”[2]。

为此，本文拟从提出保卫教育的古典气质的缘起、意义以及基本策略（措施）三个方面进行一些初步探索，以求教于学界同仁，也期待有更多的教育学人关注教育的古典气质。

一、缘起：为什么要提出保卫教育的古典气质?

反观当代中国教育改革与发展所走过的近30年的历程，教育上存在的主要问题可以概括为以下几点：

（一）教育改革与发展在价值取向上以追求实用功利为主导

经济体制改革的成功，在当代中国树立起一面鲜明的“旗帜”，即以追求利益最大化为鹄的，此种思潮得以向社会各个方面全方位地弥漫，教育领域（这个原本离主流社会经济生活相当遥远的精神生活领域）也未能幸免，尤其是随着人力资本理论及其“衍生物”——教育经济学在我国的传播与研究，更是助推了教育功利主义的持续泛滥。既然物质利益是如此诱惑，精神生产与传播也实难幸免。诚如马克思和恩格斯对资产阶级所进行的精辟分析那样：“在它（指资产阶级）已经取得了统治的地方把一切封建的、宗法的和田园诗般的关系都破坏了。它无情地斩断了把人们束缚于天然尊长的形形色色的封建羁绊，它使人和人之间除了赤裸裸的利害关系，除了冷酷无情的‘现金交易’，就再也没有任何别的联系了……物质的生产是如此，精神的生产也是如此。”[3]

建立并逐渐完善中国的社会主义市场经济体制，这对于中国教育改革与发展仅仅具有可供参考的价值，绝不意味着具有至高无上的价值引领。只要我们环顾一下当今中国教育改革与发展之种种现状，一股以所谓市场为导向的功利、短视的思潮正在蔓延。其实，无论是从当下教育学者们有关教育公平问题的探讨到教育目标的设计，还是从追求教育数量到追求教育质量，无不浸透着教育的实用功利思潮，以至于我们不得不认真反思，教育究竟“姓”什么？

（二）教育改革与发展在科技知识与人文知识构成上的严重失衡

当今教育的一大问题是，片面强调与升学就业密切相关的知识技能，而忽视与人的全面生成（发展）有关的人文知识。具体反映在教育改革与发展上，就是在教育的内容构成方面存在着科技知识与人文知识的严重失衡，科学的昌盛与人文的衰落已是不争的事实。为此，著名美国政治哲学家艾伦・布卢姆非常鲜明而生动地指出：“自然科学干得很不错，它独自生活，就像一架上满了发条的钟表一样独自运转，跟以往一样成功且有益……我们的生活方式完全依赖于自然科学家，他们的成就已大大超出了他们的承诺。”[4] 可是，人文科学的境遇又如何呢？在如今这样一个日益追求功利最大化的物质主义时代，在我们头顶的星空已是无可奈何花落去的充满悲情的人文星空，我们已不再做着那氤氲着人文情怀的古典的梦！我国著名的人文学者尤西林先生从整体人性的分裂作出了非常独特的分析：“与现代分工分化社会对应，理性算计成为现代人最重要的精神能力与代表性气质。充沛的情感性是‘不成熟’的表现，富于想象被视为‘不诚实’的特点。但是，人的感性作为健康人性的必要方面无法消除，被压抑的感性欲望势必为自己寻找发泄的出路。于是，更趋感官化、本能化的原始节奏取代古典旋律占据了现代音乐的中心地位。在夜晚迪斯科舞疯狂的躯体扭动与嘶声狂叫中，白日里理性抽象化操作的单向度人性获得了另一极端的平衡。”[5] 如此看来，科学与人文作为人类文化的“两极”，在我国的教育内容（资源）配置上也出现了相当严重的“重理轻文”，人文知识，尤其是中国古典的人文知识，仿佛那遥远天际的一抹晚霞，几乎丧失了对于完整人性建构的基础性作用。正是基于对现实中无处不在的物质主义和科技崇拜的透彻分析，英国著名教育家利文斯通才有了力透纸背的呐喊：“在我们这个物质的世界中，我们尊重科学，给科学以应有的重视，同时，我们应时时提醒自己，人比自然更为重要，人的精神构成比肉体构成更为重要。”[6]

质言之，人文学科知识已无力与风光迤逦的自然科学知识一争高下。

（三）教育改革与发展在时间观上一味追求面向未来

近世以来，一种极端强调未来时间取向的思想（思潮）得到了广泛传播。进化论学说的简单流传，再加上过于廉价的理想主义的泼洒，更是使得人们在时间观上一味追求面向未来。笔者以为，在教育改革与发展上一味地强调面向未来的时间观，至少有如下两个方面的问题：其一是为教育的改革与发展可能遭遇的危机（问题）开脱责任。因为未来本身就充满了不确定性，谁也无法完全做到未卜先知。即使人们提早做好所谓“运筹帷幄”，也未必一定能够“决胜于千里”。“教育绝不能按人为控制的计划加以实行。教育计划的范围是很狭窄的，如果超越了这些界限，那接踵而来的或者是训练，或者是杂乱无章的知识堆积，而这些恰好与人受教育的初衷背道而驰。”[7]其二是极有可能导致对于教育历史的荒芜乃至背叛，割断教育的历史连贯性，让“教育是一种历史的存在”的命题彻底被悬置。忘却历史就意味着背叛！

笔者最近注意到，不仅仅是作为一门学科的历史学备受当今年轻人的冷遇，在高考的志愿填报中表现尤盛，研究生中报考历史者，也是寥寥无几。这与当下由传媒助推乃至炒作的文史热、国学热真正形成了极其鲜明的对比。不独历史学如是，其他学科史，诸如哲学史、文学史、教育学史、心理学史、法学史、科学（物理学、生物学、化学、地理学等）史等等的境况也好不到哪里。想到我国是一个有着悠久著史、重史、信史、读史传统的国家，不仅悲从中来。

二、意义：保卫教育的古典气质究竟有什么意义？

（一）回应教育价值取向上的极端实用功利主义

社会主义市场经济的深入推进，加上与之配套的各项制度的逐步完善，教育也随之在价值取向上以追求可量化、可测度的物质功效（功利）最大化为鹄的。工具理性吞没了价值理性，价值理性彻底败给了工具理性，教化的崇高使命也就随之被彻底放逐。“现代教育教给人的唯一的东西就是为了活得快乐，为了自我保存，为了获得认可而拼搏，全然忘记了教育任务最重要的部分是造就品格优秀、德性高尚的人。所以,现代生活与教育失去了人性养育的真正高度,造成了普遍的无教养状态。教育还存在着，而教化已经终结。”[8]对于当今中国教育而言，重要的不是要不要物质功利，而是急切地需要用一种高贵的精神导引和调节物质功利。

（二）弥合教育知识（内容）构成上的科学与人文裂缝

自从科学启蒙以来，由于科学理性的极度扩张，科学与人文一直处于相当紧张的矛盾之中，他们之间出现的裂痕，在当今教育知识的构成上表现得相当突出。远的不说，只要看一看当下中小学的教育内容，凡是与理工相关的课程（知识），由于与我们这个时代的物质主义诉求直接关联，加之与个体的工作就业直接挂钩，所以占据着绝对的优势地位，教育内容的“生态”平衡被打破。我们曾经有过并在继续“上演”着严重畸形的“文理分科”、“重文轻理”等等，无不是课程资源（种类）严重失衡的表现。在课程资源（种类）的供给（配置）上，既要有“阳春白雪”，也要有“下里巴人”；既要关照“中心”，也要倾听“边缘”。切实做到“消除专制色彩，提升民主品性”[9]，以真正形成课程资源（种类）多元共存的局面。用古典文化那浑厚的底蕴去消解当代教育内容过度数理化、技能化的倾向。

（三）唤起（召唤）深埋于我们内心对于教育的诗意情怀

当代社会的极端世俗和唯物质主义势头正盛，已对当代教育产生了相当直接的影响。作为当代人，我们究竟该如何应对呢？笔者想到了《圣经》中有过一句“上帝说有光，于是便有了光”的话。可是，当代人真切（迫切）地需要的是一道什么样的光呢？“（那道烛光）象征着人类的古典智慧，是人文之光，是心智之光，这光曾经照亮过人类的历史，也照亮了人类的心灵史。但现在，在便利而强大的灯光——技术之光的照耀之下，烛光失落了……耀眼的灯光足以淹没飘摇而微弱的、充满古典意味的烛光……在哲学家的心中，灯光的不可或缺的意义正在于重新找回烛光，技术之光的意义在于存持人文之光。灯光指引着世俗生活的眼睛，烛光指引的是心灵世界的眼睛……守护古典的烛光，乃是当下沉溺于技术进步之中的现代人的必修课……面对无处不在的现代性，教育不仅要引导个体适应灯光的生活，同时要培养内心有烛光的人。”[10]于是我们提出保卫教育的古典气质，其实也是当代人找寻那一道已经有些微弱的古典的烛光，回到教育的源头，回到原初的古典教育，因为古典教育很好地保存了教育的本真和本真的教育，古典教育精神体现了一种诗性智慧与理性智慧的和谐。对于当代教育过于追求形而下的器物之用而言，“那些千古传诵、家喻户晓的古典语言，通过其形象、态势、情调与音律，凝聚着传统历史的美丽意境化入人们的心田，由此而成为最纯粹的人文教化传统”[11]。

为了不让当代教育培养出“没有精神或远见的专家和没有心肝的纵欲者”，教育必须让人的灵魂发生转向，把人的灵魂引向一种仿佛古人特有的高贵的单纯和宁静的卓越，唤起我们深埋心中那诗意的情怀。在当前各路学人正忙于“生产”各式文本，抢夺话语权的时候，教育学人特别需要一份恬静的心态；在当下各种后学、后后学被人们轮番炒作的时候，教育学人尤其需要一种冷静、一种沉潜、一种超然、一种古典的情怀。

三、措施：如何保卫教育的古典气质？

保卫教育的古典气质也就是保卫教育的高贵性、精神性、理想性和超越性。通过保卫教育的古典气质，以便从根本上消解教育的极端物质主义和功利主义，为教育的健康发展注入深厚的人文底蕴。那么，我们究竟如何才能保卫教育的古典气质呢？

（一）大力提倡人文教育理念

其实，教育问题的根本就是人的问题。我们所一再强调的古典教育就是回到教育的原点，即教育的源头，古典教育尤重古典人文学科。“人文学科来源于更早的希腊词“paideia”。Paideia 是对儿童的开化、教化、教育，古希腊罗马人用这个词标识‘文明人’与‘野蛮人’的区别，进而使这个词代表人性教化的观念……我们应当注意，教育在此作为成就人性的活动享有人生全部活动最高的目的，作为人之为人的理想，没有比这更高的目的了。”[12] 可以说，当下教育最为突出的问题就是彻底把人给遗忘了，技术的宰制与功利的诱惑已经使教育完全异化了，教育的前途与命运将被彻底葬送。在当今这样一个教育面临何去何从之问题的关键时刻，唯有人的回归才是教育持存与发展的真正前提，因为教育的根本就是人，而人的根本就是人本身。让教育的人文之光穿透由技术、物质、功利等紧紧包裹着的百病缠身的当代教育，还教育以本真的人文风貌。

（二）大力开展经典名著读书（导读）活动

一如著名人文学者尤西林所极力倡导的“个案教学的经典导读”那样：“作为人类文化精华代表形态之一的经典文本，通过个案性研读，所能学习的不仅是知识与观点，而且是支撑知识观点的思想框架与运思方法，以及在最深层面上人文主体的个性创造、意志决断与情感态度。”[13] 不仅如此，更因为“阅读经典文本，是人文学科教学不可绕过的必经之途与教学的基本方式，也是文科大学生最重要的基本功训练……经典导读教学的基本原则即是引导学生尽可能直接地接触与深入文本，而不是用二手的理论概括取代文本”[14]。笔者深受启发，于是在教学实践中，便大力开展了“与经典为伴，和名著同行”的读书活动，并在学生生活中营造了浓郁的书香氛围。书中何以有“香”？盖源于“书中有光明，可以烛照我们的内心；书中有警示，让我们的人生之舟绕过暗礁和险滩；书中有天籁之音，让我们回到自然的怀抱，返璞归真；书中有历史的回响，让我们领略刀光剑影、世事沧桑……书中有睿智的心的跳荡、纯美情怀的流淌、起伏跌宕的故事的延展、诗意盎然的表达，才是书香的真正原因”[15]。如今，经典备受冷落，我们尤其需要培植一种古典的心情，以淡定的心态面对纷纭复杂的世俗社会的种种诱惑与挑战。

我们基于当代中国教育发展中所暴露出来的种种问题，提出保卫教育的古典气质，以切实承担起当代教育学人的崇高使命。

【注释】

[1] 南帆：《重量的生存》，昆仑出版社，2003 年版，第 108 页。
[2] 张廓：《空白的精神》，上海文艺出版社，1993 年版，第 137 页。
[3] 马克思、恩格斯：《共产党宣言》，人民出版社，1997 年版，第 30—31 页。
[4] 布卢姆：《美国精神的封闭》，译林出版社，2007 年版，第 306 页。
[5] 尤西林：《人文科学导论》，高等教育出版社，2002 年版，第 20 页。
[6] R.W. 利文斯通：《保卫古典教育》，安徽教育出版社，1991 年版，第 23 页。
[7] 雅斯贝尔斯：《什么是教育》，三联书店，1991 年版，第 24 页。
[8] 金生鈜：《规训与教化》，教育科学出版社，2004 年版，第 227 页。
[9] 郭晓明：《课程知识与个体精神自由》，教育科学出版社，2005 年版，第 218 页。
[10] 刘铁芳：《重温古典教育传统》，华东师范大学出版社，2008 年版，第 4—7 页。
[11] 尤西林：《人文科学导论》，第 39 页。
[12] 尤西林：《人文科学导论》，第 5 页。
[13] 尤西林：《人文科学导论》，第 101 页。
[14] 尤西林：《人文科学与现代性》，陕西人民出版社，2006 年版，第 208—210 页。
[15] 肖川：《教育的智慧与真情》，岳麓书社，2005 年版，第 318 页。

公民教育

民国时期的公民教育

王小庆
杭州市北苑实验中学高级教师

现在我们一提起“公民教育”，大多心怀虔诚却又忐忑不安。在一般人看来，“公民”大多属于政治的、法律的范畴，亦即“特定政治共同体的成员”[1]。于是，对公民所进行的教育，也必不能是学院内自给自足式的、螺蛳壳里做道场般的行为，它势必关乎对当前的政治形势和法律现状的考量，也关乎民众的公民知识和公民意识。偏偏这两者，在中国历来都缺乏，故“公民教育”的提倡，唯几阵雷响，而其实践，无可谓有所进展者。甚至有趣得很，公民教育之内涵与外延，也一直处在争论之中。

不是说没有人从事公民教育的研究，但纵观诸研究文字，大多只在理论上进行阐述，或者借鉴国外的公民教育实践，旁敲侧击、投石问路。真正实施系统的、具有前沿理念指引的公民教育实践，却少之又少。这使得我们在翻看民国时期关于公民教育的历史时感慨万千。因为在那段历史中，公民教育不仅作为一件大事被各级教育、行政部门所高度重视，即便在具体的教学实践、社会运用中，亦得以极大之普及。其中所产生的大量研究、总结文字，散见于各类报纸杂志。仅就当时十分流行的《教育杂志》而言，从 1909 年到 1948 年近 40 年中，登载各类关于公民教育的文章近 80 篇次；而他处所见文章，更不可计数。

我们当然不会简单地断言，当前的公民教育，取法民国即可。但是，认真整理、研习当时对于公民教育的思想和实践，比之于当下，从中理出公民教育在中国的特定含义和目标所在，则这样的“整理国故”便功德无量而意义重大了。因此，笔者整理出《教育杂志》中有关公民教育的文章，绝非仅仅是一种文献上的功课，更在于鉴古观今，更好地服务于当今公民教育的理论与实践。

一、公民教育之诞生

在谈及“公民”及“公民教育”之基本特征时，多数学者企图从一般的共通点上去叙述[2]，这自然不错。不过，不同的时代、不同的政体，对于公民及公民教育的理解似乎是有很大差别的，而其实践，也便有了歧异性。这或者是因为时代背景的不同，国家所面临的政治任务亦很有差别；而统治政体的不同，更产生了迥异的公民教育之目的。虽然我们不能因此就说，公民教育可以因此随心所欲。在许多方面，它仍是具有超越不同历史条件的基本共同点。诚如江宜桦先生所言：

> 我们在谈论“一国范围下的公民教育”时，很难找出放诸四海皆准的公民论述。不过，如果我们把注意力集中在各种类型国家都会提倡的公民教育重点上，还是可以发现某些共通的特点。这些特点包括：培养公民对自己国家历史文化的认同、使公民熟悉本国的政经法律制度、鼓励“牺牲小我、完成大我”的精神、积极参与政府所界定的公共事务（无论是主动或被动）、遵守国家法律并善尽义务等等。[3]

而民国期间公民教育的产生，其道理亦是一致的。大体说来，当时的公民教育是依据宪政与社会教育的基本思想而作出规定的。譬如，天民在其《公民教育论》一文中，即引恺善西台奈氏（Geoug Kerchensteiner）对于公民教育的基本理解而得出结论曰：“公民教育之事业，全存于党派的观念及党派的政治之上，必由增进经济力及开化力之见地，以国民全体之协力，而始得有功。”[4]可见，在当时，公民教育从一开始便与政党的利益息息相关，也与社会之发展和完善息息相关。到了陈筑山的《平民的公民教育之计划》中，又进一步将公民教育列为广义的（“训练人对于一切团体为有效率的分子的教育，即普遍的团体教育”）和狭义的（“特别注重训练人对于政治团体为有效率的分子的教育，即特殊的团体教育”）两种。[5]基于这样的理解，其公民教育的目的亦十分明确了：

> 概括言之，在养成明达之公民；演绎言之，则了解自己和社会之关系，启发改良社会之常识与思想，养成适于营现代生活之习惯。[6]

老实说，这种对公民教育之性质和目的的理解，无非是在“小我”和“大我”之和谐统一上，现在看来，仿佛并无多少创新。不过，倘若我们考察当时的社会、历史之背景，我们便可知晓这样的理解，对于更新整个社会的教育观念，直至对于民众的思想意识的改进，实在是具有相当的、历史性的推进作用的。

在“公民教育”之前，中国的学堂对于德性的培育，大多采用修身科教学，即强调个人品性之增进、良好习惯之形成、社会公德心之培养等。不过，从实际的效果来看，“修身”的做法，到底是为了统治阶级的秩序维护，或者简单地说，是为了“臣民教育”的根本目的。[7] 虽然我们不能否认修身学在清末民初之于中国教育的积极作用，也不能忽视其对后来的公民教育所产生的巨大影响，但无可争议的是，到了20世纪初，随着民权意识的提高和普及，有良知的知识分子愈来愈感到，民众的教育不该是制造善服从之臣民，而应当置于一种更高的层面，使民众对于政治的参与更加充分，也使他们对于社会的责任和技能得到更大的提高。这事实上也是在教育上对当时中央集权统治以及独裁政治传统的一种反动，也促使了教育思想上的变革。其中最明显的例子，当数蔡元培先生所提出的一系列关于公民教育的观点与口号。[8]

另一方面，中国的近代，历来受外来民族的侵侮，一系列的割地赔款和不平等条约的签订，使得中国教育界人士愈来愈认识到，唯有效法西方教育的最新做法，方能提高全民族之国民素质，从而自下而上地促进政治体制的变革，也从而促进社会生产，满足民众的生活需求，提高他们的生活品质，以一个崭新而强盛的姿态出现在东亚。应当说，清末民初之公民教育的提倡和实践，也是某种意义上大国思维的体现。在《教育杂志》上登载的各类关于公民教育的文章中，其中不少是西方教育的译作（如对恺善西台奈之公民教育思想、英美学生自治的实践、美国“洛原斯制”公民教育法以及其他国家，如德国、英国、日本、俄罗斯的公民教育和公民训练实践的推介），正体现了对世界公民教育大势的把握与跟随。

因而，中国近代的公民教育的产生有其特定的历史背景。而其在具体的教育目标、教学内容、教学方法上，则更有明显的民族特征与时代需求。譬如，“民族复兴”一直是公民教育背后一个极大的推进力，无论对于民族性的思考或是对民族性格、习惯的改造（如“新生活运动”），甚至是“学生自治”的种种实践，在一定程度上，都是为了完成反封建反专制的任务，虽然在其具体操作中并非一帆风顺，或竟产生了反拨、倒退，但其努力与决心，当彰显于世。

正因如此，我们后世自以为需要澄清的一些概念，如国民教育、民族教育、平民教育、全民教育等，在民国期间，其实大都可以划归于公民教育。因为在那个时代，教育之为民族振兴的使命感，使之不能简单地从技术层面去从事。因而，哪怕是为了扫除文盲的平民教育，也分明含有强烈的民族自尊精神的牵引。如在《平民的公民教育之计划》一文中，“公民教育”既顾及“有文化”的国民，亦顾及未受过国民教育的平民，且其内容综括世界意识、国民素质、团体效率等，而教学方法又兼顾设计法与问题法，不可谓不充分、不完全，而其能率，亦不可谓之不高也。

二、公德还是私德

一个极应注意的现象是，从课程之设置来看，民国期间学校内的公民科教学，实由之前的修身科演变而成，换言之，修身科可谓民国公民科教学的雏形。然则，修身科何以不能继续，而须由公民科来取代？有人分析此中原因时认为：

> 第一，在目标上，修身科只是侧重私德，不能培养共和国民之精神；第二，在课程内容选材上，修身偏重于传统和过去，过于抽象和不切实际；第三，在教科书的教法上，修身教科书对儿童——学生重视不够。[9]

另外，程湘帆先生所编之《小学课程》一书上也列数修身科之缺点：

> 一、太陈腐也。
>
> 二、太重学理也。
>
> 三、教材支配未能适当也。[10]

这些说法应该是很有道理的。不过我们仍需注意，从修身科到公民科，并非一蹴而就，其中的发展是渐次而成、逐渐完善的。

先是在清末民初的学堂中，“修身”与“读经”并重。1902年清政府之《钦定学堂章程》(《壬寅学制》)中即规定蒙学堂、小学堂和中学堂均开设修身和读经二科。其中修身为第一科，并以管理条例的形式对各级学堂的仪节、堂规、舍规予以规范。[11]而修身科的课程内容，则集中在对于个人的道德意志、家庭社会和国家的责任意识，尤其是忠孝意识的灌输，如中学堂的“修身”科，教学内容便是摘讲陈宏谋编纂之《五种遗规》，并选读部分有益风化之古诗歌，作为授课内容。[12]按现在的说法，修身科基本上属于学校德育的一种，即所谓“教育者为之浚其灵明，定其趋向，纳其身心于中正之轨道，俾得自为修养，应于万事而有自裁的能力，此为至要”[13]。

之后，随着民国初年民主思想的荐入，修身科中也逐渐增加了不少公民教育的元素。其内容也从过去的“治人”、“尊君”，变为“自治”和“爱国”。随着蔡元培先生“以公民道德为中坚”之教育方针的提出，“公民”的概念渐次取代了修身而成为时代的需要。民国初年，教育部除了规定中学校课程应设修身一科外，又明令加入“公民须知”和“中国法制大意”等项目。而到了1922年（民国十一年）的新学制中，更是将修身科改为了公民科。[14]

这种改法，自然可见民主与共和之思想的影响痕迹。然而在另一方面，我们也注意到，修身科之强调的“德性”培养，到了公民教育，并未被削弱，反而愈加强化了。[15] 换言之，修身科其实也含有“公德”与“私德”，唯其“公德”是为了一种封建统治的需要，故与民主共和的思想格格不入，而须被改造为现代意义的“公民道德”。因而，从修身到公民，“德”始终未被放弃，而是被丰富了，被赋予了新的意义，或者说，被指向了不同的教育目标。

严格地讲，从中国传统的教育思想来看，“修身、齐家、治国、平天下”的说法不无深刻的道理。但一旦道德的教育被某种单一的思想体系所捕获，而不能与个人的性情、能力产生交流与碰撞，更不能与社会之公众利益相辅佐，则无论是“公德”还是“私德”，都成了实质上的思想品德与政治教育的附庸，而成为政治挂帅的文化霸权的支配工具。在具体的教育实践中，强调的则是责任意识，而缺乏权利意识。至于在课程设置、教学方法上，更是缺乏系统的规划和设计。[16]

不过，德性的培养附庸于思想和政治的统治，在中国是由来已久。这或许与中国几千年思想专制的传统有着密切的关系。故从修身到公民，对“私德”和“公德”的考察，实在可以显见“公民教育”是否为正宗，是否只是新瓶装旧酒的一种形式。

应该说，在“公民教育”被倡导之初，教育者的理想，当是为了提高国民之素养以及他们参与国家生活的能力。但公民教育的实施，须有政治力量的介入，也须社会各方的努力协作。在具体操作中，思想专制的传统便又无孔不入了。其中最为明显的是党化教育。

国民党掌握政权之后不久（1929年）提出“党义科”，试图替代“公民教育”，这大致是学苏俄的做法，其目的无非是要国人都信奉三民主义，视其为至高无上的真理。这实际上是一种教育上的愚民政策，故遭到了不少人的反对，而终在3年后被取消。不过，课程的设置虽趋于正常，而“党化教育”的影响却渗透进来，尤其在某些特殊年代，党化教育更被视为精神鼓舞之需要，国家团结之必需。罗廷光在1939年发表的《国民精神总动员与中学公民训练》一文中，便提出“国民每一份子，皆能根据同一的道德观念，为同一的信仰而奋斗牺牲”。这里的同一的道德观念或信仰，其实就是三民主义。在该文第四节“国民精神总动员与中学公民训练”中，他更是提出了极具后世之“思想品德教育”的“思想训练”:

确认三民主义为国民精神总动员的最高理想，也便是中学实施公民训练的无上准则……本此以实施训练，则：第一，中学生须认清“中国国民党之主义、政纲、政策，为建国及解决社会问题唯一之途径”；第二，彼等在公民科及其他有关学科（如政治学、经济学、社会问题等）上对他种主义尽可多方面研究，但以不离乎三民主义的立场为是；第三，学校内除法定的团体（如三民主义青年团）外，不容有其他政团的组织；第四，凡有疑抗战建国的言论必须制止；第五，诸般分歧错杂的思想，必须纠正。[17]

老实说，在某一特定的时期，党化教育确乎可以在一定程度上起到动员民众，实现社会资源整合，共同对付外侮的作用。但党化教育之本质，毕竟是为了政治统治的需要而灌输一种单一的意识形态。故它所谓的公德或精神，到底只是一个噱头，而非实际的民本思想。它所谓的“思想训练”，只是借助非常时期来实现政治和思想独裁的一种策略。因此，有人干脆认为，到了 20 世纪 40 年代，迁都重庆的国民政府所提倡的国民教育，实际上已经渐渐趋向臣民教育了。[18]

党义科和党化教育的窜行，使我们惊醒：公民教育虽然须强调公德与私德的统一，然此种“德”，归根到底须以全人格的发展为基本，或者说，公民教育先须是人的教育，若视之为政治的工具，则一切理想，即刻便成为了某些私利集团的附庸；从长期而言，它必然培养不了公民，唯信徒而已。如果我们记得罗素说的那句话：“不管在哪个意义上讲，教育都是以人为目的，没有其他什么东西可以作为目的。”那么，我们便该明白，公民教育倘缺少公民独立人格和独立能力的考量，则一切做法，唯宏大的形式罢了。这也是我们反思当前公民教育之弊端的一把钥匙。

三、课程与教学

民国初年既倡导公民教育，则于课程设置、教材选用、教学方法上必有一番讨论和做法。大致说来，当时的公民教育，大约可分为公民科的教学以及公民训练；而就受教育人群而言，又有学校教育与社会教育之分。而其中公民科的设立及其教学的方法，则又是学校教育中最可被关注的。

事实上，即便大肆鼓吹公民教育的那些人，亦未必都赞成在学校开设公民科。譬如，欧洲一些教育家便反对在公民教育中设立专门的学科进行教学。[19] 然 1922

年的新学制中，仍将修身科改为公民科，这至少在某种程度上体现了当时教育部门对公民教育的一种积极的态度。不仅如此，这一年全国教育联合会新学制标准起草委员会编订的《新学制课程标准纲要》中，对于公民科之课程纲要的规定，也极为具体到位：

(1) 社会生活及其组织，包括家庭及其组织、学校生活、同业组合、地方自治团体、国家、个人的习惯、维持社会组织的原则。

(2) 宪政原则，包括国家的性质、政治组织、代议制度、政府组织、人民权利义务、法律、公共治安。

(3) 中华民国的组织，包括中华民国的起源、民国政府的组织、地方政府的组织、国宪与省宪。

(4) 经济问题，包括生产原则、交易制度、分配制度、消费和财政。

(5) 社会问题，包括教育、职业、卫生、劳动问题、禁烟禁酒问题。

(6) 国际关系，包括对外关系、国防、外交、国际关系的维持、不平等的国际关系、国际组织。[20]

而针对具体之年段（小学、中学等），则又有人细述公民科在学校教育中的分量、教材选用之原则直至具体的教学事项：

初级小学校第一、二、三、四学年，公民科与卫生科、历史科、地理科，合称“社会科”。每周教学时间占百分之二十。高级小学校，公民科教学时间占百分之四。

对教材之分类亦颇有规划：

公民教材可分三大类：以具体之事实说明一切或指导一切者，谓之例话；以嘉言、古谚或偶发事项说明一切及指导一切者，谓之训话；以适于实际之言语、动作、礼仪说明一切或指导一切者，谓之作法。[21]

张粒民先生在他的这篇文章中，对小学校公民科（包括公民训练）的教材选择原则、各学年课程内容、教学时间和教学事项，以及具体的课程及教学实施内容都有详尽的描述。应该说，这对当时的公民科教学起到了很好的指导与借鉴作用。譬如就“课内教学”的目标与纲要，他便制定了一张简易的图表：

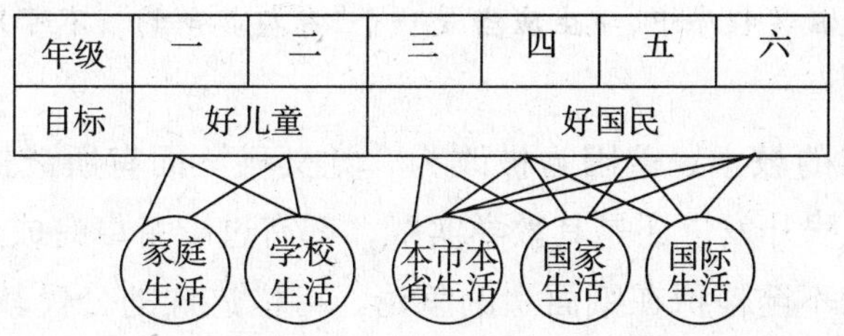

至于中学的公民科教育，依据汪懋祖先生在其《中学公民课程之讨论》中的说法，先须抱有五种原则：

(1) 公民的习惯与品性。

(2) 公民的动机。

(3) 公民常识。

(4) 培养公民理性。

(5) 树立公民理念和信心。

由此，“公民一科之功能，不当仅看做公民之预备，实当视为学生社会生活之发展。其与他科目无先后之分，有如体育，在课程内未可集中于一年”。根据他的意见，公民科的教学时间须在各学年均衡分布，不可敷衍了事。而教学内容，“应以公民道德为最重要”。至于教材之编制，更“应按照学生团体经验之进展，使体认群己之关系，个人对于社会应负之责任及公共福利的种种因素”。故于初中、高中，各设政治、法律、经济、社会诸问题，依照学年，按序配备。[22] 汪懋祖先生在此文中的课程建设纲要，遵循了学生之认知规律与国家、社会发展之需要，显得十分科学有理。

根据上面的论述，我们可知，民国期间，学校公民科的教学，依据其基本的公民教育理念，已经具备了相当完整的课程体系。而其教学方法，更是不拘一格。如常道直在他的《小学公民课教学法》一文中，便提出了如下几个公民科的教学法：

第一，要与他科，尤其是历史科，联络教授；课程表上虽不妨分列，但至少历史科和公民科要由同一教师教授。这一层自是很容易办到的。

第二，要多用问题研究方法。最好每一教学单元即为一个公民问题之讨论、解决与实行。系统的研究，不惟在小学公民科中不适用，即在其他各科中亦不相宜。

第三，要注重活动的方法，详言之，在公民科之教学中，当充分领会“学由于做”之教育格言。我们所教的，须是学生所能履行的，至少须是他们所能表演出来的。

总之，在公民教学程序中，学生应当是一个“身与其事的”，不可只是一个“旁观者”。[23]

虽然公民科的教学，曾因为被改为“党义科”而有所波折，然民国期间无论是公民教育之课程开发，还是其教学实践，都有过一番卓有成效的努力，这至少使公民教育的讨论不至停留在纸面上的争论。可惜这样的公民教育传统后来中断了。1985 年，中共中央便在《关于改革学校思想品德和政治理论课教学的通知》中提出要在初中开设公民课，实施公民教育，但实际上未能真正地普及这个课程；至于在学校教学之中贯彻公民教育思想的做法，更是少之又少（《新公民读本》虽然在结构上包含了一种对新时代之公民教育的理念，但仅作为“校本实验教材”使用，令人怃然）。更有甚者，我们一直将公民教育误解为思想品德教育，而学校内的教学资源配备、教师教学方法，更是远不如近百年前的民国时期。据黄甫全先生对国家教育部颁布的《小学德育大纲》、《中学德育大纲》进行的分析，我国基本上没有专门的公民教育内容。[24] 这岂不令我们扼腕深思？

四、公民训练

自从有了公民教育，“公民训练”便也随之出现。与公民科的教学不同，公民训练不仅可以在学校实施，亦可以辐射至社会上的一般份子；而其训练的内容，不仅有国家与政党的需要，更有一种对于建设社会生活的决心。罗廷光先生在其《国民精神总动员与中学公民训练》一文中，便认为公民训练必须涉及以下几个环节：

(1) 精神训练。
(2) 德性训练。
(3) 思想训练。
(4) 社会服务训练。
(5) 新生活训练。[25]

他的这些讨论，大致涵盖了当时对于公民训练的理解，也涵盖了当时对于公民训练所要关注的热点问题。而其中最要紧的，当是对于民族性的考量问题，因为这关涉全体国民之精神风貌以及建设这个国家的信心和决心。

前面说过，民国之公民教育的产生，其背景之一便是对民族性的思考。那时期，一方面，国家受列强侵侮；另一方面，民族之劣根性却又处处体现，国民在多方面很不争气，毋庸说国家意志的建立和凝聚力的形成了。故不少志士（甚至包括一些西方在华人士）都从各方面分析中国国民的性格以及传统文化的特征，以使国民产生“民族危机”之感，激发“复兴民族”的决心。如邱大年先生便认为，中华民族性有几个缺点：（1）自私自利；（2）文弱；（3）虚伪。而要铲除这几个劣性，唯有实施国家本位的教育、军事化的教育、生产化的教育。[26]

从某种意义上说，在非常时期，“复兴民族”无论对于公民科的教学还是公民训练，都该是一项重要的内容。而要复兴民族，除了提倡个体牺牲的精神、个人品性之外，其必不可少的工作，便是对中华民族所固有的特性进行理性而客观之分析。

其次，德性的强调正说明在中国的公民训练中，道德（私德与公德）的重要性。如前所述，此种道德已经不仅是修身学中对于个体素养臻于完善的要求，更落实在对群体的贡献之中。

> 清洁、敏捷、服从诸习惯可以发展，然具有这些习惯的个人未必就有道德的行为。倘使人把行为对于团体的意义发生疑问，倘使他确切地明白了他的行动的意义而决定去做正当的事，他才可说是去做真正道德的行为。[27]

再次，关于思想的训练。公民教育如由政党掌握与发动，则政党往往借公民教育而进行思想训练。无论党义科是否取代公民科，党化教育皆是公民教育和公民训练所必不可少的。如卢绍稷在《非常时期的公民训练》一文中，便规定了国难时期“学校教育”和“社会教育”的公民训练之原则：

> 在学校教育方面之“改进教学”：
>
> 训练原则：（一）宣扬三民主义；（二）陶铸民族意识；（三）激发救国思想；（四）锻炼学生体格；（五）培养军事知能；（六）涵养科学思想；（七）养成服务精神；（八）陶冶国民道德；（九）培植团结精神；（十）服从政府命令。
>
> 在社会教育方面：
>
> 训练原则：（一）宣扬三民主义；（二）激发救国思想；（三）陶铸民族意识；（四）推行国民体育；（五）陶冶国民道德；（六）增进生产能力；（七）灌输军事知识；（八）辅导地方自治；（九）推广合作事业；（十）服从政府命令。[28]

很显然，宣扬“三民主义”成了公民训练中排列第一的原则。虽然党化教育思想有其存在的道理，然“思想训练”非简单的“党化思想”。即便从卢氏之文章中我们仍可以见到，公民训练之思想，尚有民族意识、救国思想、科学思想、团结精神等多种。

第四，所谓的“社会服务”。社会服务不仅是一种意识，更是一种行动与能力。民国期间之公民训练，大多有为社会服务之项目。即便于学校教育，亦有模拟之社会生活与实践之社会服务。如天民在《学校之社会的训练》一文中便提到，“世间学问，不可唯以耳目治之，总以实验体会，由实际生活而悟得之为必要也”[29]。张粒民先生在论及公民教育时，也列举家庭生活、学校生活、本市生活、本省生活、国家生活、国际生活及社会生活等要义。这些说法，大约是受了杜威之教育思想的影响，也是从社会教育的眼光来审视公民训练的。在公民训练中强调社会服务与社会生活，一个显见的好处便是，民众的生活技能可得以大大提高。我们在上述社会教育中的公民训练原则中，便常常可见到“增进生产能力”之类的规定。

第五，“新生活运动”。中国固有的生活品质、生活方式等，其实是极其落后的，饮食之不卫生、行为之不文明、家居之不整洁，这些都无不影响中国人的生活风貌，至于萎靡、颓丧、畏难、苟安、贪婪、虚伪、营私、舞弊等恶习，更是历届政府与教育人士所不能容忍的。故在 1935 年国民党中央指导委员会民众运动指导委员会的《公民训练实施纲要》中，规定公民训练之内容为“新生活运动精神纲领及行动纲领，如礼节、卫生、体格锻炼及起居、行动姿势之矫正、家庭之管理、工作之规律、集会交通之常识及对国家民族之认识”[30]，亦即发起所谓的“新生活运动”。

总的说来，新生活运动提倡的是“礼仪廉耻之有规律生活”。由于得到政府的提倡与支持，因此成效比较明显，先在江西的公民训练中实施，然后各地先后响应。不少人认为，民国期间的“新生活运动”，就其目的和内容而言，实在无异于一种卓有成效的“公民训练”。

除去上述五种公民训练的内容之外，民国期间，关乎公民训练的形式和内容，尚有诸如军国民教育、保甲制度、青年服务团以及校外表演和活动、环境布设、国耻纪念（即所谓“象征刺激”）等。这些训练大多依照情势之需要，而进行类似“非常时期”的公民训练之规定。由此可见，无论是公民科的教学，还是公民训练的实践，都须随时随地进行调整，而非为了一种理论体系的建构。公民教育，诚如一切学问，乃功利教育的实践，不能停留于理论上的探讨。

五、学生之自治

学生“自治”的说法，在《教育杂志》中，早在王葵之的《自治的训育》中便已提及，但其要义，大约指学生的修身之自治阶段而已，并未涉及宪政意义上的公民精神；到了贾丰臻之《自治心之养成》，始有现代意义上的“学生自治”，甚至提出要在学校“组织级会”并“设俱乐部”。然其取向，却大抵是提倡一种教育方法，而非实在的公民教育或训练的内容。随着西方公民教育理论的荐入，“学生自治”这一具有强烈学校民主色彩的概念和做法，始成为一种运动，在各地开展。

一般而言，在学校开展的学生自治，其思想基础的来源，一为宪政精神，一为社会民主的思想；而其形式，则有学生法庭、学校市、学校共和国等。应该说，民国期间的学生自治，大抵奠定了日后学校学生自治组织、自治活动的基础；而其思考之全面、行为之彻底，更是后世无可比拟的。就学校管理、教课或学生事业而言，取法英美的“自治”当略有差异，如天民所总结的那般：

英美同注重于生徒之自治，而英国所施之方法与美国近今盛行唱（倡）导者，其旨趣实大相殊异。美国之于学校，主张以民主国之小国民或小市民之方法训练之，盖欲以社会的训练之力量而改革实际者，故模仿严格的法治国之形式。若裁判，若刑罚，无不备具。而英国则不然，其于学校，仍为家庭的施设，不过扩大之耳。儿童之于学校，一如其在家庭然。彼此以利霭之同情，融融泄泄，协同任事，迎客送友，喜乐相共，如美国学校之体制组织人为之要素，全然无之。盖英国以质胜，美国以形胜也。吾人以为全无形式，固亦非宜，惟当于英国的施设之中，更参以美国派之近世的力量及社会的体制，乃为善耳。[31]

话虽如此，于实际的学生自治中，却大多采取美国的学校市做法。如《教育杂志》中《尚公学校儿童自治的昨今明》、《上海中学实验小学儿童自治概况》等文所述。学校市的意思，是将学校作为一个小型的城市或共和国，然后依据模拟社会之原则，从学生中选出各种成员，分别安排在不同的部门，行使不同的职务。其中既有依据三权分立的制度而设立的管理机构，又有公民社会所必有的诸如银行、商店、警察局、新闻社、俱乐部等行政部门、商务部门、学术部门，从而使得学生在参与的过程中，既熟知了社会生活中各部门的职能与任务，又趁机训练了自己的公民职责和自治能力。

民国期间的学生自治，大多有完备的章程和组织机构。就组织方式而言，一般有两种：其一是三权分立，即设评议（立法）、执行（行政）、纠察（司法）三部，如清华学校的学生法庭。还有一种是委员会制，下设总务、出版、学务、卫生、食事、纠察等几种委员会，如上海中学实验小学的“实验市”组织以及尚公学校的儿童自

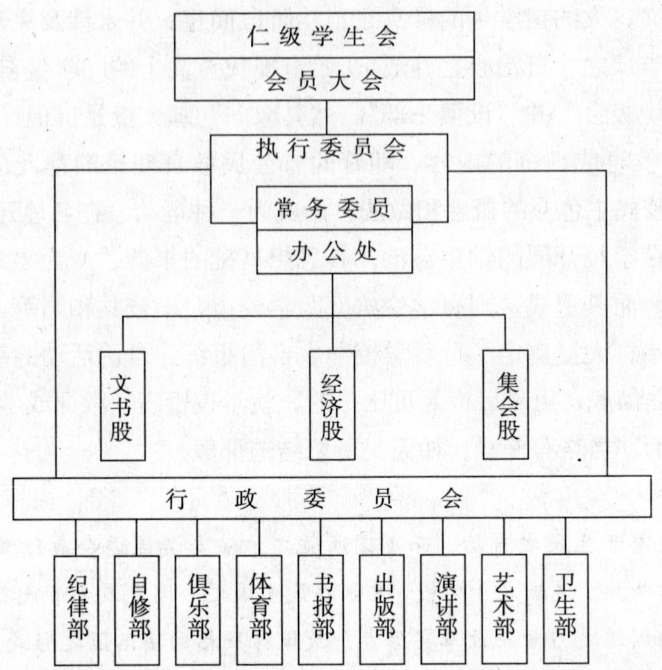

治组织。后一种大多以学生代表大会的形式存在，即如今的学生会，但其功能和结构，却要复杂和严密许多，且每一级的学生会（级会）分别有具体的职责和任务。而各组织各机关，又分别有行事历记录下其每学期（或每学年）之行事计划。我们通过观察尚公学校儿童自治组织中的“仁级”（六年级）之学生会的组织系统，便可见其完备与细密了。

学生自治组织成立后，所要做的工作，大致是一方面通过一种团体生活的参与来发展学生的自治与自主的能力，同时也可习得社会生活的经验。这于公民训练而言，的确是一种显而易见的目的。而另一方面，则以自治的精神，维护学生之权益。故无论是社团的组织活动、学校事务的处理，还是对社会问题的研讨，都强调自身的权力与能力。后一种自治的内容，却常常走过了头，遭到时人与后人的质疑。张雪蓉在《1920年代我国现代大学学生自治制度研究》一文中便指出了当时学生自治会组织所暴露出的几个问题：

> 第一，学生自治的权力有被张扬到极致的倾向。
>
> 第二，缺乏民主的程序和民主的精神。
>
> 第三，干预校政，制造学潮。[32]

其中第三个问题，大约正导致了学生的自治，最终却成了学生的“专制”——一般害怕革命的人士，其实对学潮还是宁愿见其弊处的，何况以历史的眼光观之，确有几次因学生过度自治而产生了社会问题。于是，后世之学校自治组织，并未像民国时期那般张扬，便在情理之中了。这或许是当初那些设计学校自治组织的先生们始料未及的，因为即便当时有人提出了关于学生自治的疑问，也大多停留在技术层面。如马精武先生在《尚公学校儿童自治的昨今明》中，只说明学生自治之核心困难，唯"包办主义"，即教师越俎代庖，包办儿童的自治事业。按照他的理解，当前的儿童自治，唯恐自治的程度不够！罗迪先先生倒是一位保持清醒之头脑的人，他以为，儿童的裁判所或审判厅或法院，实在没有必要在儿童自治组织中存在。他从一个案例中发现，学校中的事务，倘唯从司法出发，实质上是将儿童自治中的教育问题上升到成人化的社会问题，这于儿童的教育毕竟无益。他甚至说：

> 司法是政治上消极方面的，现在虽独立为一院，究竟是消极的工作。这种消极的工作，我们希望减少，不希望增加，更希望将来的社会能慢慢儿达到道德的黄金时代，简直不要这种消极的司法。这原来是一种理想，非最近的将来所能实现。[33]

这种想法，虽然有着理想的色彩，却也道出了当时"精彩纷呈"的学生自治底下所蕴含的一种危机。民国期间，学生自治虽然可谓发达，然"自治"的过热，恐与国人之传统的心理不合，更因为其结构臃肿、活动过频而影响到了学生的学业。故对于学生之自治，我们不能没有一种辩证的权衡，"自治"所真正需要的，唯独立、参与的精神，而非形式上的过场，更非借"自治"而达致私利的满足。

六、公民教育之功利色彩

清末民初之公民教育，无论在理论之创设、课程之设置，还是教学之实践上，均取得了不凡的成绩，为后世之圭臬。然其到后期，却似强弩之末，不能再行振兴。这是为何呢？笔者窃以为，其中原因可谓多方面，然公民教育从一开始，便具有强烈的功利色彩，尤其是政治因素无孔不入，这不能不成为其最终沉寂甚至消匿的原因之一。

首先，中国的教育，诚如其国民性格一般，都是有实利之导向的。故对于西方诸思想，"惟其与民性相近者，辄吸受之，而同化之"[34]，这于公民教育上，亦无不相符合者。事实上，公民教育的初衷，是为了调和个人与群体之间的关系，使得个人的利益或行为或道德取向，能与群体直至国家的理想相合。国家要振作，民族要团结，这个道理人人都晓得，却未必人人都愿意为这个道理而努力。民国时期的公民教育，其旨意本是为了改变这一状况，但在具体实施和操作中，则又为另一种形式的功利所困扰，故其实效未必符合初衷。

其次，社会与民族的危难乃是促使公民教育兴旺发达的外因。一方面，外患接踵而至，另一方面，民族意识的枯竭、民族精神的颓丧、民族性格的缺憾，这些都是中华民族生存的敌人。故民国的公民教育，从一开始便担负着振兴民族、复兴民族的功用。这与德意志的军国民教育实在有着异曲同工之合。然危机感一旦消失或弱化，公民教育便淡出了人们的头脑。这是又一种功利。

再者，公民教育是起于一种时代的需要，甚至也起于一种政党统治的需要，以如此角度观察之，则其功利色彩愈加显著。曾在幹先生在其议论《略论公民教育》中说道：

> （公民教育）乃是以完成现社会制度下，维持这个社会秩序所必要的所谓社会生活与公共生活，养成自治的产业的知识道德，使有贡献于国家社会的发展为目的；换言之，即以养成近代统治阶级的这种国家——帝国主义国家有用的公民为目的。[35]

其中的政治功能，岂不跃然纸上！公民教育最终为政党所利用，这或许便是民国之公民教育终于走向衰落之缘由。因为政党虽亦鼓吹公德，然放之世界历史，却实在是一种私利的组织。故其公德，到底有着局限性。其所倡导的公民教育，在许多方面，更是唯重形式。譬如，江西省会的“公民训练”，对受训民众规定甚严，几近强迫。不仅如此，对于公民教育，也往往有许多无谓而可笑的规定。如国民党统治期间，对于公民教育之读物的审查非常严格：

> 十七年大学院成立，对民众读物之禁令，更加注意。是年六月，即明令各省禁止各学校购阅淫秽书报。又于七月，饬上海市政教育局查禁导淫跳舞及小说等。十八年四月，又令严禁侦防逆党工作印册与认真检查各种反动刊物，并由国府通令，凡有关于反动刊物，应即扣留焚毁等。此乃关于出版物之禁令方面。[36]

对出版物的控制，虽在非常时期有其合理性，但毕竟与思想之自由的精神相违背，也与教育的原则相违背。加之党义科一度取代公民科以及党化教育之推进，使得公民教育的功利达致极限。政治的介入和思想的钳制，使得正常而纯粹的公民教育变得愈加艰巨，甚至要遭到阻遏。故民国期间的公民教育，虽包含了民主与法制、共和与参与的思想，然其结果，仍走回到了臣民教育。

【注释】

[1] 江宜桦:《公民理念与公民的教育》，载许纪霖:《知识分子论丛》（第5辑），江苏人民出版社2006年版。

[2] 如郑航在其《社会变迁中公民教育的演进——兼论我国学校公民教育的实施》（载《清华大学教育研究》，2000年第3期）中指出，狭义的公民教育指的是旨在养成参与国家或社会公共生活一份子必要知识的公民学科；而广义的公民教育则是指在现代社会里，培育人们有效地参与国家和公共社会生活、培育明达公民的各种教育手段的综合体。

[3] 江宜桦:《公民理念与公民的教育》。

[4] 天民:《公民教育论》，载《教育杂志》，1916年第8卷第5期。

[5] 陈筑山:《平民的公民教育之计划》，载《教育杂志》，1927年第19卷第9期。

[6] 张粒民:《小学校之公民教育》，载《教育杂志》，1924年第16卷第4期。

[7] 林宇在其《20世纪初我国中小学公民教育初探》一文（载《阿坝师范高等专科学校学报》，22卷第4期）中认为:"当时的修身课虽然也含有点滴西方公民教育的因素，但其主要内容仍是传授忠君、尊孔等封建伦理道德，修身课还和读经讲经课、中国文学课等并行灌输封建道德，以培养忠实于清朝统治的臣民和奴才，维护摇摇欲坠的封建统治。当时还没有现代公民和公民教育意识，修身课可以说是'中体西用'思想的体现，实质上仍属于封建性质的教育。"

[8] 如蔡元培先生在1912年提出了"以公民道德为中坚"的教育方针；又他在《对于教育之意见》中提出的"五育"中，以"公民道德教育"为首。

[9] 郑航:《中国近代德育课程史》，人民教育出版社，2004年版。

[10] 转引自张粒民:《小学校之公民教育》。

[11] 朱有瓛、高时良:《钦定学堂章程》，载《中国近代学制史料》(第2辑上册)，华东师范大学出版社，1983—1993年版第158—172页、第375—381页。

[12] 易正义:《民国初年中学"公民"课程的建立》，载《亚东学报》，2009年第29期。

[13] 王焱:《自治的训育》，载《教育杂志》，1914年第6卷第9期。

[14] 吴家镇、高时良:《现阶段中国公民训练之鸟瞰及其改进》，载《教育杂志》，1936年第26卷第3期。

[15] 如彭基相在《公民的训练》（译文）中，就花了大量笔墨论述在儿童教育中道德行动的基础与道德发展的阶段，并认为"道德是一件关于行动的事情"。见彭基相:《公民的训练》，载《教育杂志》，1924年第16卷9期。

[16] 别红暄:《当前我国公民教育的价值与反思》，载《中国成人教育》，2009年第13期。

[17] 罗廷光:《中学公民课程之讨论》，载《教育杂志》，1947年第32卷6期。

[18] 徐临江:《民国时期公民教育何以失败》，载《天津社会科学》，2006年第5期。

[19] 如喜令该便认为:"不必别立教育系统，别设新教科。但就历来之教授，而参酌活用之，以发挥公民教育之旨趣可矣。"见天民:《公民教育问题》，载《教育杂志》，1914年第5卷第10期。

[20] 易正义:《民国初年中学"公民"课程的建立》。

[21] 张粒民:《小学校之公民教育》。

[22] 汪懋祖:《中学公民课程之讨论》,载《教育杂志》,1947 年第 32 卷第 6 期。
[23] 常道直:《小学公民课教学法》,载《教育杂志》,1924 年第 16 卷第 1 期。
[24] 黄崴、黄晓婷:《近十年公民教育研究的回顾与展望》,载《清华大学教育研究》,2009 年第 30 卷 1 期。
[25] 罗廷光:《国民精神总动员与中学公民训练》,载《教育杂志》,1939 年第 29 卷第 11 期。
[26] 赵演:《民族教育与民族复兴》,载《教育杂志》,1935 年第 25 卷第 1 期。
[27] 彭基相:《公民的训练》。
[28] 卢绍稷:《非常时期的公民训练》,载《教育杂志》,1936 年第 36 卷第 6 期。
[29] 天民:《学校之社会的训练》,载《教育杂志》,1916 年第 8 卷第 7 期。
[30] 吴家镇、高时良:《现阶段中国公民训练之鸟瞰及其改进》。
[31] 天民:《学校之社会的训练》。
[32] 张雪蓉:《1920 年代我国现代大学学生自治制度研究》,载《南京社会科学》,2006 年第 12 期。
[33] 罗迪先:《对于小学儿童自治会组织上的意见》,载《教育杂志》,1929 年第 21 卷第 7 期。
[34] 余箴:《国民性与教育》,载《教育杂志》,1913 年第 5 卷第 3 期。
[35] 曾在幹:《略论公民教育》,载《教育杂志》,1928 年第 20 卷第 2 期。
[36] 吴家镇、高时良:《现阶段中国公民训练之鸟瞰及其改进》。

班级生活的反思与重建

李伟言
辽宁师范大学教育科学学院讲师

一、何谓好的班级生活：班级的功能及其释放

一个人从7岁开始上小学，一直到高中毕业，有12年的时间在学校度过。而在学校中，大部分的时间又是在班级中度过。他的成长不仅得益于具体的学科教学，而且得益于班级生活，班级的教育功能主要体现在：

有助于学习成为“对话性实践”。这一点我想借用现代学习理论加以阐释。在杜威的学习理论中，特别强调“经验”的探究性质，学习是一个发现问题、提出设想，运用工具、调查、熟思和钻研的过程。这个过程既建构着人与环境的认知性经验，也建构着人与他人关系的社会性经验。日本学者佐藤学借鉴了杜威关于“经验”的理解，把学习理解为一种“对话性实践”。个体除了与认知的客体对话和与自身对话之外，还与他人进行着对话。课堂中的学习通过师生关系和伙伴关系而实现，即便是个人独立学习的场合，也交织和弥散着他人看不见的关系。一些日本学者在对学习的研究中，更是明确提出了“学习团体”的概念。这就突破了传统的学习理论对“学习”所做的心理学主义的理解，这种理解把学习贬斥为大脑细胞突触的联结，是一种被动地习得历史遗产的机械的心理活动，是纯粹的个体性事件，知识在这里是凝固的，而非生成的，知识的学习具有一种结果主义的特征。现代学习观特别强调学习的建构性和共同体的性质，这意味着，学习的过程也是一个人际交往的过程，是一种借助于同他人的团结与协作而进行的“合作性活动”。在班级当中，学生之间存在着种种个别差异，表现出不同的思维方式、行为方式、能力倾向和性格，掌

握知识、习得技能、发展能力的速度也因此参差不齐，对同一个课题理解的方式和掌握的方式也呈现出差异性。这种不同正是使学习成为“合作性实践”的基础，通过不同差异的学生之间的“争论”、“交谈”以及“协商”，学习被“团体化地”加以组织。换言之，班级生活为这种“合作性”的学习实践提供了必要条件。

第一，帮助儿童学会共同生活。联合国教科文组织1996年出版的纪念丛书之一——《教育——财富蕴藏其中》里，曾以开阔的视野，提出终身教育的“四个支柱”，即四个“学会”，其中之一即“学会共同生活”。现代社会不再是传统的熟人社会格局，不同地域、不同民族，甚至不同国度和不同种族的人们走在一起，形成一个多元的文化环境。与此同时，随着政治民主化进程的展开，也需要人们从封闭的私人空间走出，走向更广大的社会生活领域，在各种事关切身利益的公共事务中，如政治决策、教育变革、社区建设、环境保护等方面，表现出积极性和主动性。培养学生对多元文化社会的适应和参与公共生活的能力，是现代教育的重要使命。班级是由一定数量的学生构成的群体，其中，师生关系、同学关系构成了班级两大基本人际关系。就后者而言，学生的家庭背景、成长经历、气质类型、兴趣爱好、生活习惯等等不尽相同。学生对这两大人际关系的处理，有助于实现他们的社会化，获得一种参与公共生活的体验。在这个过程中，提高道德认知能力，去除自我中心主义，理解人群多样性的同时，认识到人们之间存在的相似性和相互依存的关系，学会采择不同的观点，培育对公共事务的关怀，对尊重、平等、宽容、协商、合作等公民伦理的认同，以及其他公共生活领域必需的各种富有责任感的态度和行为，这是学生日后在广阔的社会中与他人共同生活的基础。这里一个关键内容就是对规范的遵守。任何共同生活的维系都有赖于一定的团体规范，换言之，学会共同生活意味着，他对公共生活所必需的规范的遵守能经由他律阶段过渡到自律阶段，最终达成理性自主。考虑到当前独生子女的家庭现状，班级的这一功能显得尤为重要。

第二，提供满足爱与归属需要的机会。每一个正常人都不同程度地喜欢和他人生活在一起，他离不开交往，他需要被团体接纳，害怕孤独和寂寞，渴望友谊，渴望爱，包括爱别人和得到别人的爱。在马斯洛那里，这被称为“爱与归属的需要”，是人的一种较高层次的需要。如果这种需要得不到满足，人会产生被抛弃感，感到沮丧和痛苦。班级提供了满足爱与归属需要的机会，有助于学生获得良好的情感体验。人的一生中，最深厚的友情常常是在学生期间结下的，同学情成为人一生中最宝贵的心灵财富。这既源于学生相对于社会人单纯的特点，同时也因为班级人际交往的特点：几乎固定的空间场域、规律的作息时间、大体相近的学习内容。群体的性质也使得学生更容易发现与自己兴趣相近或性情、气质相投的同伴，这些都为爱和归属需要的满足提供了便利条件。

以上都是从应然层面来谈班级的功能，不是所有叫做“班级”的场域或组织都具有这样的功能，有些班级所发挥的功能也可能是很负面的。只有在以“教化”而非“规训”为取向的班级管理中，班级的上述功能才能得到充分释放。班级管理以教化为取向，意味着班级管理的目标定位是每个学生健全的发展。要使他（她）能作为一个“人”生活在世界上。认知的提升、情感的化育、价值观的获得、行为方式的形成，都在其关注的视野之内。班级管理的每项内容、每个举措，其是否正当，是否有效，都必须在是否有利于“育人”这个标准下得到检验和判断。

如果说班级生活是学生走出校门之后参与公共生活的预备形式，班级生活首先就应该成为一种公共生活。良好有序的公共生活所必需的要素应该尽可能地在班级生活中体现。其中，尤其重要的是个体的理性自主。班级管理必须重视个体理性的生长，帮助他们成为具有独立精神、自由人格的现代公民，这应该是班级制度建设的出发点和落脚点。班级制度架构的形成和运转可从三个方面加以阐述。一是班级的规范体系，二是班级委员会，三是班级会议。班级生活的正常运转不能没有规范，以教化为取向的班级管理也不排斥运用规范。需要阐明的是规范和自由的关系，两者并不矛盾，而是有着和谐的统一。因为自由不是放任的自由，而是孔子所说的“从心所欲，不逾矩”。这意味着，真正的规范与学生的内在需求并不冲突。受禁止的行为被明确了，不受禁止的行为范围也就敞开了。既然“遵守规范”本就内蕴于“自由”这个概念之中，那么，规范设立的目的就不是对个体实施“控制”，即把个体“管住”，而在于帮助个体获得自由，一个人靠理性的自律去服从规范正是他自由意志的体现。涂尔干说：“通过道德规范的实践，我们养成了一种能够支配和规定我们自身的能力，这才是自由的全部实在。”[1]他正是恰切地把握了自由与规范的关系。这时，人对规范的服从就“不是专制之下的屈服，而是包含了尊敬的认可”[2]。这也意味着，班级规范本身必须具有道德性，即规范的制定是基于共同生活的需要，基于人性的需要，而不是权力者（也包括教育者）自身的价值偏好；从数量上看，必须要少，应该针对那种给共同生活带来破坏性的行为。给予个体的成长以宽松的空间，对个体失范行为的纠正抱有必要的耐心。当规范密集的时候，束缚太多，会抑制个体身心舒展，规范和自由之间就会产生实质性的矛盾；从执行来看，对规范的遵守不能借助外在的高压和强制，而必须诉诸个体理性精神的培育。应该通过阐释、沟通、对话、推理等各种方式帮助个体认识规范背后的价值意蕴。

在以教化为取向的班级管理中，班委会组建的目的是为了班级整体生活质量的改善，班委会成员应该是班级生活的促进者，在班级的学习活动、各项文娱活动和日常生活中，起着示范和协调的作用，在服务班级同学的同时自身也得到锻炼。班委会成员与教师是平等关系，与其他同学的关系也是平等的。这里，一个关键的问题是班委会的组建。人们往往注意到教师任命的弊端，认为这是一种专权的做法。实际上，机械的轮换制也具有专权的性质，因为每个人都有不同的气质和性情，总有一些学生对于这些角色不感兴趣，这应当被理解。不照顾到个性差异的、被强制的“民主”，实际上已经不是真正的“民主”。而一味地诉诸全班的投票选举也有其弊端，当班级风气不正的时候，当学生对选举的意义认识不清的时候，当班级形成之初同学之间缺乏相互了解的时候，班委会选举不一定会带来预期的效果。因此，班委会的组建应遵循一定的原则，这个原则概括地讲包括两个方面：一是让更多儿童有体验班级委员角色的机会，二是自愿。本着这一原则，民主选举和教师任命都能成为可行的方式。

钟启泉在《班级管理论》中，介绍了班级会议的两种类型，很值得我们借鉴。一种是涉及整个班级管理的会议。这种会议的主要工作是制定和讨论班级规则、商讨班级事务，可以称之为“班级议会”。教师的任务是帮助学生领会班级会议的意义并熟悉讨论的程序性知识，正是在这种讨论中，学生学会倾听、学会说服、学会发表建设性的意见和发现第三种意见、学会求同存异。这些不仅是真正班级民主管理必需的，也是民主社会的公民所必需的常识和技巧。另一种是全班协力帮助发生了问题行为的个人的会议。阿德勒心理学将其称为“开放式咨询”，这是班级成员在一起讨论如何解决班级内问题的会议。[3]可以看出，无论是哪种“班会”，都是学生自治的一种方式，是学生民主地参与班级管理的路径。在这里，儿童有机会学习如何成为公民。

以教化为班级管理的取向，意味着教师有充分的教育爱的投入。教育爱投入多少，从根本上影响着班级管理的效果。上述关于班级制度架构的设想，没有教育爱的奠基，其实现也是不可想象的。很难给爱一个准确的定义，但我们却可以从爱的构成要素去把握它。比如，尊重学生的人格尊严，这意味着要把“人”本身作为“目的”，不以分数、家庭背景、外貌等外在因素评判学生，杜绝挖苦、讽刺、谩骂、嘲笑、体罚等各种精神和身体暴力；关心学生，能够进入特定的情境中，设身处地地体察学生的各种需要，对之进行理性分析进而予以疏导或者满足；信赖学生，信赖是一种无条件的相信，相信学生具有理性自主和行动自主的能力，而不是将学生在班级中的一切行为置于自己的掌控之下；相信学生成长的可能性，对于问题学生，不抛弃，不放弃；关注个别差异，不把学生表现出来的正常的差异性行为看做需要规整、修剪的对象。充分教育爱的投入，意味着班级中的师生关系是一种马丁·布伯所言的“我与你”的关系，这是一种心灵的相遇。在这里，爱不光是一种情感，更是一种以温情为底色的、建基于教师成熟心智之上的能力，因而是需要学习，也是可以学习的。强调这点很重要，人世间很多悲剧都是在爱的名义下进行的。教育领域也是如此，在各种非人性的班级管理中，教师往往也声称或者自认为他对学生怀有爱，认为所做的一切也是为了学生好。

最后，还需要说明的是班级管理中集体和个人的关系。以教化为取向的班级管理，重视个体的发展，但并不排斥集体的目标与价值，更不否认个体在共同体中的职责和义务，只是认为集体的目标和价值的达成有赖于每个个体充分自由的发展，并且其最终的指向是个人的福祉，并没有抽象的集体利益。所谓“集体利益”大于“个人利益”的说辞，必须重新加以检视。任何以班级集体利益的名义来驱逐、压制个人的态度和行为，都不再具有合法性。

只有上述条件被满足以后，班级的教育功能才能得到充分释放，学生所拥有的才是一种优质的班级生活。这个优质班级生活的人际关系特征，如果加以描述，可以采用如下一些关键词：横向的[4]，即平等，教师和学生之间的关系是平等的，学生和学生之间也是平等的，不存在教师的专制独裁；合作的，班级成员之间在学习和日常活动中，具有互相协作、扶助的意识，合作探究问题，资源共享，互相分享经验，互相汲取智慧；接纳的，班级成员之间相互尊重，相互信赖，每个孩子都不因学业、家庭背景和个性的原因受到教师和同学的排斥，处于困境中的孩子能够得到来自他人的帮助，班级成员之间互相怀有积极的感情。

这时，班级也就成为思想和情意汇集的美好空间，成为帮助孩子们成长的无字之书，在其中，他们学会负责，变得有勇气、诚实、乐观、自信，展现出一种舒展、蓬勃的生命姿态。每个人一方面保有健康的个性，另一方面，借助班级这个公共生活平台，濡染现代公民精神，走向与他者的共在。体会到归属感，获得友情，成为彼此生命中的“重要的他人”。班级生活的经历也由此构成了他们漫长人生中最可珍视的精神财富，并且借助个体的回忆继续参与他们生命的塑造。

以上我们探讨的是班级的教育功能及其功能释放的条件，实际上谈的是何谓优质的班级生活。这为下面的反思提供了依据和参照。我们很快会发现，当上述这些条件丧失的时候，班级生活是如何由促进学生成长的“公共生活领域”变为他们“心灵的屠宰场”。

二、当下的班级管理怎么了：现象与问题

当下的班级管理令人忧心的问题，如果用两个关键词来概括，就是“技术主义”和“威权主义”。它们是一个问题的两个方面。技术主义给出了班级管理的操作方法，而威权主义则是班级管理中起实质作用的要素。

班级的管理离不开一定的管理技术，但必须服务于育人这个根本目标，否则就会沦为技术主义，而这正是当下班级管理的现实，这一点集中体现在班级规则的使用上。鉴于魏书生的班级管理经验对中小学教师的影响，我们不妨以之为案例来进行分析。在《班主任工作漫谈中》，魏书生用整整三页的篇幅列出他的班规班纪，仔细阅读这些规则，会发现以下几个问题：

从规则的来源看，有的规则是政府部门颁布的《中学生守则》和《中学生日常行为规范》的进一步细化，如“周一参加学校升旗仪式，按学校要求统一着装，轮到班级值周时，团支部书记写国旗下的献词，并指定护旗人、升旗人及献词朗诵人”[5]。这鲜明地体现了学校受政治力量的浸染和规约。有的规则来自学校的相关规定，如“课间在走廊、操场活动带班标”的规定。还有大量的规则是班级自行制定的，如每天写日记、每人都要有座右铭、课前一支歌、放学路上背单词、放学前做仰卧起坐和俯卧撑……就其中很多规则来说，没有充分证据表明它们是基于共同体生活的需要，也就是说，它们没有体现共同体的价值共享，而是来源于权力者的需要和教育者自身的喜好，是教育者自身主观意志膨胀的结果。比如写日记、抄格言、座右铭等，都是魏书生本人特别喜欢的。路上背单词、独来独往是魏书生认为有效的温习和备考的方法。

从规则的数量看，极其繁多。有一日常规、一周常规、一月常规、学期常规和学年常规。我统计了一下，光一日常规就有 19 条。除此之外，还有未形成明确文字的规则，如每个星期天都要出去做好事。如此众多的规则，学生仿佛生活在一个密密匝匝的规则之网中。

从规则的内容上看，极为苛刻。如“考试前独来独往，路上自觉约束自己，不与别人往来”，“下午第三节活动课上，男生要跑 5000 米，女生要跑 3000 米”，晚间要统计“三闲”（闲话、闲事、闲思）数量，课前唱歌时不许东张西望，手不许放在桌子上，学习上不能不懂装懂，否则打水三桶，自习课不能借东西……[6] 说成是规则是差强人意，称其为“阴招”也未尝不可。对个体自由的压制和剥夺，只要诉诸每个人所固有的对自由的那份天然渴望就能领会，似乎无需太多分析论证。从这些苛刻的内容中，也能看出这些规则的第四个特征。

从规则使用目的上看，不是为了达成个体的理性自主，不是为了学生的健康发展，而是为了把学生“管住”。对此，魏书生曾很自豪地说：“在我的班中，人人都是管理者，人人又都是被管理者，管理因时而动，权力彼此制约，而教师则处在一个驾驭、服务的位置上。如此管理，教师如何不轻松？”[7]“管住”的表现，就是学生表现出服从的行为，老实、听话，将其看做教育的成效。至于学生表现出的服从行为是否获得了理性的认可，则甚少考虑。

从规则的执行上看，诉诸外在的强制，即监督和惩罚。对于每一项规则的执行，魏书生采取“专项承包制”，人人都去检查和监督别人是否违纪，同时也接受他人的监督和检查。惩罚方式也多种多样，有的写说明书，250 字到 5000 字不等；有的罚做好事；有的罚款；有的罚扫操场……虽然有的惩罚看起来温情脉脉，如迟到唱歌，但温情脉脉的面纱之下到底还是一种强制。这里涉及对惩罚的认识，因为很多规则本身就不合理，强制执行的效果越好，对学生身心的戕害越大。事实上，即便规则本身是合理的，对惩罚的使用也必须慎而又慎。因为人对规则的服从不是一蹴而就的，而是经过一个含蕴的过程。蒙台梭利就把儿童对规则的服从划分为三个阶段，在第一个阶段，儿童显得很任性，有时听话，有时不听话。对这种情况，教师需要进行一番研究以便找到对策。第二个阶段，儿童控制自己的能力得到了加强，不但能听从自己的意志，还能领会他人的意图并用行动加以表达。一般认为，这是服从规则的最高阶段了。但蒙台梭利认为还有一个更高的阶段。在第三阶段，儿童产生了群体意识，并且在这个群体意识中，包含了服从意识。[8] 显然，在粗暴的惩罚中，学生虽然表现出合乎规则的行为，但并不表明其服从意识和自由意志有了真正的发展。因为其发展的自主性被打击了,发展的过程被中断了。这也正是杜威在谈到“控制”时，特别指出要区分“身体上的结果”和“道德上的结果”的原因。

从以上分析可以看出，这些班级规则并不是帮助学生达成理性自主、学会共同生活的途径。规则的无所不在、内容的苛刻、执行的强迫性，使得对规则的运用基本上丧失了教化的意蕴，其实质就是“控制”和“操纵”。很难想象学生在这种情况下会有身心的自由发展，但它们在班级管理中仍然大有市场，被众多学校和教师视为制胜法宝来学习、效仿，这恰好反映了当下班级管理中严重的技术主义倾向。

这套班级管理方式后来被发展为“量化管理”，在当下很受推崇。学校日常管理往往追求量化，进而班级管理也引入量化的方式。比如，很多学校制定了量化管理细则，针对升旗、早操、课间操、午休、晚休、三餐、就寝、仪表、出勤、卫生、班会、板报、班报、集会、临时任务等各个方面，以年级为单位，进行监督和检查，范围可谓涉及了学生在校生活的方方面面。每个内容中都有具体的规定，违反规定者被扣以相应的分数。评比细则和扣分标准明示，每日检查的结果汇总为一周的成绩进行各班之间的评比，班级量化分作为年终评选优秀班集体、优秀班主任和分配优秀干部、三好学生名额的重要依据。在此之下，班级规则的制定也直接围绕着学校量化管理所规定的检查内容，每一项都有严格的扣分标准，量化计分落实到每一个人，如有的班规中就规定："品行起始分为 30 分，每两周结分一次，至学期结束，计算平均成绩，得 90 分以上（含 90 分）的为优秀，得 75 分至 89 分（含 75 分）的为良好，得 60 分至 74 分（含 60 分）的为及格，得 59 分以下的为不及格。连续三次量化测评成绩在班级倒数 5 名且行为表现确实不佳者，予以班级通报批评、书面通知家长等处分，测评结果与学期评优挂钩。"[9] 在具体操作上，设置值周班长或纪律班长，对违反规定采取扣纪律分的方式，每扣一分者，接受相应的惩罚。这套量化管理模式在中小学学校管理和班级管理中泛滥，内容和操作上大同小异。

再考察一下量化管理中的规章规则。我上面分析的魏书生班规班纪中的那些问题仍然明显地存在着。量化管理是典型的技术主义思路，甚至是以科学管理的名义，把技术主义做得更加精致。在量化管理之下，管理被简单化处理，不需要投入太多的心智即可应对。但这种简单化处理和不需要投入心智并不是说教师做起来是轻松的，执行量化管理的教师和相关人员常常一天下来也会精疲力竭，因为这种量化管理把学生贬低为被监管的角色，大量的时间和精力都被放在对学生行为的看管上，以外在的看管来保证正常的教育教学秩序。疲劳的同时，教师却缺乏内在的效能感和成就感，是"累并沮丧着"，而不是"累并快乐着"。

需要指出的是，技术主义不仅指大量非人化规章制度的强制执行，也指现代科学技术的滥用和误用。比如，有很多学校在班级内都安装了摄像头。安装摄像头方便了对学生的管控，对人性的悖逆实实在在地跌破了底线，班级不再是个体获得身心完善、人格健全的公共生活空间，反倒像一座没有铁窗的囚笼。

再来看威权主义。在班级管理中，教师的权威不是基于学生对其学识、人格魅力、教育智慧的由衷欣赏和敬佩，而仅仅由自身的身份来赋予，动辄居高临下、发号施令，让学生被动地遵从，甚至滥施淫威，动用威胁、恐吓、挖苦、谩骂等手段来解决问题。班委会不是学生的自治性组织，而是教师更好地掌控学生的工具，通过该组织执行教师的意志和命令。教师对班委会成员的任命，往往根据个人好恶，或者仅仅照顾到一小部分学生的意愿。班干部多多少少会充当教师的耳目，成为教师威权的延伸。曾看过这样一个报道：不少烟台的中小学生在学校里非常热衷于当班干部，家长也忙于为孩子"跑官要官"，甚至有些班级出现"全民皆官"的怪现象。曾有记者在南通路小学随机采访了几位学生，问他们喜不喜欢当班干部，所有的学生都表示喜欢。某小学三年级的学生小克说：“当班干部可站在讲台上领读课文，还可拿着老师的小教棒敲打同学，多威风，同学们既害怕又羡慕。”大多数学生对班里最大的“官”——班长最为向往。四年级的一个男生表示：“当班长就像老师一样，同学们必须听自己的话，也都喜欢和我一起玩。”[10] 用小教棒敲打同学，让同学们必须听自己的话，俨然是教师威权形象的翻版。与其说是受了社会官本位意识的影响，还不如说是从专制的教师身上学会的。以上可称之为“显性的威权管理”。

实际上，一个强调学生全员参与、教师不动用语言暴力的班级，其管理仍有可能是威权主义的，姑且称之为“隐性的威权管理”。这里涉及对民主的领会，仅仅以“全员参与”作为判定班级民主管理的依据，实际上是对“民主”做了一种相当粗鄙的理解。民主并不是简单的“多数人决定”，并不完全取决于参与人数的多少。有两个关键要素必须得到强调：第一，个人的权利在其中必须得到认可和捍卫，以大多数的名义对个人权利予以剥夺，只是一种集体专制；第二，参与决定的个体必须享有理性自主。正如杜威的学生悉尼・胡克所言：“对一种民主制来说，多数原则是很重要的，而大多数人如果不能接近消息的来源，如果只能读到官方的解释，如果在课堂、讲台和无线电广播中只能听到一种声音……他们的表示同意就不是自由的。当个人的心灵被有意地束缚于愚昧无知的时候，就同他的双手被绳索捆绑的时候一样，没有行动的自由。”[11] 这里实际上也强调了个体的理性精神，群氓的“民主”不过是多数人的“暴政”。当杰斐逊认为，在所有的法案中，把知识普及于人民的法案是最重要的法案，为了使人民可靠，就必须加强教育、传播知识、增进他们的智慧时，他强调的正是个体的理性精神对于民主参政的重要性。上述两点又是紧密联系的，强调个体的理性精神在民主参与中的作用，正是为了防止借多数之名而扼杀个人的自由权利。当然，它只是必须满足的条件之一，个体权利的捍卫还需要其他方面的保障。我认为，这些观点同样适合于分析班级管理，上述两个条件也是鉴别班级管理是不是民主管理的关键所在。由此观之，会发现一些所谓的班级民主管理，其实质正是集体专制和威权主义。

我们不妨进行一个案例分析。2010 年 4 月，河南洛阳孟津西霞院初级中学的 15 岁女生雷梦佳和同学打架，老师发动全班同学投票，决定是让她留下学习还是请家长将其带走家庭教育一周。在得知自己被大部分同学投票赶走后，15 岁的花季少女留下遗言，投渠自杀。这一事件被称为“少女‘被民主’的悲剧”。受教育是人的一项基本权利，学生发生打架的行为，教师可以行使其批评权，但不能因此剥夺学生受教育的权利，以民主投票的方式决定女生的去留，显然是对学生受教育权利的侵犯，表态同意的人数再多，也是一种“伪民主”。参与的同学对这一事件是否该诉诸投票解决，显然没有任何理性的认识，对这一方式给同学可能造成的伤害也没有什么想法，完全听命于教师。所谓“民主管理”，不过是教师利用手中的威权对全体同学的一种操纵而已，最终导致惨剧发生，令人痛心，以至于有人感叹，“每一票都是射向同学的子弹”。

魏书生的“民主管理”也是一个很好的例子。他的很多班级规范都极为苛刻，如考前路上不准和同学说话，中午路上必须背一个英语单词，没带单词本和书者，要立即回教室取。这些无论对复习考试多有功效，都是对个人基本权利的侵犯。其结果是对学生生命空间的挤压，使学生的心灵难以舒展。从我上面对规则的具体分析可以看出，无论是规则制定的目的还是规则的执行，都缺乏关于学生理性成长方面的考量，即便全员参与，也不能说明其班级管理就是民主的。“表面上，他把权力给了学生，但实际上，学生的监督在一定意义上正是延续了他的权力，并把这种权力渗透给每一个人，使每个人成为被监督者的同时，又是监督者，从而达到控制学生外在行为的目的。”[12] 从这里也可以看出，技术主义与威权主义是一个问题的两个侧面，有威权主义盛行的地方，技术主义必然泛滥，这是由技术的可控性决定的。操纵和控制学生从表面上看是大量的规则，实则教师的威权人格。

即便学生对班级管理积极主动地参与和配合了，但也不能改变其班级管理的非民主性质。弗洛姆对于“逃避自由”及其心理机制的揭示有助于我们进一步理解这个问题。在弗洛姆看来，个人的生命史中存在着一个类似人类从自然同一性状态中脱离出来的“个人化”过程，婴儿呱呱坠地，从母体中分离出来，这是个人存在的开始。但在功能上，由于婴儿仍旧需要母亲的喂养、照料和携带，所以他与母亲联系在一起。在个人化过程导致这种关联被切断之前，他没有自由，这一关联使他获得一种安全感和归属感，是正常人性发展的一部分。随着孩童年岁日增，他逐渐脱离这种关联，个人化过程日益展开。这种个人化的过程在促进个体自我意识、自我发展的同时，也日益撤消了婴儿与母亲之间的“原始关系”所给予他的安全感，使儿童失去了当初与他人无分彼此的同一性，他意识到他在孑然孤立地面对一个充满危险的世界，这使他产生焦虑感，使他感到不安全。正当的解决途径是通过爱和创造性的工作，以一个独立自由的人的身份，与他人自动自发地建立起再度的联系。但如果个人化过程所依赖的社会经济、政治环境不能作为个人化的基础，而同时人们又失去了那些给予他安全感的东西，个体又无从处置自由所带来的焦虑和不安时，他就会产生一种倾向，即逃避自由。

弗洛姆还讨论了逃避自由的心理机制，如企图服从和支配他人，个人放弃其完整性和独立自由，去寻求新的束缚，代替他已经失去的原始约束，达成一种“共生性结合”，主动的一方为“施虐狂”，被动的一方为“受虐狂”。再比如，“舍己的自动适应”，个人不再是他自己，变得和所有其他的人一样，以此来消除与外在世界的矛盾，孤立感和恐惧感也随之消失，个体由此感到安全。

弗洛姆所揭示的个体身上“逃避自由”的倾向意味着，个体对威权的服从也往往有着主动的意味，这正是现代极权主义的心理根源。我以为，弗洛姆的观点也可用来解释压制性的教育实践中的个体表现。在压制性的教育实践中，被压制和奴役的个体并不一定明显感到他的“被压制”和“被奴役”，换言之，他们的“屈辱”体验有时是模糊的，甚至可以在充满规训的班级生活中暂时获得一种“归属感”和“共同体意识”。这也意味着，就魏书生的班级管理来说，学生对班级管理的“积极参与”，包括写说明书的积极配合，和我对其班级管理专制性质的判断并不矛盾，它们不足以证明班级管理的民主性。当一个人顺从地，甚至很自得地接受压制时，才是最可怕，也是最可悲的。在魏书生的班级管理中，学生对各项规范的俯首帖耳，恰好体现了弗洛姆在阐释企图服从和支配他人，即不同程度的虐待与被虐待现象中所揭示的被虐待者的心理特征：“愿意倚靠别人、组织、大自然、或者自身以外的任何力量。他们不愿意固执己见，也不愿意做他们想做的事，但愿委诸外力，听其主张。他们常常不会体会‘我要’或‘我是’的这种感觉。”在《班主任工作漫谈》中，曾借一学生之口，谈及说明书与检讨书的区别：“过去淘气了写检讨书，那时越写越恨老师；现在写说明书，越写越恨自己。”[13]这一自恨心理，似乎也能印证弗洛姆对被虐待狂心理特征的描述：他们不仅轻视自己，屈服于外力且还有一种忍受外力的伤害和折磨……（还）喜欢苛责自己，批评自己。

对若干不合理的班规班纪的服从，实际上也有盲从的成分在，即“舍己的自动适应”。个体完全承负了既有班级文化对他的塑造，每个人只要和周围人一样表现、行动，他就觉得安全。这种对威权的主动顺应和自动与他人同一的行为，实际上在早年的家庭生活中就埋下了种子。弗洛姆的研究也发现，早期教育中对批评和思考的压制和对各种自发感觉，如敌意和厌恶的压抑，久而久之，会使儿童丧失批评思考和表达感觉的能力，最后放弃了他的感觉。当我们把目光聚焦在魏书生的班级管理上时，不难得出这样的结论，即种种威权主义的做法，之所以还能得到学生的积极配合，是学生理性精神缺失的表现，同时也是学生理性精神长期得不到培育的结果。

但这并不意味人对威权的顺从是永久性的。在《通往尊严的公共生活》中，徐贲说：“长期的羞辱（按照马格利特说法，“侵犯人权是最典型的羞辱”）确实会使许多人不把羞辱再当做严重伤害。”但他又援引马格利特的话说：“在羞辱感再麻木的社会中，羞辱感也不会完全消失，这是因为羞辱是与人之为人联系在一起的……只有人才能感觉到羞辱这种伤害。动物可以感觉到肉体伤害，但不会感觉羞辱。”[14]人既逃避自由又渴望自由，看起来似乎是个悖论，但悖论只是表面上的，逃避自由是因为没有能力以一种合理的方式去克服分离、寻求与他人的联结进而创造属于自我的生命意义，并不意味着人必然与自由为敌。

在上述情况中，班级的确获得了一种“凝聚力”，学生在其中也获得了一种“归属感”，但这种“凝聚力”和“归属感”也是借助了高压才出现的，是“共生性结合”带来的虚假的“共同体意识”，因为是“虚假的”，所以谁也无法保证它就能持续。反抗行为没有发生并不表明它永远、一定不会发生。弗洛姆在《逃避自由》中曾揭示了以“服从”来克服分离所带来的困境：“服从的结果与当初想要服从的目的正好相反：服从增加了儿童的不安全感。”他还表达了这样一个鼓舞人心的观点，即人生来就有想要生长发展，想要实现很多机会的倾向，这种倾向会产生很多新的倾向，如渴望自由、厌恶压迫。虽然这些欲望可能被压抑，但并未真正消失，而是化为潜在的力量。人性有其动态的力量，这种动态要素在人类演化的社会过程中，是一项活泼而有效的因素。即或我们不能用心理名词明白地说明这种动态力量的正确性质，但是我们认清其存在。在人类固有的属性中，我们可以找到人类不可让与的自由权利及幸福权利：人类想要生存，想要扩展，想要表达许多潜在能力。由此可见，在威权主义的班级管理中，个体对威权的反抗或许只是一个时间早晚和程度轻重的问题。

隐性的威权管理不仅仅指上面提到的缺失理性自主的“民主参与”，还有其他表现。比如，魏书生多次在讲演中传授的“挑动学生自己斗自己”，即挑动学生内心深处真善美与假恶丑的抗争。魏书生认为，当这两方面开始抗争的时候，“教师就在学生的心灵深处找到了自己的助手。凭着这些助手的力量，就能‘管住’（注意这个词）学生内心深处的假恶丑”[15]。为此，魏书生10多年来，几十次引导学生写“两个自我”的日记，比如，《两个戴明峰》、《两个蔡乐》等，以及犯错误写说明书，写心理病历等。就算是内容维度没有问题，这种“内心深处斗争”的做法也不可取。

这里，我们不妨以科尔伯格道德认知发展理论来分析。表面上看，这种做法是重视了道德认知的发展，似乎是为了引起学生的认知冲突，但实际上与科尔伯格道德认知发展思想却差之千里。科尔伯格是借助于道德两难的故事，通过学生对相关问题的回答，来判断学生道德发展阶段，判断的标准不是答案本身，而是背后的道德推理方式。在测量出道德发展阶段后，通过分组辩论，让道德发展阶段相邻的同学有相互交流的机会，使较低水平的同学能接触到较高阶段的道德推理，以引起学生道德认知上的冲突,引发更深的思考和逻辑推理。在其中,讨论并不预设固定答案,道德推理始终得到强调,而且道德认知发展被看做一个复杂漫长的过程。在魏书生这里,对道德认知的形式维度即道德推理方式的考虑是阙如的,所谓的认知冲突也是预设了固定答案的,并且是自己对自己进行,缺少情境和媒介。虽然魏书生本人一直认为这种效果很好,但是实际效果到底如何,很令人怀疑。

人的成长离不开对自我内心的关照,但魏书生所强调的“自己斗自己”不是,因为对自我内心的关照是一种人生之路的回望,不一定是即时性的,这个回望的时刻是不定的,是一种自然而然的行为,而不是刻意进行的,这正体现了人成长过程中含蕴和试错的必要性,它的核心和指向是人的理性成长,一种无法培养理性精神的“自己斗自己”,其实质是“思想控制”。可悲的是,这种做法在当下十分流行,所谓帮助学生“学会自我教育。通过写日记帮助学生了解自己的特点、学会分析自己的方法”,所谓“逐步把日记作为自我分析和自我监督的有效形式……通过日记总结学习上的得失,实现自我誓约、自我激励、自我鼓励、自我命令等等”[16]。实际的效果是加强了对学生从身体到心灵的掌控。难怪有的学生要准备两本日记本,上交的那本用空洞的话语应付,心爱的日记才是留给自己的,实在是独立性没有完全泯灭的情况下捍卫自由的无奈之举。再请看如下的做法:“为了使学生做全新的自己,在班级后墙上设立‘立志立誓’栏。在立志栏里,学生写出自己的远大目标和近期目标,写出自己的竞争对手、近期的努力方向、最想对父母说的话等等。在立誓栏里,学生写出自己某一方面的不足或缺点,并写出今后该怎样克服,立下誓言!”[17]这种做法和上面“写两个自我”的日记对学生成长的戕害基本上如出一辙,但常常被冠以一个时髦的名称,即“自我管理”或“自主管理”,虽然表面上是自己对自己进行,但实际上实施控制的,正是教师。当学生不能经由班级公共生活中的人际交往,通过辩论、商讨、推理以及教师的阐释获得理性成长时,所谓的“自我管理”只是形式上的调整而已,威权治理的实质并没有变。

在当下,显性的威权管理和隐性的威权管理在班级中是并存的。一说调动学生参与班级管理的积极性,一说民主管理、自主管理。魏书生的班级管理就成为样板,其相关经验被奉为“真经”。当然,制定严密规则、诉诸监督与自我监督、深挖思想根源等这些做法,并不全是学习魏书生的结果,但对魏书生班级管理经验的推崇,却更强化了班级管理的规训性。与此同时,显性的威权主义并没有因此减少,比如,对于违反规则的惩罚,不仅仅有扣分,更有罚站、打手板。我在假期的时候,和上四年级的小侄女有过一次很长的聊天。她告诉我,上课不遵守纪律、作业没写完、忘记带书都可能要挨打。教师冷脸相待、挖苦讽刺、侮辱谩骂绝不是新鲜事。去年,我曾带领学生到某小学实习，整整一个月的时间，每天第一节课前，实习所在班的学生都要接受教师的一番“训斥”，其实他们根本没犯什么错误，无非是前后桌说说话或者书没有摆放好等等。

无论是显性的还是隐性的威权管理，班会中所探讨的议题常常与提升班级公共生活质量无关，也就是说，班会不是以班级作为共同体自治的方式存在的。它既很少提供讨论的机会，让学生在教师的帮助下掌握讨论所必需的程序性知识，从而制定或修改班级规则，也缺少对具体的班级事务的商讨，更难协力帮助发生了问题行为的个人。班会的内容主要集中在以下方面：一是围绕党团主题，如“学习雷锋”、“继承民族传统”、“守护清廉”等；二是围绕特定节日，如“老师，您辛苦了”教师节主题班会、“庆元旦、迎新年”主题班会、“五月的康乃馨”感恩主题班会；三是围绕学生容易出现的一些行为问题，如“网络，爱你，恨你”主题班会和“诚信学习，诚信交往”等。这些都是主题先入式，且先不说一些主题具有明显的政治规训性质，就是一些非政治性话题，道德说教的色彩也极其浓厚，甚至有的班会还成为向某一犯了过错的同学实施集体批判的工具。

实际上，只要稍稍敏感，还是能从当下班级管理的一些称谓中嗅出威权主义的气息的。“班主任”、“班干部”甚至“学生官”、“普通学生”。“班干部”和“普通学生”的关系，有人称之为“干群关系”。这不像是民主的班级生活中应有的称呼。不要小看语词的使用，它们早已形塑了我们把握世界的方式，这些称谓的长期流行乃至人们见怪不怪，不也正反映了我们对于威权主义的麻木吗？我们被这些语词掌握，不断地进入由语词所暗示的关系中，进入集体无意识。

当班级管理被技术至上的思维和各种显性的、隐性的威权主义做法主宰的时候，现代教育所应具备的“教师生命个体对学生生命活动的切身参与、真实交流，从而真正以人格互染的形式发生师生生命之间的内在意义的关联”也就付诸阙如了，班级生活的质量也就可想而知。如果要描述班级的人际关系特征，则可以采用如下一些关键词：(1) 纵向的。纵向即不平等，教师和学生之间不平等，学生和学生之间也不平等。有“狱长”(所谓班主任)，有“狱卒”(所谓班干部)，也有被时刻监管的“囚犯”(所谓普通学生)。这时的人际关系也不能说是平等的，因为平等应该是一种人格的平等，是人作为人“彼此看见”。(2) 排斥的。一些天性卓异，具有很强的创造性、独立性而难以适应规训的学生，容易被教师视为异类，在教师的暗示之下，进而被其同学视为异类。来自极端贫困家庭和具有特殊家庭背景，如单亲、隔代抚养的学生,也容易受到某种程度的排斥。一次我在外面吃饭,店主的女儿对我讲，他们班一个农民工的孩子，因为特别贫困，同学们出去玩都不带他。我想，这种现象抛却家庭文化背景，班级文化也是致因，因为以威权来维持运转的班级容易缺乏爱，所以孩子难以学会爱。个性顽皮、不遵规守纪的学生因影响到整个班级的量化评比而被老师视为“麻烦制造者”，被同学视为拖班级的“后腿”，也可能遭受排斥。(3) 竞争的。班级成员之间在学习中、日常活动中缺乏互相协作、扶助的意识，甚至习惯于彼此拆台、争权夺利，经验和智慧的分享被狭隘的独占欲所取代。这种竞争性的关系不仅仅源自应试环境下白热化的学业竞争，同时也是由威权管理之下的人际疏离带来的。班级应有的教育功能严重丧失，学习不是一种对话性的实践，而是一场没有硝烟的战争。共同生活所必需的品质，如尊重、协商、宽容、责任，不能得到很好的培养，现代公民社会所必须的独立精神、自主人格也无法得以孕育。学生在班级中缺少积极的情感体验，成绩不好的学生有挫败感；学业成绩好的学生也缺乏成就感，为保住现有的成绩心存焦虑；受排斥的学生产生被抛弃感。班级从整体上看，缺乏轻盈、舒展的生命状态。

以前有学者提出的学生“过度社会化”现象，也能在班级管理的技术主义和威权主义的病理现象中得到部分解释。面对一种凌驾于自身人格之上的威权，世故、乖巧、投其所好、曲意逢迎，以成人化的交往方式博取老师的好感甚至宠爱就是一种必然的结果。这里涉及一些自利的动机，如自我保护以免除伤害、获取班级管理的权力、提升在班级中的地位以及由此地位带来的各种利益。过度社会化的学生知道，教师对这些说了算，如果他那样做，他就可能得到它们。除此之外，还容易产生两类问题行为：一是与教师对抗到底，顶撞、争斗、惹是生非、满不在乎；二是自暴自弃，消极的自我暗示、积极性丧失、破罐破摔、不思进取。

近年来有很多触目惊心的学生自杀现象，这与技术主义和威权主义的班级管理也有关联。本来，当下的孩子，尤其是城市的孩子，就有很多先天不足：独生子女缺少玩伴的家庭生态，远离乡土、远离自然，大量时间用于应试导致阅读和游戏的缺失。学生一天有大量时间生活在他的班级中，如果班级管理方式缺少人性，必然进一步加剧学生生存根基的表浅化和生命的空间狭小、逼仄。当他们丧失了鲜活的生命感觉，活着不胜其累时，放弃生命就成为让人痛心但却是意料之中的结果。实际上，这也是一种对抗行为，而且是一种最激烈的对抗行为，只不过以指向自身的方式表现出来。

对这个问题的考察，应该考虑一个时间的跨度。仍以魏书生的班级管理为例，在魏书生从事班级管理的时代，应试氛围远没有现在这么浓烈，魏书生本人对于学生的文娱生活也还是颇为重视的，学生的在校生活并没有全部围绕学习转，班级生活的内容相对来说还不失丰富，魏书生本人也比较富有爱心并且倡导同学之间的情感关爱。一个人总体的抗压能力是有限的，这些都使得学生对种种不合理的班级管理做法所带来的压力的对抗力相对加强，个体对威权的顺应和与他人的同一化的行为也都还在他能承受的范围内。而在当下，应试氛围有增无减甚至愈演愈烈，教师的班级管理行为因为全部围绕学习成绩运转而变得越来越目中无人，学生既要应对来自学业的压力，也要应对每天技术主义和威权主义班级管理所带来的压力，这必然带来班级整体生活质量的恶化。

当然，不同的学生感到压力大小的程度是不一样的，具有负面情感体验的学生也不是每时每刻都有这种体验，班级生活中总有一些技术主义和威权主义管理鞭长莫及的地方，欢笑总是在这些间隙中生长。青春的好处就在于，没有任何东西能使它的活力完全熄灭。但我们不能以此来进行自我安慰，总该有更高的教育期待，并以此为参照，对当下的班级管理作出批判性的反思。

三、为什么会有如此的班级管理：根源及出路

当我们探讨班级生活如何重建的时候，并不是仅仅把应然的班级生活呈现出来(这个应然的班级生活是预先存在于我们头脑中的一种理想状态，以此为参照，我们才能发现当下班级生活的问题)，那样是缺乏建设性的，而是要思索通达这个可能生活的道路。但与此同时，又需要有对问题根源的追溯。在这个部分，我将尝试做这两项工作。首先来探讨造成班级管理问题的原因。

原因之一，班级规模过大。按照教育部的规定，小学班额不超过 45 人，中学班额不超过 50 人。中小学校 46 人至 55 人就为“大班额”，56 人至 65 人为“超大班额”，66 人以上为“特大班额”。照此来看，现实中特大班额屡见不鲜，甚至有的班级达到 100 多人。县镇地区、优质学校和高中阶段，这个情况更为突出。与发达国家相比，相差很悬殊。根据《联合国教科文组织 1993 年统计年鉴》，早在 20 世纪 90 年代，美国小学平均班额是 24 人，中学是 25.6 人，加拿大的这个数字分别是 20 和 24，日本是 30.3 和 36.5。班额过大，教师对每个学生的了解程度、关注度都会受到影响，比如，倾听、观察、耐心等待，这些都需要时间的投入，也需要精力的投入。当一个班级规模过大的时候，对每个人的关注和回应都会显得力不从心，常常是顾此失彼。不仅如此，班级规模过大，教师批改堆积如山的作业就要占用很多时间，而且讲课时为了照顾到所有同学，必须提高音量甚至声嘶力竭，甚至还会因为排座位这样的问题引发和学生以及家长之间的矛盾。加之教室人数过多所造成的空气污浊、细菌增多等种种因素，这些都使教师身心疲惫，甚至心力交瘁，无疑

也增加了优质班级管理的难度，使教师和学生之间难有心灵相遇的切身交流，由此进一步引发班级生活的失序。当教师感觉到难以调控这种失序时，一套倾向于控制的管理技术就会成为诱惑。

原因之二，教师专业化程度不够。这里所说的专业化，不是说除了教师之外，别人都做不好教育（我们看一些人物传记也会发现，的确有很多人不是教师，但是深谙教育之道），而是说，包括班级管理在内的教育活动是一项需要能力和智慧的富有挑战性的工作，它对从业者提出了相当高的要求。钟启泉在《班级管理论》中指出这样一个现象，这也是我们通过经验观察和与教师沟通能够发现的："任何一个教师并不是一开始就是一个权威主义式的支配者。教师刚刚上任也许会下定决心：'我绝不会成为权威主义式的支配者。我要好好听取同学的意见，并贯彻到班级管理中去，做一个民主型教师。'然而，一旦接触了现场，儿童们各式各样的要求和意见往往是始料未及的。"[18]此时，他感觉要听取所有儿童的意见并落实到班级管理中，使班级形成一个整体是非常困难的事情，于是采取"收权"策略，让儿童服从他。这显然与教师班级工作的专业化程度不太相关。教师对班级生活治理的无力感也常常源于他的两种行为方式，也就是杜威指出的"墨守成规"和"任性"。前者"把习惯的事物作为预料未来可能发生的结果的全部标准，不顾他所做的特殊事情的种种关联"，"任何事情过去怎样，就让它怎样"。后者"把顷刻的行为作为价值的标准，不顾个人行动与环境的关系"，"我在这顷刻之间，碰巧喜欢东西怎样，它就得怎样"[19]。这样的话，教师对问题的认识就会停留在事物的表面，他对问题的解决因此也是无效的。情况越是失控，教师越倾向于寻求一套程序或技术来加强其控制力。这些都是教师专业化程度不高的表现。这个专业化的内涵，具体来说包括下述几个方面：

在专业识见方面，有对儿童的认识，对同伴团体的认识，对班级功能的认识，对规则、自由、民主、秩序的认识，对处罚的认识等等。如果教师对这些没有正确的理解，他就容易把班级失序的现象归咎于学生，而不是从自身治理班级的方式、班级人际关系的结构、班级环境和学生之间的互动去寻找原因。也就是说，他（她）是在很狭隘的视域里对问题及其性质作出判定的，由此导致班级问题愈加恶化。

在专业能力方面包括以下几种能力：敏锐的感知能力，即从学生各种外在的表现来理解其内在世界的能力；分析力，即对复杂情况进行辨别、作出判断的能力；沟通的能力，即应用何种性质、何种方式的沟通，是说服的还是启发和建议的，是语言的还是非语言的，是个别的还是团体的，都需要根据现实情况作出选择；教育机智，马克思·范梅南将之看成临场智慧，即一种在复杂而微妙的情境中迅速地、恰当地行动的能力等等。

在专业情意方面（专业情意是教师内在的心性和品质）可以列出一长串语词：热情的、愉悦的、自信的、敏感的、克制的、宽容的、充满生机的、耐心的、自我反省的、温情的、仁慈的、体恤的、信赖的……有了这些情意的投入，当引导班级生活顺利的时候，教师会体会到成就感，产生美好的体验；当出现困难的时候，教师愿意将之看成一种考验、一个暂时的情况，以积极的心态去应对。在一个有较高专业情意的教师那里，班级生活会构成他（她）个人生活不可缺少的部分，和学生相处的种种感受会作为个人的生命体验被加以珍视和回味，教育过程同时也成为个人生命的完整过程。

这几个方面也是有关联的，假如没有专业能力和专业识见，专业情意也就容易落空。假如没有专业情意的支撑，没有爱的投入，专业能力就容易退化为术数和技巧，专业知识也会成为一套冰冷空洞的理论堆积。当教师班级管理的专业化程度不够时，他自然会把民主地组织班级生活视为畏途，而诉诸一整套可控的操作策略，走向技术主义和威权主义。

原因之三，学校管理的科层制取向。班级管理不是孤立进行的，学校管理的理念、原则、风格和价值取向，直接作用于班级管理，双方可谓唇齿相依。“科层制”又称“官僚制”，是韦伯社会学的一个重要概念。它的主要特征是等级制、专门化、强调规章制度管理、非人格化和技术化倾向，即表现为一整套持续一致的程序化的命令—服从关系，下级接受上级的指挥，每一个岗位的权力和责任都有明确规定，排除私人情感因素，成员为非个人的组织和组织目标服务，其流动也不由上司的好恶来决定，成员的招聘和晋升依据专业技术资格，在管理的方法和途径上有一整套技术化的程序和手段。在科层制之下，社会和部门就像一架行政机器，每个人都是机器上的部件，通过行分内之事，使机器运转良好。科层制的普遍运用是由现代社会和个人对经济效益的需要来驱动的。在现代教育中，这种制度也被用于现代学校管理，一方面是满足政府管理学校的需要，如美国学者约翰·E. 丘伯和泰力·M. 默认为：“通过科层制管理，联邦官员就可以有策略地通过规定行为规范来削减学校行政人员的自主权，并且通过法律来加以保障。”[20] 另一方面，这也是提高学校工作效率的需要。“将学校彻底科层化是公立学校提高效率的既定策略。”[21]

当下中国的学校管理体制是一个十分复杂的问题，不能说完全是科层制的，有个别特征不是很典型，如非人格化。事实上，管理者私人情感因素驱动之下的权力滥用、家长制作风、主观随意也非常之多，这与科层制所强调的理性化、严格的专业管理意义上的非人格化是违背的。但在取向上，可以说是科层制的。学校行政系统的权力结构是自上而下的，强调等级性和从属性，下级对上级负责，命令—

服从关系明晰。比如，现行学校的行政架构一般是这样的：校长—副校长—教导主任、总务主任、政教主任、团委书记—年级主任。校长、中层领导者、教师和学生等构成一个垂直的制度化的组织体系，他们有明确的专业分工。学校组织内每一个职位的业务范围、岗位职责、工作程序以及学校系统内各科室的职责、科室与科室之间的关系，都有明确的规定。这是一种崇尚权威和工具理性的制度取向，它很好地保证了学校的运转效率，但同时也导致了严重的后果。在佐藤学那里，这种科层式的学校组织被称为“管理性经营体”。它一方面实现了管理控制，限制了教育实践的自由，另一方面也极大地弱化了教师的责任心和创造力。“对于拥有作为专家觉悟、拥有职业责任感的创造型教师来说，这是一种巨大障碍和制约体制，而对于缺乏专家意识和责任感的非创造型教师来说，这是一种极其可心的体制。”[22] 受科层制学校管理取向的制约，教师要负责的直接对象是年级主任，学生在这里是被作为学校管理的最末端来对待的。本来，班级管理是一个需要有复杂思维投入的、创造性地加以把握的领域，但当班级管理必然地成为学校管理的延伸和复制时，学校管理中的工具理性崇拜、整体划一、封闭和僵化、强制性的氛围，都会在班级管理中得以体现。在这其中，人被看做物，教师和学生机械被动地执行学校的规章制度。

原因之四，也是最重要的形成因素，就是应试教育和整个大的制度环境。应该说，技术主义和威权主义的班级管理模式，契合了应试教育下人们对教育功利化的需要，同时也满足了政治要素对教育控制和规约的需要。

对“应试教育”的研究已经不计其数，似乎很难也不必要给出一个准确的定义。它表述的是这样的一种教育：其终极目标是升学考试，而且常常是强调标准化答案的各种统一考试，分数是衡量和评价教育质量的唯一指标，是学校教育日常运转的中轴。这是一种功利化的教育，它也是人“物化”的集中表现。人们不是通过教育来促进自身的完善，而仅仅将教育作为拓宽自身物质生存根基的手段，在教育中，一切都与人的利益有关，政治的、经济的、社会地位的……处于教育场域中的所有人都卷入其中。从学生和父母一方来说，他们看重成绩，因为他们认为接受教育，目的就是考上大学来获取一份工作。对于学校一方来说，要靠成绩来拼名气，只有升学率提高了，学校的名气才能提升，才能获得更多优秀的生源和上级更多的拨款，以维持学校的运转，同时为教职员工提供更优化的生存条件。对于教师来说，很多学校的奖惩条例中，学生考分和教师奖金挂钩，以至于出现“为了得到奖金，教师鼓励学生作弊”的丑闻。对于一些教育行政部门来说，因为它们主管的学校升学率上来了，它们的教育政绩也就有了，此种政绩关系到教育官员的荣辱、升迁。整个教育陷入巨大的功利漩涡中。教育竞争仅仅意味着分数的竞争，毕业班拼的是升学率、考上名校的比率，中低年级拼的则是高分率。当然，这里的成绩不仅是各次常规模拟考试的成绩，也包括在学校、市（县）、区的各种比赛、联考中的成绩。虽然素质教育一直在倡导，但在实际中，这两类考试却有增无减。分数竞争惨烈的程度可以达到小数点后两位数。围绕分数而进行的教育必然漠视“人”的存在，在这里，学生的情绪、情感、思想、乐趣、渴望都显得微不足道，他们只是知识的容器，是教师和学校获得各项“荣誉”的工具。它不需要爱与智慧的投入，只需一整套管理技术，对学生的学习、生活等各个方面加以控制，使学生群体看起来像一个人那样行动，以此来提高所谓的效率。技术主义和威权主义的班级管理既构成了应试教育的表现，同时也是其必然结果。

应试教育的强大驱动力除了经世致用的文化特性、物化的时代风气之下人们对教育功用的狭隘理解之外，也与政治对教育的浸染和规约有关。在政治文明程度尚不高的情况下，政府对教育垄断的结果，是在师资准入、内容审核、质量评价等各个方面实现对教育的控制，以确保教育在意识形态灌输方面的成效。教育的应然目标和实然目标是割裂的，教育本应通过促进每个个体完整、自由、充分的发展，帮助每个受教育者创造属于自己的美好生活，而实际上却通过大量工具性人才的培养，退化为一种“统治术”。这时的教育倾向于蔑视个性、仇视反叛、贬低趣味、压制创造，人的精神空间、理性自主、尊严、发展的多重向度在这里都受到不同程度的压抑。

当教育成为政治的附庸时，整体的教育生态由此也可想而知。教育内容上直接的意识形态灌输、标准化的考试和量化的管理技术是三位一体的，借此批量生产出来的工具性人才，只是生理学意义上的人加上一技之长，他们缺乏独立人格，服从权威，不能作出独立的价值判断，在被规训的环境中有极强的生存耐力，社会责任感淡漠。国家功利主义和个人功利主义在应试教育中实现了聚合。以此再来看班级管理问题，就再清楚不过了，技术主义和威权主义的班级管理模式是政治文明水平发展不高的情况下教育规训化的表现，是由培养工具性人才这个实然的教育目标决定的。

教育领域中强劲地存在各种分类排序（如国家重点、省重点、市重点、片完中）以及各种评奖评优（如示范学校、窗口学校、文明学校、优秀班主任、优秀班干部、先进教育工作者）。这些由教育行政部门所主导的评价，也是这个体制之下教育规训化的一种表现。它们在现实中极为普遍，与其说是互相学习、借鉴的结果，倒不如说是源于手段和目标的契合。它所提供给人们的，从根本上讲，也只是一种生存条件。通过它们，学校和个人获得和准备获得各种政治的、经济的利益，在物质、地位、名誉等各个方面获取实惠。以此来看目前普遍存在的文明班级评选，就不难理解这样的现象：一个有着校级优秀班、省级优秀班称号的班级，班中的孩子们觉得，老师管得严、学得累，不喜欢班级的生活。[23] 因为当评判和奖励实际上成为一种规训的手段时，其标准必然与孩子真正的成长需要是脱节的。

从以上对班级管理的问题根源的深入探究可见，我们不能仅仅在教育领域之内谈班级生活的重建，一种对人怀有深深眷注的、关怀健全人格发育的班级生活的生成与中国整体教育面目的改观、整个社会精神品格的养成、公民社会的诞生，乃是同一个过程。

以上探讨了班级管理问题的根源，既有政治上的、经济上的，也有文化上的；有外部原因，也有内部原因。班级生活的面目受制于教育资源短缺、学校管理取向，也受制于应试教育和整个社会的功利性氛围以及政治对教育的浸染和规约。这些超出班级领域，甚至超出教育领域外的根源的存在，绝不意味着教育者对此就无需负责或者无能为力了，更不是说要等到这些致因都消失之后才能探讨班级生活的重建，相反，我们必须追问，教育者当下在教育改善及提升班级生活品质中的应为和能为。也就是说，面对种种复杂的情形，为了那种美好的班级生活，教师应该做些什么，能够做些什么。特别具体的方略，比如如何转化问题学生，如何开好一节班会等，在此暂且忽略，根据我们上面对问题的呈现和对原因的发掘，以下只做方法论层面的探讨。第一个原因在这里不做考虑，主要针对第二、第三、第四个原因。一方面旨在提高教师班级治理的专业水准，另一方面，我特别强调教师面对应试教育、功利主义文化、政治规制这些外力的挤压时，如何谋求自身生命状态的改观，没有教师作为教育者精神面貌的改变，对良好班级生活治理的追求很容易走向技巧和术数，甚至走回技术主义的老路，班级生活的重建也就失去了依托。

第一，阅读。提高班级治理的专业化水平，可以通过培训的方式。新课改以来，教师接受培训的机会也更多了，但培训毕竟不是一种常态的方式，而且因为培训本身存在的形式化、所授理论脱离现实、培训方式刻板等多种原因，效果上并不总能如愿。在这种情况下，阅读就显得极为重要。可以说，没有任何学习的方式能够替代教师的阅读。通过阅读，教师可以了解和掌握现代班级管理的专业知识和理论；进行权利、权力、自由、民主等现代政治哲学观念的自我启蒙，去除愚昧，培养教师的清明理性，以民主、科学、人性化的教育理念引领班级生活的走向。但我之所以将阅读作为班级生活重建的路径，并不仅基于以上的理由。我更看重阅读对教师整体生命状态的改观，对教师作为一个“人”的存在所起的积极作用，而这一点，对接近那种美好的班级生活尤其重要。作为一个“人”存在，就是有对自身精神本质的确认，这是一种生命“在场”的姿态，一种对存在意义不断问讯的趋向。只有教师首先成为一个人，他（她）才能以“热爱人、理解人、善于研究人”、合乎人的方式对待人。教师只有通过阅读，才能生发从教活动，包括班级管理所必需的人文底蕴，增进对人的理解，含蕴教育智慧。更重要的是，面对严峻逼仄的教育现实，面对那些看起来给人无尽无力感的庞然巨物，比如，政治权力对教育的延伸，学校整体取向的掣肘，这些构成了人内心信念的可靠源泉。刘铁芳认为，班级生活的重建“需要教师拿出勇气来，在自我觉醒的基础上，重视自己的内心生活和价值标准”，这实际上强调的，也是教师作为一个“人”的存在。

无论是教师的自我觉醒，还是内心生活的维持和价值标准的坚守，如果失去教师阅读的支撑，这一切几乎都是不可能的。在阅读中，我们更有希望不断地抵达，成为一个站立的人。无论在任何情势下，我们都愿意守护美好，无论那些把人贬低为动物和机器的做法多么普遍，我们也不麻木，我们以自己的方式尽可能地去抵制，给予儿童更多的理解、更多的同情、更多的体恤，总之，更多的爱。上述对阅读意义的分析也意味着，在书目的选择上，不能仅仅是那种技艺性的所谓兵法、大全等技术手册，不能仅仅着眼于主题为班级管理的书籍，作为一种提高班级治理水准的必要途径，阅读必需是包含教育学、文学、哲学，尤其是政治哲学在内的通识阅读。

第二，反思。关于反思，没有比杜威的理解更精彩的了。如果说班级治理也是一项需要严肃学习的事情，那么，我以为用杜威“反思”的概念来探讨重建班级生活也很适合。杜威认为，反思就是“识别我们所尝试的事和所发生的结果之间的关系”[24]。在他看来，人的一切都具有“试错”的性质，也就是先做一件事，失败了，再做另外一件，这样尝试下去，直到偶然成功了，我们在以后的过程中就运用这个方法。这里面，人也注意到了某一行动和某一结果之间的关联，但到底是怎样关联的，则没有发现，也就是说，这时的识别是很粗糙的，所获得的经验是比较原始的，充满了偶然性。但当我们详细地考察我们的活动和所发生结果之间的详细关联时，随着经验数量的上升，经验的价值随之提高，性质上也起了变化。这时的经验就变成了反省的经验，这个过程就是反思。杜威特别看重这种性质的经验，认为它能扩充我们的洞察力，使发生的事件被理解。如果注意到结果所依凭的条件，教师就可以设法提供这些条件。如果这些条件产生了不好的结果，他就可以想办法加以排除。杜威的这些理念能为我们提供提高教师班级治理专业化水准的有效的方法。

前面谈到教师专业化程度不高的表现时，曾提到杜威所说的两种行为方式，即“墨守成规”和“任性”。实际上，也就是静止地去理解事物，局限于单个具体的现象、以常规为裁判事物的标准，同时也受制于个人的情绪、情感。面对这种现象，反思的意义就凸显出来了。反思正是帮助人们从“任性”和“墨守成规”中解放出来，让教师的行动依据专业的理念和知识而不是习惯、常规甚至情绪化。它要做的是，“更广泛、更细致地观察正在发生的事情，然后从已经被注意到的东西中谨慎地选择那些因素，这些因素恰恰指向将要发生的事情”。需要指出，人们对“反思”这一概念普遍存在的误解。反思不是事情过后回过头来看，而是“在事物还不确定，或者可疑，或者有问题时发生的”[25]，因此它是“一个探究的过程”。经由这个探究的过程，教师班级治理的行动，才能从以往尝试错误的低级阶段中走出来，使对班级的治理上升到一个专业化的水平。

第三，表达（言说或写作）。这里的表达主要是以书面文字的形式，将教师关于班级生活的困惑、体验、观点等呈现出来的过程。当然，表达的对象也不一定局限于班级生活，因为班级生活与整体的教育生活根本无法分割。表达不是将每日班级生活的经历简单再现出来，而是一种“进入”的过程，进入到“问题”中，其指向在于未来，为了重建观念，更好地行动。表达的习惯有助于保持思维的活性，激发教师的问题意识，帮助教师捕捉班级生活中那些有意味的现象，使对教育生活的研究成为教师的生存方式和生命状态。表达的习惯不仅会使教师变得更敏感，也能使他更理性，在表达的过程中，混乱的思绪得以梳理。明晰的表达实际上也是一个对问题进行客观表述和分析的过程，有助于使班级管理工作超越经验层面，使经验得以提炼和升华。从这点来看，表达也可看做反思的一个环节，表达使反思更细致、更深入。

表达的意义还不止这些，表达也使教师从内心中汲取力量。当整个教育像一台巨大的机器一样运转时，在惯性、功利主义的应试氛围、政治文化等种种因素面前，每个人都像这台巨大机器上的一个“部件”，被卷入，被裹挟，感到无奈、无力及不存在。当教师成为沉默的大多数时，任何有关班级管理的变革都失去了可能性，因为教师和学生才是班级管理变革的真正主体。而有了表达，事情就不一样了，当教师带着热情、审慎、怀疑、感动、忧伤甚至愤怒去开始表达时，他就使自己从那种无足轻重的、可有可无的物性存在状态中出离了一点，由此不但可能获得方向感，而且也使内心积累的无奈、怨恨、沉重等负面的心理体验得到一定程度的缓解和稀释。

教师班级管理水平的提高离不开持续的教育思想启蒙，而深入的教育思想启蒙离不开教师的表达。通过表达，不同的班级管理观念之间进行论争和交锋，关于教育的真理在论证和交锋中变得鲜明。当然，新旧观念之间并不完全是你死我活、你对我错的截然对立的关系，新观念也可以汲取和涵容旧观念中的合理成分，而这种汲取和涵容，也只有诉诸一个讨论的过程才能完成，因而离不开教师的表达。表达的意义还在于，来自他者的倾听、对话不仅帮助他获得了对教育生活的全面理解，也会使他感到，在通往美好教育生活这条艰难的路上，他不再孤独——不要小看这种同道感，越是艰难的路，越需要人和人之间的相互支撑。金生鈜先生说过一句让我很感动的话：“那个地方一个人是到不了的，让我们一起走吧，让我们一起给子孙种树吧。”[26] 没有表达，精神的共契就难以被确认——所有这些都帮助他生发出前行的力量。网络的出现为教师的表达提供了绝好的机缘，教育博客在这方面的功能越来越得到发挥，这是需要引起教师注意并加以充分利用的。

第四，行动。关于行动，核心的理念是，活在当下，仰望明天，从小处做起。这首先意味着，教师对班级生活重建有清醒的意识。重建从来不是一下子做到的，试图一劳永逸地解决问题只是白日梦。虽然我们所针对的是班级生活，但正如前面分析的那样，问题的原因常常是在班级之外，有些因素的确不在教师个人的掌控之内。从这个意义上说，教师只能在他力所能及的范围内，谋求微小的改善。其次，行动的核心理念意味着教师对班级生活重建的信心。教育既受制于各种既有的境况，同时也是改善各种既有境况的希望，这意味着，教师关于班级管理的想法既不能天马行空，过于理想主义，同时又不能丧失信心，应该把美好的班级生活作为一种不可放弃的教育想象，使关于班级管理的行动都有理想之光的烛照，始终在理想与现实之间保持必要的张力和微妙的平衡。再次，提醒教师保持对班级生活重建的耐心。我们看到了美好的班级生活愿景，但是它的确离我们那么远，耐心是一种坚守，不因为遥远而放弃，纵使永远也达不到那个目标，但还是愿意继续“走在途中”。从点滴做起，经由这些微小的改善逐步提升班级生活的品质。

尽快地记住每个学生的名字，

和需要关爱的孩子进行一次敞开心扉的对话。

把教室布置得干净、美丽。

课间优雅地走在学生中间，对他们报以温柔的微笑。

不以恶意来猜测每一个孩子。

认真倾听孩子的说话，热情回应孩子的问候。

不忘将眼神投向边缘座位的孩子。

用一次有创意的班会，尽力地帮助一个迷途的孩子。

对儿童表现出的合作行为表示由衷的赞赏。

鼓励学生关于班级事务的热烈讨论，有意识地教授知识、方法和技能。

这样的事情，还可以有很多很多。我们尽力去做的时候，孩子的心中就多了一个美好的记忆。是不是可以这样说：作为教师，在班级中所做的一切，其实都是为了给孩子们留下美好的、难忘的记忆。美好而难忘的记忆，是生命内在的光源，即便前方会有寒冷和黑夜，只要有心中的光映照着，寒冷和黑暗就不再那么可怕。

【注释】

[1] 涂尔干著，陈光金、沈杰、朱谐汉译：《道德教育》，上海人民出版社，2001 年版，第 55 页。
[2] 蒙台梭利著，张建威、董大平译：《蒙台梭利育儿全书》，中国妇女出版社，2006 年版，第 224 页。
[3] 钟启泉：《班级管理论》，上海教育出版社，2001 年版，第 310 页。
[4] 此处“横向的”提法，是钟启泉先生在《班级管理论》中对健康班级形象的一个概括，本文后面的“纵向的”提法是其对不健康班级形象的概括。这里参照他的说法，特注明。
[5] 魏书生：《班主任工作漫谈》，漓江出版社，2005 年版，第 331 页。
[6] 魏书生：《班主任工作漫谈》，第 326—331 页。
[7] 魏书生：《班主任工作漫谈》，第 45 页。
[8] 蒙台梭利著，张建威、董大平译：《蒙台梭利育儿全书》，第 225 页。
[9] http://mypage.zhyww.cn/post/200510/72414.html
[10] http://www.shm.com.cn/newscenter/2010-04/20/content_2921747.htm
[11] 转引自顾肃：《自由主义的基本理念》，中央编译出版社，2003 年版，第 167 页。
[12] 详见刘铁芳：《魏书生：一个听话者的教育技术》，华东师范大学出版社，2003 年版。
[13] 魏书生：《班主任工作漫谈》，第 176 页。
[14] 徐贲：《通往尊严的公共生活》，新星出版社，2009 年版，第 281 页。
[15] 魏书生：《班主任工作漫谈》，第 10 页。
[16] http://blog.eduol.cn/group.asp?gid=348&pid=134235
[17] http://blog.eduol.cn/group.asp?gid=348&pid=134235
[18] 钟启泉：《班级管理论》，第 246 页。
[19] 杜威著，王承绪译：《民主主义与教育》，人民教育出版社，2001 年版，第 160 页。
[20] 约翰• E. 丘伯、泰力• M. 默著，蒋衡译:《政治、市场和学校》，教育科学出版社，2003 年版，第 43 页。
[21] 约翰• E. 丘伯、泰力• M. 默著，蒋衡译：《政治、市场和学校》，第 46 页。
[22] 佐藤学著，钟启泉译：《学习的快乐》，教育科学出版社，2004 年版，第 111 页。
[23] 刘铁芳、张婷：《该给孩子什么样的班级生活》，载《中国教育报》，2010 年 3 月 5 日。
[24] 杜威著，王承绪译：《民主主义与教育》，第 158 页。
[25] 杜威著，王承绪译：《民主主义与教育》，第 162 页。
[26] 金生鈜：《规训与教化》，教育科学出版社，2004 年版，第 376 页。

教育现场

都市田园课程：通向儿童的回家之路

——学校课程校本化开发与建设的思考与实践

李庆明
中央教育科学研究所南山附属学校校长

由于课程是实现学校教育目的的根本途径，在很大程度上决定着儿童发展的路向和命运，所以，从来就备受关注和重视。20世纪下半叶，国际基础教育又兴起新一轮的课程改革，中国作出了积极的回应，启动了全面涉及课程功能、课程结构、课程内容、课程实施、课程评价和课程政策等领域的“新课程”改革，南山区很幸运地成为第一批国家级基础教育课程改革实验区。我在2003年入主中央教育科学研究所南山附属学校（以下简称“央校”）前，曾应邀参加教育部基础教育课程改革重大决策研究，参与研制过《基础教育课程改革纲要》、《教育部地方课程管理指南》等重要文件。期间，还参与过一位课程论专家领衔的《教育部学校课程管理指南》文件研制的部分讨论，但未知什么原因，这份文件没有出台。在我看来，这份文件对于一个刚刚推行三级课程管理政策的国家的众多学校来说，也许具有更为实际的指导意义。原因很简单，学校才是真正发生教育的地方，只有在这里，真正现实意义上的课程才会产生。学校课程管理是三级课程管理体系中的具体而现实的形态，因此，学校无疑是课程开发与管理最重要的主体，学校课程管理是学校管理带有全局性、统领性的核心工作。新一轮课程改革提出了三级课程管理政策，给学校开展“基于学校”或“校本”的“草根型”课程开发与管理提供了合法性依据，创造了极大的空间。学校课程管理，在我看来，绝不限于和国家课程、地方课程相对而言的那部分所谓“校本课程”（我们称为“校定课程”）的开发和管理，而应当立足学校情境，对全部在学校实施的课程，包括国家课程、地方课程和校定课程，进行全方位的“校本化”开发与管理。只有这样，才能充分发挥广大教师在课程开发和管理中的积极性、主动性和创造性，保障基础教育课程的有效落实，增强课程对学校及学生的适应性，推进适应时代要求、具有学校特色的课程体系的建设，提高学校教育的整体水平。

从这个意义上讲，教育部没有出台指导学校课程管理的文件也许不是什么憾事，它反而为学校根据自身的实际思考课程管理提供了广阔的空间。于是，2003 年我起草了一份《为了学生、教师和学校的共同发展——学校课程建设和管理纲要》，在张华、成尚荣、刘旭东、彭刚等专家的指导下数易其稿，并在学校教职工代表大会上获得通过。以此为引领，我们根据“建设文化学校、自主学校、智能学校、都市田园学校”的学校发展战略，全力推进学校课程的建设，构建独具特色的校本化课程体系。我们依据马克思关于人的全面发展的学说设计与开发学校课程，吸取国内外课程改革的先进理念和经验，结合我校办学实际，建立了在上级教育行政部门指导下的，由学校，尤其是广大教师、社区和家庭广泛参与的学校课程建设和管理机制，致力于开发与构建将儿童、知识和社会融为一体的打通国家课程、地方课程和校本课程的板块结合方式，促进三类课程实现富有个性和特色的融合的、以文化为本位的、体现都市田园教育理念的统整化、个性化特征的文化课程模式，创造性地开发了学科文化课程、主题文化课程、阅读文化课程和学院文化课程，有效克服传统课程普遍存在的消解儿童、疏离教师、钳制学校的缺陷，让学校课程真正走进儿童，走进教师，走进学校，实现儿童、教师和学校的共同发展！

一、“都市田园”理念：为学校课程注入活的灵魂

（一）“都市田园”作为一种教育哲学主张

任何成功的课程改革都有深刻的文化价值支撑。这种价值支撑的核心实际上就是学校精神哲学的建立，哲学为学校课程灌注了一种积极的精神生命，成为所有员工共同而恒久的价值引领、信念向导、终极关怀和智慧追求。从这个意义上可以说，学校课程的改革，从根本而言，是学校哲学的改革。

哲学是“爱智”，是“闻道”，是“文明的活的灵魂”。它是直探心灵堂奥的生命智慧，是人得以安身立命的精神家园。缺失了“活的灵魂”的教育必然会将儿童，同时也将教师自身带入一个他们倍感陌生、抽象、片面和异已的地带。学校课程需要哲学的秘密正在于此。所以，我们的课程改革从奠筑共同的精神基石入手，呼唤教育的精神追求和皈依，反对任何形式的精神奴役，拒斥心为物役的精神扭曲，以富于最高价值指向的文化精神为引领，崇尚扎根于心灵深处的对自由、高卓、尊严、

纯真、圣爱和诗意的精神祈望与眷注，以使教育者从教育的表层领域超拔出来，进入虚静灵动的智慧境界，表现出超然物外、高瞻远瞩和得风气之先的精神气质，建构积淀厚重、情理交融、充满活力、风貌独特的学校课程文化，为学生、教师和学校的长久发展打下坚实的精神底蕴。为此，我们选择了“都市田园”的教育哲学理念。

“都市田园”的教育哲学是回眸传统、立足现代、面向未来的一个战略选择，是对新兴都市文化发展走向对都市儿童教育诉求的一种积极回应。我在经历10多年乡村和城市教育实验的基础上，考察和梳理了田园文化思想的历史脉络，综合中国的传统哲学中的田园思想、现象学关于“回到生活世界”的观念[1]、后现代主义的“怀乡”理论[2]、当代深层生态哲学有关人类回归自然进入生态生活的见解[3]，尤其是根据马克思有关“共产主义，作为完成了的自然主义，等于人本主义，而作为完成了的人本主义，等于自然主义”以及自然的人化和人的自然化的伟大哲学思想[4]，提出了田园教育哲学的主张。我认为，田园哲学思想有着深刻的新自然主义背景。但这种自然主义不同于卢梭刻意与文明社会对立的自然主义，不同于机械论强调外在自然环境决定社会历史进程的自然主义，不同于实证主义意义上的自然主义，也不同于各种新旧生态学意义上的自然主义（包括所谓的“生态学马克思主义”），而是一种融合了人类学和历史辩证法的自然主义。“田园社会，田园生活，从根本的意义上讲，就是这样一种涉及外在自然、社会、精神文化等全部领域的新自然主义生活。”“田园世界实际上就是马克思所说的‘人化的自然’，栖居于田园世界中的人就是‘自然化的人’！在这个田园的生活世界中，人显得和谐而不混沌，宁静而不死寂，淡泊而不冷漠，自然而不蛮野，适意而有憧憬，简朴而有韵致，温情而有理性，诗意而有智慧，如此等等。”都市田园教育就是基于这一人生哲学和人性哲学思考提出的全新教育理念。[5]

我们学校的都市田园课程是一种基于自由、开放、和谐的现代都市文化情境的新课程。它以“有教无类，出类拔萃”为宗旨，以“欲仁爱智，返璞归真”为校训，最大限度地利用现代文明成果，努力挖掘新型都市文化资源和优势，创造性地继承我国优秀的教育文化传统，建构开放而具有丰富文化内涵的课程模式，全力打造有活力、有德性、有内涵、有情趣、有气质的“都市文化人”。其基本理念是：

第一，释放自然天性。如蒙台梭利所说：“儿童自身隐藏着一种生气勃勃的秘密。”都市田园课程主张重新认识儿童，发现儿童。它坚信，儿童作为人，是亿万年生命演化的最伟大的成果，是自然进化阶梯上的最高存在物，在儿童的自然机体中蕴藏着极为丰富的“天性”、自然禀赋或潜能，它就是马克思所说的“自身的自然中沉睡着的潜力”。儿童的“自然天性”并不是人们想象的只是由一些需要我们改变的荒蛮野性构成的，而是富有的、灵动的、期待成为现实的。都市田园课程为释放、激活、唤醒这些禀赋和潜能创造适宜的条件，促进儿童全面人格、自由个性、感性生命以及主体性、创造性的真正“解放”。

第二，体验人间温情。都市田园课程认为，物化社会的缺陷、转型时代的失范、理性教育的偏颇以及应试教育的弊害所造成的人的情感世界的贬损与荒芜十分惊人，过度的理性化课程导致了另一种意义上的“儿童之死”。我们痛切地感受到孩子感触、感觉、感受、感动、感悟的迟滞，它充分证明了理性之刻板、冷漠、二元化等弊疾。情感教育比以往任何时候都显得无比迫切和重要。田园课程呼唤人间温情的回归与重建，希望通过充满情感内涵和色调的课程，培育儿童的生存情感、理智情感、审美情感、道德情感，为儿童缔结一根连缀情感与环境、情感与认知、情感与理性、情感与意志、情感与语言等的纽带，总之，是情感与生活世界所有方面的纽带，找回人类丢弃的诗意栖居、温情脉脉的心灵家园。

第三，回归真实生活。都市田园课程认为，真实生活是儿童精神世界的诞生地，是儿童生命力量得到滋养和壮大的沃壤，是儿童人格发展取之不尽、用之不竭的源泉。传统教育却以教育是未来的“准备”为价值取向，割裂了教育与儿童生活、自然生活以及社会生活的联系，闭门造车，孤芳自赏，为令人窒息的阴霾所笼罩。学生面对的是狭小的课堂、枯燥的概念、僵死的符号。现代技术，尤其是信息技术，似乎把儿童从狭小的境域中解放出来，但过早进入虚拟世界，同样割断了儿童与活生生的真实生活的联系，从而撕裂了他们完整而圆融的生命世界。因此，都市田园课程主张以“适应生存，丰富生活，健全生命，自由生长”为目标，回到被遗忘和遮蔽的、充满诗意的感性光辉的生活世界，回到让每个儿童自由栖居并且全部身心都在其上蓬勃生长的大地，回到生命意义和价值得以彰显的澄明之境。即使是课堂，都市田园课程也主张对它进行改造，促进学校，特别是课堂和真实生活相融通，以使儿童即使置身于校园和课堂，也会感受到世界的广阔，感受到所学知识与生活世界的息息相通，感受到生活世界的真实。

第四，提升生存智慧。都市田园课程认为，比知识、智力更重要的是智慧。智慧，包括直觉的智慧、艺术的智慧、创造的智慧等，既是本原性的，又是超越性的。儿童身上天然蕴藏并不时迸发出最鲜活、最富有灵性的智慧火花，它犹如生命之初正在发芽的种子，企盼萌发，期待破土而出。课程的使命就是要为智慧的增长培育土壤，提供支撑，就是要创造一种更自由开放的课程情境，呵护、激活、生成儿童的天然智慧，与此同时，又通过必要的训练、精明的洞察、严格的控制、细心的检查和深刻的检讨，培养、提炼、升华更复杂、更高超、更自由的智慧。我们相信，智慧的种子一旦在丰饶肥沃的土壤中破土而出，就会不断超越自己，个体的全部生命力量就会日益壮大起来，在它的牵引下，儿童的思维品质、审美情趣、社会品质以及扎实的知识和能力的基础必然会得到全面和谐的发展。

第五，建造精神家园。都市田园课程认为，汲汲于现代化、工具化、理性化、城市化、成人化的现代教育，尤其是都市教育，背离自己的精神家园远矣。精神家园的失落带来的是精神世界的浮躁、迷误、幽暗甚至荒芜，它教出来的孩子可能是一些有知识没灵魂、有技艺没根底、有智力没情怀的"怪物"。因此，我们提出了基于田园哲学思考、体现田园文化价值终极追求的校训："欲仁爱智，返璞归真。""仁"、"智"、"璞"、"真"拾级而上，渐入至境，其最高的目标就是审美人生经验的获得。"返璞归真"的"真"是"任真自得"的心灵和谐与自由，亦即审美人格的解放。都市田园教育课程是一种追求心灵升华而又无处不在的审美教育。它企盼通过以美发辞、以美启智、以美怡情、以美育德、以美健体的教育，令精神增益，人格升华，心灵自由，进而实现西方自康德、席勒以来，中国自蔡元培以来，绵延多少年代的希冀通过审美促进人格全面生成的梦想。

央校老师通过坚持不懈的扎根课堂、扎根实践的努力和探索，逐渐理解、体会、领悟、践行、充实、丰富并日益坚定都市田园的教育理念。如今，在央校，绿色葳蕤的校园环境，活力四射的学科教学，琳琅满目、意趣盎然的主题活动，彰显"诗、史、思"内涵的阅读生态，生意盎然、个性灵动的学院文化……处处努力彰显都市田园文化的精神，"身处都市，心向田园"成为央校每个师生的深切感受。《南方日报》、《人民日报》、《科技日报》、《深圳商报》、《深圳特区报》等媒体，先后对都市田园教育的理念及其引领的课程改革进行了报道，都市田园教育理念和实践探索受到越来越广泛的关注。[6] 著名教育学家朱小蔓在我进行乡村田园教育试验的时候，就曾做过这样的评价："我肯定他追求的不再是中世纪的田园，也不再是18世纪凯兴斯泰勒提倡的那个田园，也不是陶行知和晏阳初时代想象的那个田园。我想庆明好像还不是意欲回到那个田园。其实从他这种东西里面折射出来的是他对现代教育是一个不完整的教育的谴责和抗争，本质上是想追求一个完整的教育，想追求学校教育培养完整的人。"[7] 这同样适合都市田园教育，可谓深中肯綮。

（二）"都市田园"作为一种课程价值取向

任何课程模式都有自己的设计取向，它反映了设计者的课程思想、课程所依据的哲学观、心理学基础及方法论，体现了相应的原则、规范，表现出特定的类型。

比较有影响的课程模式主要有三种：一是以知识为中心的课程，二是以儿童为中心的课程，三是以社会（生活）为中心的课程。它们在课程如何处理和平衡儿童、知识和社会三者的关系上，各有侧重，体现了对课程开发维度的不同认知。

“课程开发维度”是杜威在《我的教育信条》、《学校与社会》、《儿童与课程》等著作中提出的一个课程设计的重要概念，它提示课程设计者，任何课程的开发与建构都离不开对儿童、知识和社会这三个课程开发维度以及其关系的认识。

学科中心课程关注的主要是“知识”维度。它主张按照同质的知识体系，由一系列相对独立的科目组织课程。传统的课程多为这种学科中心课程。长期以来，这种课程在我们的学校一直享有至尊的地位。它专注于学科基本概念的独立自足性和内在完整性，高度重视学科知识在对学生发展中的基础作用。但大量事实表明，学科知识尽管必不可少且十分重要，但它并不能决定，也无法带来人的全面成长。由于过分强调学科知识的基础性和系统性，学科中心取向的课程越来越暴露出脱离社会现实和儿童生活的狭隘性与封闭性，它受到挑战和责难是理所当然的。为了克服它的弊端，儿童中心课程论和问题中心课程论提出了各自的课程设计理念。

儿童中心课程（也称“学习者中心课程”、“经验本位课程”、“活动课程”等）赋予“儿童”这一课程开发维度高度的关注，它主张从儿童的兴趣和经验出发，以儿童的活动为中心，为改造儿童的经验去设计课程。杜威认为，学校课程的重点应当是真切而广泛地亲近熟悉典型的情境，以求掌握处理经验中各项问题的方法，而不是要积聚许多现成的知识，课程不应以学科知识为中心，而应以儿童的活动为中心，以使儿童“从做中学”。

问题中心课程则主张以“社会”为课程开发的焦点，从社会生活实际出发来设计课程。它关注的是那些与儿童生活和社会实际有密切关系的知识。问题既可以着眼于学习者当前的生活，尽量符合他们的兴趣和需要，也可以着眼于学习者未来的生活和社会的需求，由教育者根据社会的需求来设计、编制课程，以使学生将来能适应社会的需要，有效地解决当代社会日益严重的社会问题，如种族、污染、战争、沙漠化、失业、恐怖活动、人口控制、通货膨胀等。

以上三类课程设计模式各有长短。随着时代的发展、教育改革的深入，出现了一种致力于学科、儿童和社会在课程中的统一、以“情境”为中心的课程设计理论。英国的丹尼斯·劳顿（Denis Lauton）是其代表。他试图吸取学科中心、儿童中心和问题中心课程的长处，主张课程要有利于发展儿童的自主能力，使他们学会适应步入社会后所面临的各种情境。劳顿认为，课程既要求儿童获得多种必要的学科知识，也要帮助学生获得自身的生命价值，使儿童在适应社会环境的同时，对不断变化的社会环境施加影响而不受它的支配。劳顿把自己所主张的课程模式称为“情境中心论”[8]。我国著名儿童教育家也提出了具有中国特色的“情境课程”主张。与劳顿一样，李吉林明确反对课程设计固执于“某一派的学说”，同时也排除了“简单地把几种不同类型的课程加以凑合”的可能性。因为凑合根本无助于教育产生真正的整体功效。李吉林认为，课程设计与开发应致力于教育要素的沟通、协调和有机综合。情境课程的开发“将学科课程、活动课程与优化的情境融成一个有机的、统一的整体，克服了单纯学科课程存在的重讲、轻练，重知识、轻能力，因而缺乏操作而削弱应用性的弊端；同时也在一定程度上弥补了学科活动课程往往容易陷入知识无系统状态的缺陷”[9]。情境课程的主张在一定程度上反映了当代课程改革的走向。

都市田园课程也赞同情境中心课程协调儿童、知识和社会，努力促进它们有机统一的主张，但认为“情境”应当包含一个价值认定，这个价值认定人言言殊，我们则赋予“情境”以“都市田园”的价值内涵。都市田园课程也可以说是一种特殊的情境课程，它依据马克思关于人在主体活动与客观环境的相互作用、和谐统一中获得全面发展的学说，吸取国际上各种先进的课程理念，更加全面、辩证地把握知识、儿童和社会的内涵及其关系，努力把三者统合在学校的文化情境——都市田园情境之中，以确保课程在为学生提供终身学习必备的基础知识和技能的同时，更有效地促进学生素质的全面发展。

以下对都市田园课程开发维度的几个要素进行简要的分析：

第一，儿童维度。多少年来，传统教育出于对儿童的令人震惊的偏见，借口儿童的无知、不成熟，抹杀了他们在教育和课程中的合法地位和应当享有的尊重。以往课程开发的焦点在教师、社会、学科需要儿童学习的那些东西上，在人们感兴趣的任何地方，唯独不在儿童自身的内在需要上。因而，课程的开发与实施是疏远儿童、排斥儿童，甚至扼杀儿童的。其实，儿童的美好天性和巨大潜能应当是课程开发的起点和归宿。我们需要重新认识儿童，探寻隐藏在儿童身上的秘密。

如前所说，每一个大脑健全的孩子都蕴藏着极为丰富的甚至无法估量的潜在智慧，是人自身的自然中“沉睡着的力量”，那是儿童自我成长过程中取之不尽的自然资源。都市田园课程充分利用儿童身心的这些特点，不失时机地从中挖掘课程的这一宝贵自然资源，潜心启迪智慧，充分激活潜能。不仅如此，在都市田园文化情境中有效激活的儿童潜能，在持续不断的发展过程中，不断转化为日益增长的个体经验，不断促进其生命力量的壮大。这些不断增长的经验和生命力量，同样成为推动儿童发展的内在动力。这样，都市课程的开发不仅激活儿童身心结构中的自然资源，而且充分利用他们的经验资源实现重组和改造，创生出更有成长价值的课程经验。总之，儿童置身于不断优化的都市田园文化情境中，并与之相互作用，在充满张力的、自由的生命活动中，在自我与社会、文化相互碰撞所产生的沸腾状态中，儿童的内在需要被激起，生命冲动被诱发，心智潜能被释放，迸发出灿烂的生命灵光，他的自然禀赋、自我意识、自主品质、自由人格得以展现和提升。因此，都市田园课程就是走进儿童世界、解放儿童世界的课程。

第二，知识维度。传统教育把学校和课堂看做传授间接经验的场所。它所设计和开发的课程是建立在一种工具化、学科化、符号化和理性化知识观的基础之上的。这样的课程知识不仅与活生生的儿童生命经验相脱节，而且与活生生的社会生活世界相分离。它虽然是完整而系统的，但同时却是封闭而死寂的。蜷缩在这样的知识体系中，儿童触摸不到生活的脉搏，倾听不到自己的声音，找不到回家的道路，他感受到的是归属感的挫折、原创力的退化、审美感的萎缩、自主性的禁锢和精神生命的异化。正因为如此，它自我夸耀的完整性、系统性、普遍性、客观性等，对于成长中的儿童来说，也就完全失去了意义和价值。

都市田园课程观认为，首先，任何知识都是情境性的，即任何知识都是存在于一定的时空、境域、理论范式、价值体系、语言符号等文化因素之中的，任何知识不仅仅是由其本身的陈述来表达的，更是由其所处的整个意义系统来表达的，离开了特定的文化情境，既不存在任何知识，也不存在任何认识主体和认识行为。传统课程与教学常常试图传授固定不变、定义完善的独立存在物的抽象概念，并且通过范例来帮助学习者理解这些概念，但是，这样的范例无法提供对文化和该文化成员的真实活动的洞察条件。如果课程和教学能使学生像学徒那样进入某一真实或逼真的从业者的文化情境，从事使用工具的学习，这样的学习才可能是有效的。进入某一文化情境，学习者会有意无意地接受这一文化共同体的行为和信念。这种文化情境的影响往往是隐蔽的，学习者的学习往往也是非正式的，但由于是生机勃勃的真实情境和真实活动，学习者即使不依靠课本中的范例和说明性解释，仍能成功地感受和接受它们，从而完成对某一共同体的文化适应。

当代情境认知理论认为，人们所熟悉的东西，或者说，人们的文化适应，不一定是外部教学的结果，而是某一文化情境的产物。知识被设想为个人与环境之间独特关系的动态的副产品，而学习则是个人与知识自然嵌入其中的情境发生交互作用的一种自然的副产品。建立在情境认知理论基础上的建构主义课程观是一种基于真实情境和复杂问题的解决的课程设计观。它反对那种将思维技能训练和丰富的内容背景相分离的课程设计，也反对那种只重视知识内容传授的课程设计，强调用情节真实复杂的故事呈现问题，营造解决问题的环境，以帮助学生在解决问题的过程中活化知识，变事实性的知识为解决问题的工具。它主张用产生于真实背景中的问题启动学生的思维，拓展学生的创新和实践空间，鼓励学生从事基于案例的学习、基于解决问题的学习、基于项目的学习，从而在利用知识作为解决问题的工具的过程中增强理解“为何”、“何时”、“何处”、“如何”、“何人”等新的知识类型的能力，而这些难以编码的知识类型正是信息时代和知识经济社会进行知识创新所必需的。[10]

其次，我们认为，儿童成长过程中所获得的知识更离不开优化的文化情境，因为在儿童时代，个体与其所生活于其中的现实世界还没有发生主体与客体、思维与存在的对峙。与此同时，儿童世界自身的各个发展要素，如身与心、感性与理性、情感与认知、意识与无意识等，也没有发生成人意义上的分离。所以，儿童习得的知识应当是圆融的、综合的、统整的、充满生命情趣和意味的，而不应当过于强调学科的独立自足性；应当是充满了文化关涉、价值关怀的，即与一定的境域文化（如民族文化、地方文化、学校文化、日常文化等），特别是儿童文化等所体现的情感指向、行为习惯、话语方式等相关联的，而不单纯是一些事实性、工具性、逻辑性的概念、范畴、规则的陈述；应当是体验性、建构性、生成性的，而不是静止地、现成地、外在地呈现在儿童面前并提供给儿童的；应当是人格化、个性化的，而不是片面地强调知识的权威性、绝对性、标准的客观性和所谓的“普遍适用性”。它尊重个人的身心差异，反映个人的兴趣爱好，关注个人的自我知识，鼓励儿童以独特的方式参与到课程知识和文化的创造中来。基于这些认识，我们鼓励教师在教育教学过程中创设具有都市田园特质的文化情境，使儿童的任何学科知识的习得都充满人文气息。

第三，社会维度。传统的学校教育错误地理解了课程与社会的关系，认为课程主要是一种概念化的知识体系，它通过知识的媒介来折射一定的社会需求，并且这种社会需求与儿童生活不存在现实的和内在的联系。课程仅仅是为儿童的未来生活服务和准备的，或者仅仅是反映成人社会的需求，甚至仅仅是体现国家意志的工具，因而，这样的课程在本质上是与现实社会生活相脱离的。一定的社会需求虽然通过符号化的教材知识，特别是教师的教育教学传递给儿童，使儿童通过课程的学习与社会发生某种程度的联系，但这种联系却是抽象的、外在的，甚至让儿童感到格格不入。换言之，在传统课程中，儿童被束缚在狭小的课堂和书本知识的世界里，感受不到生活世界充满诗意光辉的微笑，但同时却又真真切切地体验到一种陌生的社会意志的压力。当这种社会意志以一种灌输或命令的方式强加给儿童时，它对儿童来说，就会成为异己的，甚至是敌对的东西。

都市田园课程观认为，社会生活本身就是活生生的课程资源，课程应当回归真实的生活世界，与生活融通、对话。都市田园课程理想中的社会生活世界，首先是经过人为优化的，是充满了生命光彩的感性世界，在这个世界里，人的感性生命力量、儿童的自由直观（认识）、自由意志（德性）和自由感受（审美）等，都在其中得到显现和证明。这样一个感性的世界具有“奠基”的性质，包括科学在内的人的全部生活都是在它的基础上发生和建立起来的。其次，它是与人的自由自觉的生命活动相一致的，而不是外在于人、使人屈从的，更不是与人的自由本性相敌对的。人通过这样的活动创造了自己的社会生活，同时又享受它给人带来的福祉和快乐。在这样的社会生活境域中，人与人通过平等的交往形成了和谐的“交互主体”的关系，并由此生成人的健全的社会性。总之，人通过活动，在人与自然、人与人之间缔结了一种亲切、和谐、快乐的情感纽带关系，而不是简单机械的依附关系、工具关系。再次，它还是一个与人自身存在的目的、价值和意义休戚相关的世界，而不是科学所面对或解释的那个冷冰冰的客观世界。从课程的意义上讲，这样的生活世界也是一种特殊的、由他人“书写”的“教材”或“文本”，其中蕴藏着“书写者”的灵魂和他想表达的愿望、情感和意义。即使是看上去与人无关的自然现象、看上去早已毫无价值的日常物品或断壁残垣，都因为与人发生过特殊的联系，或者因为是人造的产品，记录着人的思想、观念、情感、审美趣味等等，而仿佛对人们倾诉着往事和心声，给人们以种种智慧的启迪。阅读这样的“教材”或“文本”，就是走进历史、文化的进程或情境之中，走进“他人”，即这些教材或文本的“书写者”的精神世界之中，与之进行心灵的对话和沟通，从而揭示、感悟生活（包括自然）对于人的价值和意义。

从以上的分析中不难看出，都市田园课程开发的三个维度是既相互独立又相互关联的，它们都有机统一在都市田园这一特定的文化情境之中，我们希望并致力于在都市田园文化情境中实现儿童的自我实现、知识的生成建构和社会（生活）的意义显现。也就是说，在都市田园文化情境中，儿童与知识、儿童与社会以及知识与社会之间的分离和对立消失了，因而，儿童中心课程、学科知识中心课程和社会中心课程的分离和对立也消失了，它促进了“儿童”、“知识”和“社会”的有机整合。

二、扎根：确立课程开发的新取向

我用“扎根”来形容我们倡导的“基于学校”或“校本化”的草根式课程设计或决策取向。

（一）反思与前瞻：校本化课程建设是一个值得重视的走向

随着近现代政治文化的不断发展，每个国家都形成了自己独特的制度文化传统，其课程行政体制也与之相应地建立并定型。我们现在所了解的两种极端的课程决策类型，即所谓的“行政型”、“草根型”，便是与一定的政治体制相照应的。“行政型”课程决策的权力主体是国家权力机构，它采用的是一种自上而下的决策模式，由中央教育行政部门决定或修定课程。“草根型”课程决策的权力主体则是各地的教师团体或地方教育机关，它采用的是由下而上的方式来决定或改变课程的。英国和美国的课程决策模式属于“草根型”，德国、法国、日本的课程决策模式则大体上是居于“行政型”和“草根型”之间的中间型或混合型。

越来越多的迹象表明，课程决策主体正随着国家与社会的民主化进程的加速而呈现出多元化的态势。在第一次世界大战后，（课程决策）权威的基础扩大了。学科的修订，从对旧课程的修补到建立全新的课程，群众和专家都来参加讨论。很多委员会负责大面积的修订工作，其成员也要求群众代表和教师代表参加讨论。[11] 在民主化程度较高的国家，课程决策的权力多元化得到了较早的重视和较好的体现。特别是在 20 世纪 70 年代至 80 年代，民主国家在经历了集权制课程决策与实验的挫折后，更为重视学校教师、学生广泛参与的课程（即校本课程）的开发与建设。即使是在中央集权制的国家，伴随着政治、教育民主化的进程，课程决策的多元化也被提到了议事日程，如新加坡、俄罗斯都开始高度重视课程决策权力的下放。我国在 20 世纪 90 年代后期，试行国家、地方和学校三级课程管理制度。例如，1996 年，原国家教委颁布的《全日制普通高级中学课程计划》规定，学校可以“合理设置本学校的任选课和活动课”这一部分占周总课时的 20％至 25％。2000 年，教育部基础教育司又在此基础上规定，地方和学校安排的选修课占周课时累计数的 10.8％至 18.6％，同时学校还需要承担开发占 8.8％的“综合实践活动”的课程。从而在原则上认同了学校和教师在课程决策中的权力。[12] 新一轮的基础教育课程改革更释放了学校参与课程开发与决策的空间。课程决策的民主化已形成一种很难扭转的态势。

目前，关于课程决策主体的分析日渐增多，它反映了决策主体多元化、多层化的事实。例如，M. 柯斯特和 D. 沃克在《课程决策的分析》中就指出，影响学校的课程决策的各个因素是极为复杂的。“它包括三级政府和无数的私人组织的基金会、甄别协会、国家测试机构、教科书软件公司以及各种利益团体。而且，在某个特定的地方学校系统内，影响因素包括教师、部门负责人、助理教学督学和学校委员会。贯穿各级政府的，并且无时不在起作用的是各方面的知名人士、评论家、利益集团以及用大众媒介传播其课程观的新闻记者。”[13]课程专家乔治·比切姆认为，至少有四类人员参加过课程决策：（1）专业人员；（2）团体代表，包含专业人士和一些任课教师；（3）专职人员；（4）所有专职人员加上非专业的市民代表。近几年，又增加了第五类人员，就是学生。[14]伊斯纳认为，有五种团体从事课程的决策：（1）教师；（2）地方学区；（3）州教育厅的人员或州学校官员赞助下的委员会；（4）大学的研究发展中心和区域教育实验室；（5）出版界的发行人。[15]美国学者古德莱德区分了四种水平的课程决策：（1）个人经验层次的决策（学习者本人对课程内容或学习经验所作出的决定）；（2）教学层次的决策（教师所做的关于教学层面的决策，如科研内容的重点、难点及进度等）；（3）机构层次的决策（由学校及地方教育当局所做的关于课程内容及实施顺序的决策）；（4）社会层次的决策（由各种管理机构，包括联邦政府、州或地方政府以及审批机关所做的有关教育制度的类型、证书及考试制度、课程研制总体指导思想的决策等）。[16]我国正在建构的国家、地方和学校分级课程管理体制，认可了不同层级上的课程决策主体。所有这些分析，尽管角度不同，且存有差异与歧见，但它至少表明，课程决策的权利主体的一元化传统和自上而下的决策体系已经被打破，取而代之的是一种多元化、自下而上的民主决策机制。这是一个历史性的跃迁和进步。

中国曾长时期奉行“行政型”的课程政策，形成“上定下行”的课程研制体制，在一个权力按自上而下的方向运作的、科层化的社会组织中，课程开发一直是国家独享其权力的一个领域，教师拥有的权力是很小的，因而也是很少问津的。它基本上剥夺了广大教师与学生及其他利益主体参与课程决策、开发和编制的机会与权力。课程决策的集权主义模式，对我国的教育已经产生了十分严重的影响。由于自上而下的决策体制无视鲜活的教育教学实践，无视学校生活的具体实际，无视学生身心发展的内在需要，刻板、划一、毫无张力和弹性的标准化课程与十分恶劣的统一考试制度结伴而行，严重挫伤了教师对课程的创造性开发的热情，教学过程成为一种低水平的认识与技能训练，遏制了学生个性的全面发展和自我实现。目前，我国正在试图改变教师远离课程开发和创生的格局。新一轮课程改革提出了新的课程政策，倡导并鼓励学校、教师参与课程的开发与管理。为此，中国教师面临着一次史无前例的角色转换，他们必须由课程的忠实执行者转变成为课程的积极开发者。但参与课程开发要成为学校和广大教师的一种“文化自觉”，尚需一个过程。

（二）课程的校本开发的几个支撑性理念

教师卷入课程的开发，特别是在教育教学情境中进行课程的创造性开发或课程创生，在国际基础教育界早已蔚然成风。至少有这样几种主张、观念或实践，支持着学校和教师的课程开发行为。

第一，课程创生的主张。这种观念认为，真正的课程是教师与学生联合创造的课程经验。课程实施本质上是在具体的教育情境中创生新的教育经验的过程，而既有的课程计划只是提供了经验创造的工具而已。课程创生视野中的课程是情境化、经验化、人格化（个性化）的。它的实施不再是传统意义上的忠实执行课程计划、指导学生“按图索骥”的过程，而是一个真正的创造过程，教师不再是课程的忠实执行者，而是课程的积极开发者。[17]

第二，课程变革的情境观念。美国学者 C. 帕里斯（C.Paris）认同课程创生观念，并在此基础上提出了课程变革的情境观念。他认为，课程知识包括情境知识，这些知识是教师在教学实践中创造的。对教师而言，创造课程所需要的技能、才能和知识，都是情境性、具体化的。教师应通过课堂探究、与同事的讨论等途径来创造课程。他的研究表明，教师作为课程知识和课程变革的创造者而非接受者是可能的。[18]

第三，校本课程开发（简称 SBCD）的运动。校本课程开发是 20 世纪 70 年代兴起的课程变革运动。它反对课程决策和开发中的集权制模式，主张课程权利分享，增强教师在课程决策和开发中的自主性和创造性，以满足和适应学生对课程的特殊需要。[19]

第四，对运作课程的重视。美国著名的课程论专家 J. 古德莱德（J.Goodlad）认为，真正的课程发生在教师与学生互动的课堂里。他指出，课程是有层次的，可以从五个方面将课程划分为理念的课程、正式的课程、领悟的课程、运作的课程和经验的课程。理念的课程是由研究机构、学术团体和课程专家提出的应开设的课程；正式的课程是由教育行政部门规定的课程计划、课程标准和教材，即列入学校课程表的课程；领悟的课程是任课教师所理解的、可能会与正式课程产生一定距离的课程；运作的课程是在课堂里实际实施的课程；经验的课程则是学生实际体验到的课程。古德莱德认为，最重要的课程是运作的课程和经验的课程。因为它是在学校的特定情境中，由教师与学生共同开发、建构和生成的具有生命力的课程。[20] 上述的课程开发观念和主张尽管阐发的角度、内容和侧重不完全相同，但有一个共同点，就是都强调教师参与课程的开发，强调在具体的教育教学情境中创造课程经验。因此，可以认为，在当今的课程改革中，存在着一种教师参与课程开发的“情境取向”。

（三）正确理解三级课程管理构架中的学校课程建设与管理

在对三级课程管理决策权限确认中，首先碰到的问题是，如何把握三级课程，即国家课程、地方课程和学校课程之间的相互关系。有一种观点认为，这三种课程实际上分别是国家本位课程、地方本位课程和学校本位课程（或校本课程）。根据这种见解，国家（本位）课程是体现国家意志的课程，它是课程的主体部分，是衡量国家基础教育的重要标志。地方（本位）课程是省一级的教育行政部门或其授权的教育行政部门，根据当地的政治、经济、文化、民族等发展需要而开发的课程。校本课程则是利用学校所在的社区和学校自身的课程资源而开发的、供学生选择的课程。这就等于说，三级课程是以不同的比值或比例共时性地并存于整个课程体系中的，三者的关系是一种板块式（或模块式）的分立、结合与互补的关系。这样的界定，也在一定意义上确认了课程决策主体的权力分配，但显而易见的是，这样的权力分配是以国家权力为绝对主体的，而地方与学校的权力则十分有限。国家在课程决策上的“霸权”地位并没有得到改变，因而，基于这种理念的课程决策基本上仍然沿袭了传统一元化的、自上而下的模式。三种不同“本位”的课程，是一种自相矛盾的设定，它实际上仍然认同了国家、地方与学校在权力上的对立。

在我们看来，三级课程呈现出一种动态（或历时态）的、辩证的包孕关系。借用黑格尔的说法，国家课程是课程“一般”，地方课程是课程“特殊”，学校课程则是课程“个别”。作为课程“一般”，国家课程体现了异中之同；作为课程“特殊”，地方课程体现了同中之异；作为课程“个别”，学校课程则是同与异的辩证统一，亦即普遍性与特殊性的辩证统一，或包含多样性于自身的具体而生动的统一。也就是说，国家课程、地方课程和学校课程的关系不是对立的关系，而是你中有我、我中有你的有机整体。国家课程是代表着大众普遍利益，并且认同着地方和学校发展需求的课程，地方课程是以地方的特有形式体现着国家课程的根本价值追求，实行着对国家课程的二次性和创造性开发，并且反映着学校发展需求的课程，而学校课程则是三级课程体系中的最高形态和具体现实的形态，它以最生动的、个性化的风貌，对国家课程和地方课程进行更高层次上的综合性、创造性开发，以实现国家课程与地方课程的目标。

首先，国家课程的决策主要是一般的、理想的“课程图纸”的描绘，也就是说，所谓“国家课程”，还不是现实意义、实体意义上的课程，就像建筑图纸不是建筑本身一样。国家课程只是一种课程目标的预期与设计。

其次，地方课程的决策将国家课程具体化了，但它还没有深入到课程运作的内部，而只是对“课程图纸”更精细、更技术化的设计与勾画。要做到这一点，最好是将“地方”定位于不同于“国家”的“社会”层面，使地方课程的决策最大限度地利用市民社会的力量，如社区、民间咨询机构、非官方的利益团体、学生家长团体等，参与到课程决策中来。

再次，学校课程绝不只是狭义的校本课程，它应当是国家课程与地方课程在学校课程中的具体统一。学校是具体执行课程计划的机构，也是真正发生教育的地方。只有在这里，真正现实意义上的课程才产生了，它就是学校课程。积极的学校课程决策由于立足于教育的内在价值和具体的教育情境以及对教育过程中最活跃的因素——学生的个体与群体需要的深刻关注，使得学校课程有可能避免简单而外在的国家控制、社会控制或目标控制，焕发其全部的生命活力。

因此，课程的校本开发不应局限于和国家课程、地方课程相对而言的那部分所谓的校本课程。其实，课程的校本开发远远超过了一般意义的校本课程。不单单是校定课程，全部在学校实施的课程，包括国家课程、地方课程在内，都应当得到“校本化”的开发。[21]

三、学校课程建设：让文化濡染无处不在

（一）学科文化课程：打造活力课堂，全面提升学力

学科课程的实施是学校教育、课程实施的主渠道。课堂是文化传承的核心地带，是学校机体的中枢神经，是学生发展的最高殿堂。对于儿童生命成长，进而对于民族文化演进来说，这是一个生死攸关的地带。为课堂注入勃勃生机，让课堂焕发生命活力，使课堂教学真正成为儿童自我需求的活动，使儿童人格得到卓有成效的培育，这是一种使命的召唤与担当。但多少年来，学科课程仅作为传授系统知识的功能而存在，注重认知的发展，似乎天经地义。应试教育恶化了这种偏向，更由注重认知转为对分数的追求，完全忽略了除认知以外的诸如情绪、情意、情趣等素质的培养，没有真正体现学科教学在课程实施中主体角色的功能。新课程力图克服这一弊端，十分强调在课程统整的视野和构架中，正确处理学科知识和能力之间、和情感态度价值观之间、和实践活动之间、和儿童以及社会生活之间的关系。

1．走出“有效教学”的陷阱

我们深感到，随着新课程改革遭遇困境，课堂教学逐渐失去改革的动力，反而成为课程改革中最顽固的一个堡垒。特别值得注意的是，目前在“有效教学”的幌子下，应试教育全面回潮。所谓“有效教学”，本来不是什么新鲜概念，它源于20世纪上半叶西方的教学科学化运动。以前占主导地位的教学观是“教学是艺术”。随着20世纪以来科学思潮的影响以及心理学，特别是行为科学的发展，人们意识到，教学也是科学。于是，人们开始关注如何用实验等科学方法来研究教学问题。有效

教学就起于这一背景。

有效教学关注教学效益，关注可测性和量化。这无可厚非，但由于教学行为的复杂性，其有效性实际上是很难用有效教学论自己信奉的“科学”方法加以科学描述和检测的。在我看来，有效教学并不能清晰地回答以下五个方面的问题：第一，“有效”之“效”的具体意义是什么？如何在概念，尤其是具体教学行为中厘清、鉴别“效”的多义性（如效率、效果、效能、效益等，它们并不完全相同，有的甚至毫不相关，如有效率的未必有效果，此外它还包括了“显效”与“隐效”、“现效”与“后效”等方面的巨大差别）？第二，是否任何领域的学习成就都可以检测并且都必须检测？第三，追求教学效率与彰显教学公正或教学伦理孰轻孰重（因为在某种意义上，可能基于伦理考量的教学公正更加重要）？第四，无效或低效的学习是否都没有意义（这个问题也可以转换为：有没有不经历无效或低效学习就获得良好学习业绩的个例）？第五，教学有效性所依凭的教学科学性与事实上普遍存在于每个教师身上并且未必可以复制、检测的教学艺术性如何相容？因此，不加分析地推行“有效教学”是非常不明智的，实际上还是相当危险的，尤其是在应试教育根本就没有失去市场的当下教育语境里，它的推行更容易被过于行政化体制下缺乏教育改革活力的教育行政部门和日益失去创造精神的教师所利用。不幸的是，这种情况已经发生，目前在全国范围内到处在蔓延的“有效教学”，对课程改革，尤其是课堂教学改革的深层推进几乎是一场灾难。

2．重新认识儿童学习本性

我认为，课堂教学之所以屡屡改革而不见效果，反而在应试教育的泥沼里越陷越深，从根本上讲是缘于对儿童及其学习本性的无知，因此，应当在重新发现儿童学习本性的基础上重建学科课程，重造儿童课堂。在我看来，儿童的学习与发展过程具有三个相互关联的特性：首先，儿童学习与发展过程是他生命潜能的激活过程。因此,教学不是从外部将知识等强加给儿童的“外铄”过程,而是一个从内部“释放”的过程。其次，儿童学习与发展过程是他生命冲动的外化，即儿童在特定文化境遇或情境中建构个人心灵史的历程。这一过程充满矛盾，包括意识和无意识、能动与受动、情感与理智、接受与创造、苦恼与快乐等一系列矛盾，因此，教学不是单一的心理活动，而是在一系列的矛盾情境中促使儿童直面矛盾、解决矛盾的生命体验活动。再次，儿童的学习与发展过程是个体生命人格的自我实现过程。因此，教学过程不应当是儿童人格的扭曲与片面化，而应当是促进生命整全或健全的过程。总之，从生命潜能的激活到生命冲动的外化，乃至生命人格的实现，是一个辩证统一、连续不断、螺旋上升的过程，它内在于儿童自由的生命特性，教学活动只能顺应儿童的自由本性，焕发儿童生命活力。

3．构建活力教学模式

我们吸收了教育家李吉林的情境教学思想，依据马克思关于人在活动与环境的相互作用、和谐统一中获得全面发展的哲学原理，借鉴脑科学的全脑学说以及心理科学中的暗示与无意识理论、情绪理论（如儿童情感发展领先的假说、情感具有多种功能的假说、情绪激活理论、情感过程的价值化、人格化假设等）、场论心理学理论和格式塔理论（强调心理场的整合、正诱发力的作用以及学习顿悟）以及中国哲学的生命境界学说，积极开发和构建学科文化课程，致力于打造活力课堂，全面提升学生学力。

“活力教学”是我倡导的学科文化课程的核心理念。“活力”指旺盛的生命力，是个体和群体身体或精神上的力量与能量。一般而言，活力由三个维度的能量组成，即体力、情绪能量、认知灵敏性。就体力而言，有活力表现出身体健康强壮，感觉精力充沛，饮食、睡眠良好等。就情绪能量而言，有活力通常表现为情绪稳定，积极乐观，能站在别人的角度思考问题，关心、同情他人等。就认知灵活性而言，有活力表现出思维敏捷、工作效率高、自信、动机强烈等。“活力教学”就是通过创设优化的教学环境或情境，唤醒儿童的生命潜能与活力，把儿童生命世界的情感活动与认知活动、感受活动与理智活动、能动活动与受动活动结合起来，以健全儿童的生命人格的一种崭新的教学模式。活力教学的本质是促进学生在课堂中最大限度的自由，即通过营造自由情境，伸展自由活动，促进自由发展。因此，“活力教学”也可以称为“自由教学”。儿童没有自由，就不可能焕发生命的活力，不可能释放自我的生命潜能。“活力教学”以“一个追求”（文化追求）和“五个带入”（情感带入、智慧带入、艺术带入、活动带入和生活带入）为基本操作原则，倡导和鼓励教师关注并依据学科文化（如母语文化、英语文化、数学文化、科学文化、历史文化、艺术文化、道德文化等）的特点，创设富有情感色调、充满智慧张力、具有审美效应、融通生活世界，并能激发儿童的活动冲动的一系列教学空间、氛围或场景，使教学真正成为生动活泼、自我需求的活动，让儿童在充满生命活力和张力的学习活动中濡染文化、获得知识、激活潜能、涵育人格。它吸纳活动课程的某些元素，加强学科知识和儿童经验或活动的有机结合，强调在儿童积极的学习情绪的驱动下，在儿童主动的感受、探究、体验、发现、感悟、表达等活动中，获取和应用知识。这样，学科文化课程避免了长期以来学科课程与活动课程之间的“板块式”结合关系，真正为学科教学增添了生命的活力，为学生的发展提供了广阔自由的空间。

4．鼓励课程开发与经验创生

活力课堂是教师与学生互动共生的过程，是在师生相互作用的情境中不断生成课程经验的过程。教师不是外在的课程接受者、消费者和中转者，教师是最重要的学科课程开发者和经验创生者。在教学过程中，我们鼓励教师高度重视各种课程资源，如文本资源、自然资源、社会资源、信息资源、艺术资源、经验资源等的开发、利用和统整，为儿童学习学科知识营造自由宽阔的空间。尤其是与学生在积极生动的互动情境中共同创造课程经验。因为课程是在课堂的具体情境中诞生的，既定的课程计划、书本都只是课程经验催生的工具而已。在互动中，教师为儿童设置了开放的、广阔的学习环境，拓展了儿童的活动空间，激活了儿童的学习热情和生命潜能。通过教师与学生、学生与学生、学生与教材、学生与生活之间的互动，创造课程经验，促进国家课程、地方课程和学校课程在课堂情境中实现富有个性的融合，实现科学与人文、知识与能力、情感与理性、学科与生活、发现与接受、创造与模仿、外铄与内化、行动与认知、欣赏与参与、感受与思索、解释与体验、训练与熏陶、主动与受动等的有机结合与统一，不断提升教学的品位与境界。此外，央校还鼓励教师在执行国家课程标准的前提下，大胆地"处置"国家课程，选择、加工、重组、优化、增删、调整、拓展教材内容，创造性地解读教材。

5．探索特色项目与学科

30年的种种教学改革尝试非但没有从根本上改变儿童学业负担沉重的现状，相反，应试教育却愈演愈烈。学校几乎成为儿童智力的屠宰场，而且这种对于儿童智力的压制延伸至家庭，延伸至儿童的休闲、游戏时空。因此，林林总总的"教学改革"乃至"课程改革"成为一幅辛辣的讽刺漫画。问题的症结就在于，我们的教学虽披挂着"改革"的外衣，实际上却一直依靠剥夺儿童的自由权利、违背教学的自由本性来提高所谓的"学业成绩"，而罔顾儿童的自由发展。当下的应试教育打着"有效教学"、"提高教学质量"等漂亮的幌子，滥用各种所谓"科学化"的检测工具（如目前教育市场正悄然流行的冒牌"PISA"[22]）正在将中国基础教育及中国儿童拖入更加灾难深重的境地。因此，我们和应试教育有一场生死较量，必须正本清源、旗帜鲜明地坚持正确教学理念，深化学科课程改革，不断提高教学品质，切实减轻学生负担，优化儿童学业环境，全面提升儿童学力。我们以全面取消小学家庭作业为突破口，大力加强旨在解放课堂、解放儿童的六大特色项目和六大特色学科的探索和建设，努力攻克应试教育的最后一个"堡垒"。

我们所说的六大特色项目是：

第一，家庭休闲文化活动项目。取消家庭作业的目的在于归还儿童的自由权利和自由发展时空。我们倡导儿童放学后积极从事健身活动、阅读活动、亲子活动、欣赏活动、服务活动等五项休闲活动，释放自我，愉悦身心。

第二，低年级潜能开发项目。以及早开发儿童潜能为个体终生发展奠基为宗旨，对分科过早、过细的小学低年级课程进行大幅度整合，突出其综合性、游戏性，将课程分为“健康”、“表现”和“探究”三大领域。[23]“健康”领域课程加大体育的容量，激发儿童机体潜力，充分发挥体育对于心育的奠基作用，重视品德教育和心理健康教育的融合，在健康的心理中孕育健康的德性潜能；“表现”领域课程高度发掘并综合语言、文学、艺术、制作等领域中的表现元素，尤其高度重视激活、呵护和展现儿童天赋具有的“原发性创造”；“探究”领域课程则以生活为源泉，通过自然、生活、数学和科学游戏活动最大限度地激发儿童的好奇心与探究欲，初步积累儿童的自然与数理经验。

第三，初中优质均衡发展项目。进入少年期的儿童出现“心理断乳”等一系列身心发生变化，所以一进入初中，都面临学业等发展的严峻挑战，而应试教育环境下的中学教育无视学生的身心发展特点，人为增加甄别性的教学机制（如巧立名目开设重点班、实验班、特色班，重视提优拔尖等），加速并加大了学生的分化，不断恶化儿童的发展环境。与之相反，我们恪守“不让一个学生遭遇歧视，不让一个学生中途掉队，不让一个学生失去最佳发展的机会”的教育优质均衡理念，并把这一理念具体落实在微观层次的教学领域，按照“行政混编，主科分层，重点补差，拾级而上”的原则，整体一贯地设计初中学生的发展规划。“行政混编”就是随机分班，不设任何名目的重点班；“主科分层”是针对语文、科学、数学、外语等容易出现分化的学科，根据学生的具体发展状况实施A层、B层的弹性分层，由同一教师执教，学生自由走读；“重点补差”强调关注差生，对差生，尤其是中学初始年级的差生给予更多的人文关怀和学业辅导；“拾级而上”强调学生发展的有序衔接（包括中小学衔接、初高中衔接等）和良性循环，坚持“初一确保同步，初二严控分化，初三全面提升”的发展原则，卓有成效地促进了学生学业成就的大面积丰收。

第四，体育百分项目。我们在学校开展“天天奥运”强体健身活动传统项目的基础上，结合深入贯彻全国学校体育工作会议和教育部、国家体育总局、共青团中央《关于开展全国亿万学生阳光体育运动的通知》精神开展“阳光体育活动”，为切实加强学校体育工作，激发学生运动兴趣，培养学生的锻炼习惯，锤炼学生勇敢顽强、坚忍不拔的意志品格，促进学生在身体、心理和社会适应能力等方面健康和谐发展，推出“体育百分项目”，即将教育部等部门规定的学生每天60分钟体育活动时间增加到100分钟，全面增强身体素质，促进人格的和谐发展。体育百分项目除了传统的晨间长跑、广播操、体育活动外，还有我们自己开发的“起床操”、“课堂操”、社团体育竞技活动、社区小跑与健身活动和“睡前操”等。学校通过家长、教师监督或共同参与、竞赛、活动成果展示、学生自我评价、期中综合评价等方式和手段，鼓励学生积极参加强身健体活动。

第五，自主课堂项目。时间是人发展的尺度，也是人发展的空间。合理安排和利用课堂时间是提高课堂教学质量，进而提高儿童生命质量的根本保证。早在2004年，学校就开始积极推行小学35分钟、初中40分钟课时制度，接着又出台《关于推进学科建设深化课程改革的指导意见》，规定小学课堂教授不得超过15分钟，中学课堂讲授原则上不得超过20分钟，鼓励减少讲课时间，坚决摈弃机械呆板、死气沉沉的课堂教学，严禁满堂灌，以确保学生有充裕的自主学习、自主活动时间和空间，否则作为教学事故处理。在教学过程中，倡导教师根据“施教之功，贵在引导，要在转化，妙在开窍”的主体性原则，充分利用课堂规定时间，提高教学质量，注重学生自主学习能力培养，努力为儿童学习学科知识营造自由宽阔的空间，使学生在教师的有效指导下通过更加自主的活动，包括自主的阅读、思考、想象、观察、记忆、研讨、练习、表演、实际操作等丰富多样的有意义的活动，全面提高智力和智慧水平。

第六，学科文化阅读项目。长期以来，学科教学受应试教育和片面的知识观的影响，阅读材料只限于教材、教辅读物和少量抽象的知识性材料，学生缺乏真正的学科阅读，尤其是学科文化阅读，而缺失了文化阅读的学科知识，学习变得更加了无情趣、枯燥乏味，这是学科教学效能低下的一个十分重要的原因。其实，数学、科学、历史与社会等学科知识并不是单纯由概念、命题、规则、数据或事实组成的抽象概念体系，它们实际上都是特定文化语境的产物，与特定的文化存在着千丝万缕的联系。为此，2004年，我提出了“学科文化阅读”的主张，倡导结合学科知识学习开展学科文化阅读活动，帮助学生在文化的视野中审视、感受、理解学科知识。一些学科的老师先后开始了积极的尝试，如甘元林、邬群峰、刘金松等老师进行数学文化阅读的尝试，柯安利、石洋、王华、林鸣等老师进行英语文化阅读的尝试，马晓英、缪华平、黎伟平等老师进行科学文化阅读的尝试，李冰、郭晓云、邹蔚老师进行历史文化阅读的尝试，等等。在他们的积极引导下，学生的学科文化阅读初现端倪，趣味渐浓。《昆虫记》、《游戏中的科学：德国最经典的科普读物》、《凡尔纳科幻故事》、《野兽之美》、《宇宙简史》、《时间简史》、《万历十五年》、《塞纳河畔谈中国历史》、《历史的脚步》、《失落的文明》、《笔底波澜》、《数学史话》、《十大音乐家》、《圣经故事》等涉及各种学科领域的读本，纷纷走进师生的阅读视野，知识变得“美丽”起来。为了更好地帮助学生开展学科文化阅读，学校一批富有创见的专家教师或骨干教师开始编写涉及“数学文化阅读”、“科学文化阅读”、“公民文化阅读”、“历史文化阅读”、“艺术文化阅读”、“体育文化阅读”等学科的文化读本。与此同时，学科文化阅读活动也与学科教学改革相伴随，有序地开展起来。[24]《中华读书报》还对我校学科文化阅读的做法进行了报道。

我们所说的六大特色学科是：

第一，语言与文学分科。语言与文学在 20 世纪 50 年代曾有过短暂的分科历史，但后来就一直处于混编状态，至今不变。它对真正实现语文学科的工具性与人文性的结合并不有利，甚至出现了当年著名语文学家张志公先生预言的“两败俱伤”的尴尬局面。为了破除语文教育改革面临的困境，我提出了语言与文学分科的主张，并赋予分科以新的诠释与意义。通过语言与文学的分科试验，一方面对学生进行扎实有效的语言工具性阅读与训练，培育学生扎实的语言实践知识与技能，另一方面对儿童进行高品质的文学教育，指导学生阅读丰富、优秀的中外经典文学作品，获得必要的文学知识，培养和提高文学修养，同时寓思想教育于其中，培养高雅的审美趣味与情操，切实解决目前中国儿童文学阅读严重匮乏的问题。[25]语言与文学分科必将给中国语文课程带来深刻的变革。

第二，综合数学。这是一个全新的探索领域。它试图改变对数学过于狭隘的学科知识论的观念，从以下几个领域实现数学的综合：一是数学知识、数学方法、数学思想、数学实验、数学文化的有机综合；二是数学学科知识、数学社会实践、数学个体经验领域的自我综合与三者的有机综合；三是数学直觉、数学推理、数学想象、数学建模、数学表达、数学美感等素质的有机综合，通过综合数学学科的试验，全面提高学生的综合数学素养。

第三，综合理科。综合理科是西方课程综合化运动和理科现代化运动的产物。我国的新课程改革中兴起的“科学”课程，实际上就是一种中国形态的综合理科课程。当然，对于综合理科的争论还在继续。我们赞同理科的综合，但是认为应该根据综合理科（即科学课程）多年试验的经验教训，全面把握理科综合的方法、范围和层次。我们理解和试验的综合理科既与现行的科学课程相呼应、相协同，又有自身开辟的新领域。它在承认并关注不同学科的边界、特点与各自的知识逻辑的前提下，高度重视在共同概念（如宇宙的统一性、相互作用和变化、能量的降解、统计学观点等）、科学过程和科学方法（如解释数据、控制变量、操作性定义、提出假设等）、科学与社会问题（如健康、环境、卫生、能源等）统观下的科学知识融合、科学与技术融合、科学与社会融合、科学与人文融合，以及科学实验、科学知识、科学范式、科学文化等方面的有机融合，以全面培养和提高学生的科学素养。

第四，文化英语。我国中小学英语教学经历了从重知识到重能力的转变，这无疑是一个很大的进步。但从知识、能力再到文化是更重要的转变。《全日制义务教育英语课程标准》明确把培养“文化意识”作为基础教育阶段英语课程的总体目标之一。但它对文化意识的界定只限于跨文化交际意识以及相关知识和能力的培养，这样来界定文化还有一定的缺陷。语言与文化的联系是深刻而复杂的，它是文化的基石，又是文化的载体。美国教育家温斯顿·布伦姆伯格说过：“采取只知语言而不懂文化的教法，是培养语言流利的大傻瓜的最好办法。”我们所倡导的文化英语，则是在传递必要的工具性知识和语用技能的同时，在工具层面的文化规范、知识层面的文化传递、文学层面的文化积淀和精神层面的文化濡染等方面开展英语文化教育，以提高学生对英语文化规则的敏感性，建立理性、多元、互补互渗的文化意识，加强英语经典文学的阅读，提高学生的文化精神涵养。[26]

第五，音乐欣赏。完整地讲，是“基于欣赏的音乐课程”。在所有艺术种类中，音乐是最具表现性的情感艺术，它借助乐音的运动形式表现人类的精神内涵。音乐的这一本性决定了音乐教育培养音乐审美感受力的优先地位，因为音乐感受是情感陶冶的直接通道。正如马克思所说：“只有音乐才能激起人的音乐感；对于不辨音律的耳朵来说，最美的音乐也毫无意义。”“只是由于属人的本质的客观地展开的丰富性，主体的、属人的感性的丰富性，即感受音乐的耳朵、感受形式美的眼睛，简言之，那些能感受人的快乐和确证自己是属人的本质力量的感觉，才或者发展起来，或者产生出来。”[27]德国的奥尔夫音乐教育、瑞士的达尔克罗斯音乐教育、美国的综合音乐感教育以及日本的铃木教学法等，都特别重视音乐的感受性的培养，而我国传统和当下的音乐教育，则过于重视知识传授和技能（包括视觉化的识谱）训练，始终没有真正将培养“感受音乐的耳朵”作为音乐教育的灵魂。基于欣赏的音乐教育课程意欲改变这一现状，淡化识谱教学和唱歌教学，最大限度地提高音乐欣赏（包括在唱歌、器乐教学中的欣赏）在量与质方面的要求，将音乐审美感受力的培养贯穿教学始终，真正提高学生丰富的音乐鉴赏能力，培养高雅的音乐审美情趣。

第六，美术欣赏。即“基于欣赏的美术课程”，它与基于欣赏的音乐课程一样，旨在通过以欣赏为基础的美术教育，培养“感受形式美的眼睛”。和音乐的抽象性、时间性、听觉性、动态性不同，美术的造型性、空间性、视觉性、静态性决定了它与人工技艺制作有着密切的联系，以致不少美学家（如欧文·埃德曼、斯托尔尼兹等）都把美术理解定义成了“完成一定目的而对媒介材料所做的熟练操作”，这使美术教育看上去比音乐教育更有机会和必要重视制作或操作性的训练，但这不能动摇欣赏在美术教育中的基础地位。因为，毕竟基础教育阶段的美术教育不可能也没必要将学生培养成未来的美术家，他们中的绝大多数将来只是“看”美术的人，就像他们中的绝大多数将来只是“听”音乐的人一样。基于欣赏的美术课程同样会最大限度地增强美术欣赏在量与质方面的要求，努力使学生在基础教育阶段就能接触、感受、理解并铭记大量古今中外的美术经典，为一生的精神发育与发展奠定厚实的审美经验基础。

（二）主题文化课程：拓展生活空间，培育综合素养

基础教育课程的综合化或统整化，从近代突出知识综合（如出现相关课程、融合课程、广域课程）到现代突出经验综合（旨在打破学科界限，建立以儿童兴趣为中心或以解决社会实际问题为中心的课程，如活动课程、单元设计课程、核心课程等），再到当代突出实践综合（如综合学习、主题学习、STS课程等），有利于克服传统教育的这些弊端，帮助学生掌握问题解决、探究、体验、操作、合作、信息处理等学习方式，培养和发展他们自我发现课题、自我学习、自我思考、自我判断和行动、解决问题的资质和能力。我国新一轮的课程改革也规定学校从小学三年级起必须开设综合实践课程，但综合实践课程在实施中却存在着令人尴尬的局面。很多地方和学校在实施过程中，为了检查或管理的方便，把综合实践活动分散安排，将其固定在课表上，进课堂、编教材、编活动手册……渐渐使其学科化、知识化、课堂化、教材化，背离了综合实践活动课程的“综合性”和“实践性”，失去了它本来的意义。

为了避免这些畸变，我们确立了实施综合实践课程校本化开发的新思路。我们认为，综合实践课程的根本目的是要为儿童缔造生活的乐园。要让综合实践活动真正走向综合，走向充满生命张力的实践活动，就必须摒弃知识化、课堂化、校园化和机械固定的课时分配等做法，让儿童在诗意栖居的生活世界里伸展和彰显生命灵性。因此，在制定学校课程建设与管理的总体战略时，我们作出了一个大胆的决策：取消每周独立设置的综合实践课，在不少于国家规定的课时比例的前提下，综合实践课程的课时不分散设置和确定，而是根据“相对集中，灵活使用，适当增加”的原则来安排课时，并和校定课程、地方课程等按一定的文化主题进行整合并统筹安排，每学年集中组织主题性大单元文化综合课程的开发和实践活动。大主题活动以德育为主导，充分利用并统合课程资源中的“相似块”，甚至允许乃至倡导老师打破和超越某一学科课程或教材（知识）单元的相对独立性，促进围绕主题开展综合性的教育活动，最大限度地实现课程资源的整合或统合。经过多年尝试，我校构

建了独树一帜的综合实践课程——主题文化课程。

1．主题引领：唱响都市的田园牧歌

综合实践活动如何真正体现“综合”？我们的做法是，用主题来引领综合、促进综合、完善综合。没有主题引领的综合实践活动，就像没有主题音乐的贯穿就不会演奏出大气磅礴、色彩辉煌的交响曲一样，必然杂乱无章和缺乏实效。而主题的确应该从根本上体现学校教育理想的憧憬。“都市田园学校”就是我们的最大主题，围绕这一根本的主题，我们从人与自我、人与社会、人与科学、人与艺术的关系等来设计既有鲜明时代特点又能彰显传统文化精粹的具体主题，开展丰富多彩的大主题文化教育活动。孩子们是喜欢节日的，我校的主题大单元活动都冠以孩子喜欢的节日名称，如亲情文化节、动物狂欢节等。于是，主题文化活动就成了儿童的“盛大狂欢”。亲情文化节、童话文化节、生态文化节、游戏文化节、海洋文化节、民俗文化节等主题性大单元文化综合教育活动，已经成为我校独具魅力的品牌课程。

2．统合资源：将儿童带进人生的“灌木林”

复杂多样而又充满诗意的生活世界犹如神奇的“灌木林”，综合实践活动就是要将学生带入人生这片“灌木林”，让他们健行、优游于曲径通幽的“林中路”，汲取生命滋养，尽显生命灵性，壮大生命力量，磨砺生命意志，提升生命智慧，颖悟生命价值。我校的每个主题性大单元教育活动都围绕特定的主题，按主题环境（包括教师、廊道、墙壁等）文化、主题阅读指导、主题学科教学和主题系列活动等四个板块，进行总体设计，充分挖掘活动主题的文化内涵和意蕴，充分利用并统合课程资源中的“相似块”，整合包括文本资源、自然资源、社区资源、网络资源等一切可以利用的教育资源，致力于实现学科教学、研究性学习、社区服务和社会实践、劳动与技术活动、信息技术、地方课程以及校定课程等方面的综合，为此，我们允许乃至倡导老师打破和超越某一学科课程或教材（知识）单元的相对独立性，促进围绕主题的各种资源的对话沟通、协调运作、相互作用、相互补充、相互迁移，从而实现全方位的课程整合。主题大单元文化课程充分利用其主题明确、情感伴随、儿童自主、角色众多、场景转换、活动动态连续与综合协调等特点，使有限的教育教学活动，从深度、密度上拓展空间，极大提高了教育的整体效应，受到学生、家长的一致好评。

3．拓展空间：走进精神发育成长的诞生地

最大限度地拓展教育空间，是实施综合实践活动的基本策略。时间和空间是人发展的根本尺度。没有宽阔的生活世界，也就没有儿童的真正发展。马克思说过：“人只有凭借现实的、自然的、感性的对象才能表现自己的生命。”生活世界正是这样一个“现实的、自然的、感性的”对象世界，按照提倡回归“生活世界”的当代现象学的见解，生活世界是一种“前科学”的、“奠基性”的、“直观”的和“非抽象”的世界。综合实践活动就是要把儿童带出陌生、异己和虚幻不实的抽象世界，带回被现代教育遗忘和遮蔽的那个活生生的、充满诗意感性光辉的生活世界，引领他们自由栖居于其上，彰显与壮大整个身心的力量，渐渐步入人生的澄明之境。我校的每一个主题大单元教育活动都十分注重生活和活动空间的延伸、拓展，从课外到校外乃至野外，从家庭到社区乃至更大的范围，从而保证学生能够真正走进生活，走进自然，走进社区，走进社会，走进历史，走进广袤无垠的大千世界。社区生态广场、书店门前、地铁站口、敬老院、贫民区、红树林、荔枝园、南沙科技馆、原野庄园、西丽果园、光明农场、“三九”基地、麻勘军校……都成为学生喁喁向往、流连忘返的综合实践基地。

4．伸展灵性：让儿童充分地活动起来

“如果生活不是活动，那又是什么呢？”[28] 活动是综合实践课程之本，没有活动，或者把“活动”局限甚至禁锢在课堂、书桌的狭小天地中，综合实践课程就从根本上失去了存在的价值。在主题性大单元教育中，我们通过开展丰富多彩的活动，引领孩子回归生活，走向大地，从教学到教育，从课堂到课外，从校园到校外及至家庭、社区，开展丰富的综合性活动，释放儿童的生命灵性。每次主题大单元活动，到处都活跃着学生矫健而灵动的身影。

以童话文化节为例。2006 年，我校借安徒生诞辰 200 周年之际，举办了为期两个月的“永远的安徒生”童话文化节。整个校园被装扮成了充满乐趣的童话世界，孩子们都自豪地称自己的学校是深圳华侨城里的“迪士尼”。童话文化节期间，学校里掀起了一股看童话、讲童话、写童话、演童话的热潮，孩子们和老师一起在童话世界里感受成长的快乐。著有《蝗虫一族——昆虫趣味童话》等 20 多部童话的作家张嘉骅走进学校，惟妙惟肖地给孩子们讲述发生在昆虫王国里的故事。孩子们陶醉在与童话作家面对面的交流中，不知不觉张开了神奇的想象彩翼。

童话甚至也融入数学课堂。在一堂课上，一位老师问学生：“葫芦娃遇到了危险，老爷爷想请你们一起去营救葫芦娃，你们愿意吗？”这样的开场白，让人很难想象这是一堂小学数学课。原来，这堂主题为《葫芦兄弟新编》的课主讲的内容是数学中的“商不变规律”。伴随着老爷爷找钥匙、险过青龙潭、巧夺巧算破石门、解救七兄弟等故事情节的层层推进，孩子们和老师一起置身于童话情境，体验了遭遇困难、分析问题、战胜困难等整个历程，与童话主人公同喜同忧，在感悟正义力量的同时，逐步发现和归纳出了“商不变规律”，并开始利用掌握到的规律对遇到的问题进行准确的判断。“以前，40 只鸡腿给 20 个妖怪吃一天，现在 160 只鸡腿给 40 个妖怪吃两天，那么，妖怪们每天可以吃到更多的鸡腿吗？”当屏幕上打出这一问题时，孩子们纷纷举手回答：“当然不会，妖怪们吃到鸡腿的数量是不变的。因为 $40 \div 20 \div 1 = 160 \div 40 \div 2 = 2$，每个妖怪每天还是吃到两只鸡腿，跟以前一样。”童话故事讲完，孩子们已经掌握了“商不变规律”，并且能够灵活运用了。

该年 11 月 4 日，“原野上的欢笑”大型广场表演将童话文化节推向高潮——那一天，适逢全国综合实践活动研讨现场会在我校举行，所有人都被带进了奇妙无穷的童话世界：一个生机勃勃的早晨，晨光熹微，无数片绿叶在风中生长摇曳（八年级的男生扮演），五颜六色的花儿随风翩翩起舞（八年级的女生扮演），一群活泼的小鸟翻飞雀跃在树丛间（小学生扮演），那么自在，那么轻灵，猴子、狮子、老虎等动物方阵踏着活泼、高昂的节拍，开始了紧张有序的晨练（七年级学生扮演）。中学生扮演的气宇轩昂的兔国王带领着大臣和博士们从遥远的丹麦考察归来了。小学生扮演的兔宝宝们闻讯赶来迎接国王。国王一边向臣民招手致意，一边巡视。最后，国王坐在主席台上，开始观看兔子王国的汇报表演。兔宝宝开始拔萝卜了，3 个硕大的萝卜在兔宝宝的齐心协力下被拔出来了。兔宝宝们欢喜得一个个手舞足蹈，兔妈妈（30 位女教师扮演）领着儿女蹦蹦跳跳，跳起了健美操。远处，由校长和 20 位男教师扮演的一群狡黠的大灰狼幽灵般地向兔群靠拢。“狼来了！狼来了！”穷凶极恶的狼疯狂地冲向兔子的家园，却中了兔子们的空城计。狼群惊慌万状，四处逃散，最终被兔卫士俘虏。十恶不赦的狼群被押解下去，动物们载歌载舞，欢庆胜利。专家、老师、家长和记者们按捺不住心头的激动和兴奋，纷纷加入狂欢的行列，使动物王国成了欢乐的海洋。《南方日报》等媒体称赞我校是“距离童话最近的校园”。

童话文化节不仅仅是一次文学艺术的教育活动，更是感人至深的文化熏陶，它在学校引发的“童心”思潮影响深远绵长。孩子们在童话世界里找到自我，用最纯美的东西来丰富自己的心灵。不仅如此，童话文化节还改变着教师的儿童观、教育观，形成一种认识儿童、尊重儿童、理解儿童的心理氛围。

流连于一节节富有生活启迪、充满生命活力的课程，翻阅着一册册流溢思想智慧和泥土气息的主题文化读本，畅游在一个个精妙绝伦、令人回味的活动中。每一个主题大单元活动都娓娓叙说和诠释着都市田园教育的神韵，汇聚成壮丽的交响乐章。我校的主题文化课程已经成为新课程实验中综合实践活动的一个独特的范例。它是对目前走进学科化、课堂化误区的综合实践课程的一大突破。

（三）阅读文化课程：倡导文化阅读，缔造书香人生

缺少故事的童年是苍白的，没有书香的人生是灰色的，荒疏阅读的民族是没有未来的。时代呼唤阅读文化，中国呼唤文化阅读。一个阅读缺失、经典危机的时代，必将威胁社会和国家的进步。经典以卓越的象征和隐喻方式建立起一个超越现实的世界。阅读经典，披文入情，倾听悠远的历史回声，接通割断的文化血脉，领略它所记载的文明演进之波澜壮阔和所抒发的人文情致。阅读为一个人，乃至一个民族灌注了一种积极的精神生命，给人类的现实生活带来光亮、梦想和希望。我们相信，与书为友，与书结盟，为书摇旗，为书呐喊，悉心培育和展现我们优雅的阅读环境、浓郁的阅读气息、丰富的阅读表情、风趣的阅读姿态、良好的阅读习惯，用它来滋养孩子的心灵、家庭的风尚、社区的文化乃至世界的精神，将给我们这个表面华丽而内心却无比紧张、空虚的世界带来安慰和希望。

伟大作家博尔赫斯说过："我总是想象天堂将如同图书馆一般。"我们置身于书的世界，就会有置身于天堂的感觉，心灵就会生长出色彩迷人的羽翼，我们就会变成能自由飞翔、拥有极乐体验的天堂鸟。央校正是以"天堂鸟"这一蕴含了特殊意义的形象作为学校建设儿童阅读文化生态的标识，寄寓儿童阅读行动插上"天堂鸟"的彩翼自由翱翔的理想，我们祈愿阅读的"天堂鸟"飞遍世界的每个角落，无论是和平的世界还是战乱的世界，无论是富裕的世界还是贫穷的世界，也无论是儿童的世界还是成人的世界。为打造书香童年、书香人生，我们大力推行"天堂鸟飞翔"阅读计划，通过更加灵活、宽广和自主的时空拓展和安排，构建了独具特色的以"文化阅读"的理念为引领，以学科文化阅读、大主题文化阅读、经典文化阅读、当代作家系列阅读等为主要领域，以课堂阅读、班级阅读、亲子阅读、社区阅读、自主阅读等为主要形式，以充满激励功能的星级阅读评价机制为主要支撑的儿童阅读文化生态圈，校园书香弥漫，风气蔚然。

1. 彰显"诗、史、思"意蕴的文化阅读理念

忧患于文化缺失以及它侵蚀儿童文化的严峻现实，我提出了"文化阅读"的主张，认为，现代人并不缺少阅读，但缺少的是"文化阅读"。所谓的"文化阅读"是这样一种阅读：它重视在阅读中灌注一种积极的精神生命，高度重视阅读中的价值引领、信念认同、历史回眸、未来关怀和智慧追求。概言之，文化阅读是一种彰显"诗、史、思"意蕴的阅读。文化阅读的"诗"，首先强调的是阅读文本的诗意特性，即具有动人心魄的情感力量，其次强调的是阅读过程中的情感濡染、情感体验和情感升华，"诗意"的阅读摈弃阅读中的机械解剖和技巧分析，使阅读发生沁人

心脾的感染力和穿透力；文化阅读的“史”，首先强调的是阅读文本的经典性，即具有高贵的精神内涵和经久不衰的影响力，其次，它强调的是阅读过程中的“史韵”，亦即能在阅读中踏入人生发展的时间之流，触发往事怀想、现实感喟和未来憧憬，通过这样的阅读，增加人的精神厚度；文化阅读的“思”指的是伴随“沉思”或“理趣”的深度阅读，它带来慧根的开启、思想的升华和悟性的形成。总之，“诗、史、思”的文化阅读涉及审美感受、情绪记忆、自由想象、心灵沉思、德性精神陶冶、言语情意表达等方面相交织融合的复杂心理活动。

通过文化阅读，儿童不仅能获取阅读的快乐，更重要的是赢得高贵的精神和高雅的趣味。孩子的心灵是柔弱而稚嫩的，阅读文化建设应当为儿童输送契合他们心灵的优雅、诗意、柔美、精致的作品，亦即能令儿童心灵产生感动、悲悯和无限美好遐想的作品。亚里士多德早就指出：“年轻时形成的观念是很难改变的，因此年轻人成长时首次听到的故事应该是美德的典范……这样我们的年轻人才能在健康的土地上成长，沐浴着阳光雨露，接受美好的事物。”从某种意义上讲，弥补时代的文化缺失，需要文化阅读，呵护儿童纯美的天性不受侵蚀，更需要“文化阅读”。倡导文化阅读的意义就在于此。

2．缤纷读书会

自“读书会之父”奥尔森于1902年在瑞典的兰德创立第一个读书会组织以来，读书会不断发展壮大，并波及全球。中国的读书会发轫于台湾地区，具有很强的民间色彩，如家庭主妇发起的“袋鼠妈妈读书会”、“扬帆主妇社”，中小学设立的“爱心妈妈读书会”、“成长班读书会”、“书香团体”等。20世纪90年代，政府开始介入读书会推广，但中国台湾地区的读书会基本上是“草根”性的，它成为建设社区、书香家庭和书香社会的基础性力量。近些年来，中国其他地区也开始陆陆续续兴起读书会。我们推行“天堂鸟飞翔”阅读推广活动，十分注重班级读书会的组织和建设，不到两年，“青青竹苑读书俱乐部”、“书虫村落读书俱乐部”、“小蜜蜂读书俱乐部”、“海贝读书俱乐部”、“一抹闲情读书俱乐部”、“金色池塘读书俱乐部”、“雅阁读书俱乐部”、“叽里呱啦读书俱乐部”和以家长为主体的“三叶草故事妈妈家族”等多个读书会或读书俱乐部以及大量的阅读网吧、读书博客便如雨后春笋般涌现校园，给孩子们创造了优越的阅读环境。班级读书会利用每周一节的文化阅读课和其他业余时间，开展丰富多彩的班级阅读活动，从读一篇佳作，到围绕一定主题的一组美文，乃至一整本书。读书会不同于一般的课堂阅读教学，形式不拘，策略多样，气氛活跃，常常是学生、老师、家长乃至作家的四维对话。在教师的指导下，同学们浸淫于清朗而高贵的读书生活，自由翱翔于文学天地，弄潮书海，畅言感受，放飞心灵，陶冶情趣，碰撞思想，成为他们每天生活中不可或缺的一部分，成为他们生命中难以忘却的记忆。

3．主题引领的阅读盛宴

大主题阅读是我校文化阅读的一大特色，它是配合我校开展主题大单元教育活动的一项重要内容和有机组成部分。每举行一次主题大单元活动，都会在全校开展主题系列文化阅读活动。学校组织一批骨干教师分别围绕四季、亲情、游戏、生态、民俗、海洋、艺术等主题，精心编撰主题文化读本。迄今为止，已推出四季文化主题、亲情文化主题、生态文化主题、艺术文化主题、阅读文化主题、游戏文化主题、民俗文化主题等主题文化读本 30 多本，成为学生爱不释手的"珍品"。在南山区校本课程教材审定会上，我校的 20 本校本课程教材一次性全部通过，成为南山区通过最多的学校。国内许多出版社也表达了出版我校大主题文化读本的意向。在主题单元活动营造的浓郁文化氛围中，学生利用"天天阅读行动"规定的早读、夕读、班级读书会以及其他休闲时间阅读这些读物，别有一番情趣，而且对文本的理解也往往能达到一个前所未有的高度。主题阅读和其他主题活动交相辉映，相得益彰。在纪念安徒生诞生 200 周年的童话文化节中，同学们通过读童话、讲童话、演童话等形式，将安徒生童话中的形象活灵活现地表现出来，校园成了童话的王国。活动带来了大量阅读，让同学们尽享阅读乐趣，大量阅读又加深了他们对主题活动的理解，同学们参与的热情空前高涨。

4．作家进校园，漫卷读书潮

优秀作家是未来生活的编织者。奥地利作家、1984 年安徒生文学奖得主克里斯蒂·诺斯特林格说过："既然儿童们生长于斯的环境不鼓励他们建立自己的乌托邦，那我们就挽起他们的手，向他们展示这个世界可以变得如何美好、快乐、正义和人道。这样可以使儿童们向往一个更美好的世界。这种向往会使他们思考应该摆脱什么、应该创造些什么以实现他们的向往。"真正的文化阅读，实际上是阅读者和作者的一次又一次的心灵牵手、晤谈。如果让作家真正走进学校，走近儿童，和儿童进行面对面的交流，儿童在阅读中聆听到的作家的声音就不再遥远、朦胧，而是变得那样清晰、真切。于是，央校就成为海内作家云集，与孩子牵手的乐园，以致著名儿童文学作家彭懿甚至发出"不进央校，就算不上真作家"的激情感叹。近年来，张嘉骅、汤素兰、郑渊洁、冰波、王一梅、杨鹏、星河、杨红樱、梅子涵、张洁、彭懿、黄蓓佳、管家琪、祁智、伍美珍、郁雨君、郝月梅、程玮等一大批海内知名作家先后走进央校，走进班级，和孩子们一起畅谈读书、写作和人生，在校园掀起一波又一波的读书浪潮。

5．星级阅读，放飞自由的阅读精灵

“阅读就像行星的运行，我们读得越多，距离太阳越近。”限于课堂或班级有组织、有指导的阅读只是引路入门，虽然重要，却是远远不够的。阅读是自由的心灵之舞，让阅读扎根于儿童的内心，成为他们自主、自觉、自发的行动，真正绵延一生、影响一生的阅读才开始了，“天堂鸟”的自由高飞才开始了。为此，我们组织央校一批热衷于儿童阅读推广的老师精心编制了《天堂鸟星级阅读手册》，根据九大行星的运行方式，我们将阅读书目由浅入深分成九个级别，从冥王星级的《安徒生童话》等到水星级的《莎士比亚选集》、《美的历程》等，九个行星代表九个等级，读得越多距离太阳就越近。同学们可以拾级而上，也可以根据自己的兴趣自由跨级选择阅读书籍，并且根据阅读书目所在级别进行积分累加，最后，学校根据每个同学的阅读成绩评选出“阅读之星”、“读书大王”和“书香家庭”。在学校举行的首届“阅读文化节”的百日阅读活动中，学校开展了班级读书会、“跳蚤书市”、“藏书票”设计比赛、“童手写童心”、“我为名著写书评”等丰富多彩的系列活动，而自主阅读则唱起了主角，涌现出一大批“读书之星”、“读书大王”和“书香家庭”。

6．人影婆娑的“田园文学社区”

央校有一个“田园文学社区”，设于央校“儿童阅读城”内，它与校园网的“田园文学虚拟社区”、“天堂鸟树林”以及学生文学刊物《天堂鸟》，共同为学生进行阅读和创作提供了广阔的空间和舞台。“田园文学社”和虚拟社区的阅读与创作活动交相辉映，渐趋繁荣。陈皓程、罗莉华、邱婷婷、陆亚宁等一大批中小学生陆续在全国“手拉手”中国少年作家记者杯征文大赛、“走进五台山”放胆作文全国征文大赛、深圳读书月征文大赛、“卓越杯”深港中学生征文大赛等比赛中获得优异成绩。蒋宁、朱士彰、王晓俊逸、温柔、黄嘉敏、林鹏飞、林莉楠等同学在各级报纸杂志上发表文章数百篇，参加各级征文比赛获奖百余人次。由花城出版社出版的学生优秀作品选《花季的倾诉》，就收录了我校冯元鑫、陈文婷、余欢、李雅婷、陈如烨、林嵘净、彭维维、冯路等八位学生的作品，入选人数均居全区前列。在第二届深圳市读书月期间，刚诞生不久的田园文学社就获文学社团评比活动“优秀组织”奖。

央校的网络阅读也异常活跃，它与国内著名的儿童阅读网站，如“小书房”、“蓝袋鼠”、“亲近母语”、“萤火虫读书会”、“花衣裳青少年文学网”、“中国儿童诗网”、“信谊图画书在线”、“东方娃娃”、“小布老虎工作室”、“亲子洋童书网”、“蓝贝壳儿童精品童书吧”、“新浪亲子阅读”、“妈妈宝宝书友会”、“父母公社亲子阅读论坛”、“我爱猫窝儿童文学论坛”、“石头汤亲子阅读博客圈”、“纯真年代”、“彭懿的绘声绘色”等直接链接，同学们可以随时登陆网站进行阅读。学校的班级阅读专题网站、师生共读网站（如星梅小语后花园、唐维芳青青竹苑、蝌蝌金色池塘、Elly 文化英语、郑雅莉英语加油站、伍德秀荷园网痕等）以及教师博客、学生博客一直访客不断，佳作如潮。

7. 阅读公益推广："天堂鸟"远举高飞

阅读不只是贵族的事，也是百姓的事，不只是高雅的事，也是俗世的事，不只是学校的事，也是家庭的事、社会的事，乃至国家的事。我们深知，仅在校园飞翔的"天堂鸟"是飞不高，飞不远，飞不出婀娜万千的曼妙舞姿，飞不出背负青天一览众山的博大气概，飞不出吐纳云气仰观俯察的自由境界的。我们企盼"天堂鸟"的羽翼掠过社区上空，飞入寻常人家，甚至飞向阳光照射不到的世界。为此，我们制定了阅读公益推广计划，邀请国际儿童读物联盟官员、著名作家、社区街道办领导、老师、学生和"童话妈妈"深入家庭和社区，在学校、社区广场、书店、地铁、流动人口杂居区乃至学生家中，通过培训、诵读与讲述、图片宣传等方法有计划地分步骤开展"书香飘万家"阅读公益推广活动，希望与栖息、穿梭于这个世界的人们，在优游行走、坐卧静养、日常言谈、礼尚往来、良行善举、居家活动中，与书为伴，共建书香家庭和书香社区。我们还与广东省汕尾莲花小学、揭阳大南山华侨区中小学、贵州省三都水族自治区三洞民族中学、广西省桂林市龙胜县尾江乡民族小学、四川省广安市桂兴镇小学、四川北川教育局、黑龙江省大兴安岭地区塔河二小、漠河县全县中小学、江苏省海门市海永乡中心学校等结为儿童阅读联盟学校（或组织），与他们开展阅读交流活动，让阅读联盟学校孩子的梦想一起飞翔。

央校的"天堂鸟"正曼妙地飞翔着，她五彩的羽翼翩翩，幻化成校园一道道令人迷醉的风景。球场一隅、廊道一角、园林一旁，随处可见或坐或站或倚的读书学生，孩子们沉浸于书本营构的广阔世界之中，吮吸营养，言谈举止、精神气质焕然一新；天堂鸟舞姿翩跹，跨过学校的篱笆、围栏，优游穿行于社区的上空，吐纳云气，将她美丽的剪影定格在一个又一个家庭窗前的灯光下；天堂鸟将文字变成了朗声歌唱，将阅读转换为优雅的姿态，穿越万水千山，带给贫困山区渴盼书籍的孩子，让他们虽在贫困的物质消费中，却依然能享受这清朗而高贵的读书生活，在阅读中不断壮大精神，走向一个更广袤、更深邃、更高卓的世界。

（四）学院文化课程：张扬鲜活个性，编织英才摇篮

个体发展存在差异，基础教育要尊重、适应这些差异，在确保满足每个受教育者基本发展需要的同时，最大限度地培养学生的个性，为学生生动活泼的发展创造条件，这一点天经地义。但长期以来，有一个重大的问题却一直被忽视或回避，那

就是精英教育或英才教育在差异教育、个性教育中的地位。发达国家的国民素质教育经历数百年的行程，渐趋成熟。我国的国民素质教育相对较晚，而且历经曲折，所以，推进国民素质教育仍然任重道远。不坚持这一点，民族和国家就没有未来。但这并不意味着我们应该拒绝和排斥英才或精英启蒙教育。和国民素质教育一样，基础教育中的精英教育或英才教育在西方也有着悠久的历史，虽然一直存有这样那样的争议（这种争议同样存在于国民素质教育），但毕竟积累了极为丰富的、值得我们借鉴的经验。这些年来，我们的基础教育界有一个观念误区，认为英才教育或精英教育就是应试教育，表面看似乎有道理，实际上缺乏理论依据。应试教育是一种缺乏理想、缺乏人才目的追求的教育，它既培养不出合格的公民，也培养不出卓越的精英。

曾经在江苏的一个研讨会上，我发表过国民教育和精英教育（或英才教育）同样值得重视的见解，我说："什么是素质？到今天为止，这还是一个比较含混的概念。对素质的理解本身就有一个历史尺度和人本尺度的区别。素质教育是工业文明的产物。以人为本，这是近代工业文明的重要特点。所以国民教育、义务教育也深深打上了时代的烙印，从诞生的那天起就一直在强调素质教育，强调作为人的基本素质的培育。但工业文明又是竞争的产物。企业与企业之间，民族与民族之间都要竞争。竞争使得许多企业家、政治家、教育家最终都不得不选择一种时代和历史相结合的尺度，所以就必然产生精英教育、英才教育。现在提素质教育实际上仍然有这么两个侧重点。"[29] 实际上，现代教育从来没有忽略精英教育或英才教育，它与素质教育、国民教育并非水火不容。美国已故文化评论家威廉·亨利在指斥变形扭曲的"平等主义"和为精英主义辩护时说过这样一段话："我们中间有的人比其他人更出色，也就是说，更聪明，更勤奋，更博学，更能干，更难取代。一些观念比其他观念更深刻。一些价值观比其他价值观更有生命力。一些艺术作品比其他艺术作品更具有普遍价值。一些文化比其他文化更完善，因而更值得学习研究……"[30] 现代精英主义不同于传统的精英主义，它不会导致专制、垄断和不公。在现代公民社会，精英和普通国民合力推动社会的进步，两者可以双择互动、并行不悖，没有绝对的界限，有时，平民主义更重要，而有时精英主义则更重要。因此，我们需要一种基于儿童基础性发展和个性化发展辩证关系的国民素质教育和精英启蒙教育并行和相容的新基础教育模式。在我看来，现代意义上的素质教育和精英教育都是有理想的教育，只是侧重点有所不同。每个人都有必要成为素质良好的合格国民或公民，也有可能成为出类拔萃的未来精英或栋梁，基础教育必须为满足这两方面的需要创造条件，打造平台。为此，近年来，我们在这方面进行大胆的尝试，开发和构建了独具特色的学院文化课程。

1．五大学院：合力打造个性发展的平台

为处理好国民素质和精英启蒙、基础性发展和个性化发展辩证关系，我们根据学校的长期发展战略，对校定课程（一般称为“校本课程”，也有称为“学校课程”）的设置、开发、实施等运作和管理作出整体规划，决定建立班级授课制和学院制相结合的新型课程运作机制，在改革课堂教学的同时，不断丰富课程实施的途径，最大限度地拓展儿童学习与发展的课时空间，增设与教学管理部门具有同级权能的学校少儿文化中心，成立由它统筹、协调和管理下的人文学院、科技学院、体育学院、艺术学院和外国语学院。各大学院根据个体发展需求，通过设置作坊、学舍、社团、沙龙、俱乐部等，实施学生的选修课、兴趣项目修习、特长训练等个性化课程。学校在制定和实施学校的课程方案时，保证这一课程充足的课时比例，严禁随意挤占和挪用，严禁把地方课程和校定课程当做自习课、应试复习课和练习课。学院制结束了个性化课程因传统教学管理制度钳制而长期边缘化的格局，为它的全面实施和深层推进提供了强有力的保障。

2．三类课程：全面满足个性发展的需求

校定课程是国家和地方充分赋权的课程，是学校根据国家教育方针和课程管理政策，为弥补学科课程和班级授课的天然不足，提高课程的可选择性，针对学生的兴趣和需要，结合学校的办学战略、传统或优势，充分利用学校独特的课程资源，完全自主开发的课程。设计、开发和实施校定课程，必须最大限度地关注、适应和满足学生个性自由发展的需要，强调兴趣、爱好与特长的培养，突出人文精神、创新精神和实践能力的形成。当然，对于个性，我们不能做片面的理解。“个性”在汉语语境里和英文的“个体性”（也习惯称之为“个性”）很难区别，而实际上，个性是一个综合的概念，个性包含个体性，但不等于个体性，它也包含个体之间的共同性，正如个性心理学家阿尔波特所说，包括人的思想、态度、兴趣、气质、潜能、人生哲学以及体格和生理特点等在内的非常复杂的内在组织和这些因素的多面综合才构成个性。所以，开发个性化的课程不能仅仅着眼于个体的特殊领域，如特长的发展，也应当关注个体的博雅意识和综合素养的培育。关于个性，还要必须认清的一点是，个性的差异不仅包含类型差异（如兴趣、能力倾向等差异），也包含水平差异（如天赋、认知、情感、能力等水平的高低优劣），乃至难以机械缩小和磨平的差异。因此，个性化课程不仅要适应个体不同的兴趣和能力倾向，最大限度地提供可供选择的不同项目，同时也要针对个体的水平差异提供不同层次的课程，尤其是要满足个体不断增长的、更高发展追求的需要。正是基于这些认识，我校依托少儿文化中心下设的五个学院组织，根据博雅与精专相结合、自主与指导相结合的基本原则，开设了博雅、社团和专长三类学院制个性化课程：

一是博雅类课程（A类）。此类课程为必选，围绕我们提出的五个“天天”，即“天天奥运”（与教育行政部门推行的“阳光体育”重合，同时保持自己的特点）、“天天艺术”、“天天英语”、“天天科技”、“天天阅读”的要求，利用晨间、课堂和课间等时空，开设音乐欣赏、影视赏析、科普学习、文化阅读、健身活动，为发展个性素质奠定良好基础。

二是社团类课程（B类）。此类课程为自选，完全根据学生的兴趣爱好，完全由学生自由选择甚至自由组织开设的“超市”式课程，它从发起、组织（包括重组）、命名、申报、活动、评价、展示等，均由学生自主委员会牵头，学生自行组织，充分体现了自发、自组和自由的特性。目前，央校的学生社团课程一直保持在200个以上，内容涉及科技、艺术、阅读、体育、健身、外语、公益、家政等众多领域，如“欢乐篮球队”、“苗苗阅读组”、“爱迪生科学社团”、“跟我说英语社团”、“小猪烹饪社团”、“我爱看影视社团”、“小龙人羽毛球队”、“神气十足跆拳道”、“棋乐无穷组”、“阳光越野队”、“丛林猛虎冒险队”、“快乐跳跳跳小队”、“网球未来之星”、“IQ博士国际象棋俱乐部”、“箐箐美苑”、“太阳花手工制作社”、“科技乐翻天科普社”、“美食俱乐部”、“自然密语”、“越野自行车组”、“优悠自行车队”、“闪电飞盘小组”、“小织女手工社团”、“串串珠社团”、“CF电玩社团”、“闪电龙板社团”、“欢乐之花丝网花社”、“漫画王国”、“积木社团”、“小布偶织布社团”、“天使之翼漫画社”、“1003模型社”、“七彩手工坊”、“顶尖羽毛球社”、“切尔西足球之星”、“中新街小年管乐团”、“美丽摄影社”、“野外料理王”、“樱花布丁社”、“WALL•E收集社”、“ZBA篮球社”、“科技发展代码社”、“暴跳如雷跳绳社”、“溜冰社”、“劲舞社”、“红黑无双乒乓球社”、“CV配音社”、“公益十字绣”、“魔方社”等。社团组织高度自主，人数少则三人，多则数十人，且进退自由，指导教师都由学生自己聘请，活动形式灵活多样。社团课程充分展示了学生的主体精神，极大地释放了学生的潜能。

三是专长类课程（C类）。此类课程为双选，根据学生的发展潜力和基础成立准专业的少儿文化社团，利用本校教师在相关专业方面的巨大优势，开展专业性的指导与训练，进行精英启蒙教育。目前，我们拥有当之无愧的区市省乃至国内一流的合唱团、管乐团、舞蹈团、话剧团、少儿说唱艺术团、英语剧社、书画院（以藏书票和铜版画为主要特色）、网球队、击剑队等。

3．灵活运作：深层开拓个性发展的时空

个性的培养需要个性化的自由时间和空间。我校学院文化课程从开设到教师队伍的建设，都体现了高度的开放性和灵活性。课程的开设充分尊重学生的自由选择性，如兴趣类课程基本上每学期开学初由学生提供意向，学校根据学生的意向和参与人数提供自选目录。课程的组织实施采取了不同于学科课程与课堂教学的更灵活的组织形式，许多课程可打破行政班级的区划，跨年级、跨班级开设。课程时间的安排根据不同项目课程的内容特点灵活确定，长短不限，同时更注重挖掘潜在时间或隐性时间，充分利用休闲时间或自主时间，开展丰富多彩、形式多样的训练、指导活动，例如，实施“五个天天”的博雅课程就最大限度地利用了学生的课间十分钟等自由或自主时间和空间，让学生在自由轻松的氛围里感受体育、艺术、书籍、外语、科技的魅力，其综合素质不知不觉地得到了训练和提升。

对学院课程实施的管理突出动态监管，并采取更灵活和注重绩效的评价策略，激励教师最大限度地释放专业能量。在学院课程的教师队伍建设方面，我们广泛利用校内外的教育力量，建立了一支高度开放、特色明显、实力雄厚、声誉卓著的教师群体，富有成效地开展形式多样的教育、训练与辅导活动，为学生提供自我选择、发展和展示的广阔空间，为教师搭建充分显示个人才智的巨大平台，为学校创造形成课程特色和办学个性的优良条件。

当然，灵活的运作更需要周密的规划，否则就会放任自流或流于形式。每学期开设学院课程或校定课程，我们都会在全面而充分地研究、分析与评估学生和学校发展需要、可资利用的课程资源的基础上，制定出包括课程总体目标、课程目录、课程基本内容、课程组织与实施、课程评价等在内的学院课程规划方案，并纳入学期的《学校课程实施方案》。根据方案，教师根据实际情况提出开设学院课程的申请，通过审议后，编制所承担课程的实施计划，包括项目的目标、内容、教材编写、活动安排以及评价等，确保各项学院课程的有效实施。

我们知道，“课程”一词在拉丁语中本意为“跑道”，也在一定程度上包含了“跑的过程和经历”（因为课程的词源“currere”就是这个意思），因此，课程从本源的意义上讲，也就是要为儿童铺筑一条促使他自我成长的“跑道”，也就是要引领着、协同着、辅佐着儿童在这条跑道上漫步或疾走。都市田园课程就是尝试构建这样一种课程，它铺设一条通向儿童精神家园的“回家”之路。它的校本化开发彰显了草根型课程建设与管理的强大生命力量。但是，我认为，它的意义远远不止于此。“都市田园教育”课程的校本化开发实际上还为我们提供了一个审视学校经营的全新视角，它昭示和孕育着学校制度变革的可能性。

当年，我就在《为了学生、教师和学校的共同发展——学校课程建设与管理纲要》中提出了这样的期待与愿景：“以课程管理为核心，建立学校管理新战略，推进学校新制度的建设。从‘制度挂帅’和‘制度创新’的高度统领课程改革和课程建设，在上级教育行政部门的领导和支持下，依靠广大教职员工、全体学生以及地方社会等方面的积极力量，转变学校管理职能，通过课程改革和建设，推进学校制度的变革与创新，逐步构建以课程管理为核心，充分发挥学校课程资源开发、教育教学研究、信息技术支撑、少儿文化建设、促进教师成长、教育文化交流等多种职能，真正体现教育本性的新学校组织体系。致力于建立和完善以‘学生自主，教师自主，学校自主’为最高追求的，由各种责权主体广泛参与的，更具平民关怀、民主关怀、人文关怀，更具互惠性、高效性的学校新制度和新秩序，实现责任与利益、理性与欲望、物化与人化、自在与自为、规约与自律、权威与自主、个人与组织、学校与社会等有机的统一，促进教育的物质力量、精神力量的快速积累、聚集和优化组合，防止因制度性的缺失或障碍而削弱学校教育理念、物化技术、课程模式、教学方式等方面的变革，为学校课程建设和学校发展提供强有力的保障。结合课程改革，从学校制度的内部关系、实践领域、责权主体等方面全方位地推进学校制度的创新。积极探索基于多元社会和多元文化的多元学科制度、可选择学习制度、市场性教育制度、有限教育行政制度等新型学校制度，力争通过较短时间的努力，将学校建设成为富有文化哲学精神追求，不为工具理性所拘检，充分体现国际化、现代性与民族性，融会深圳多元文化，致力于信念与智慧、情感与理性、科学与人文统一的积淀厚重、秩序和谐、自由开放、充满活力、风貌独特的新型学校，实现学校的跨越式、跃迁式和可持续性的发展。”[31] 这段话后来简化为“以课程管理促进学校管理，以学校管理促进学校制度变革”的表述，更清晰地揭示了基于课程管理的“自下而上”的草根型学校制度变革路径。[32]

诚然，校本化、草根化课程管理与建设并不能自然而然地造成学校制度变革，其间有非常复杂的变量需要加以审慎把握与调控，但是，我仍然相信，坚持课程的校本化开发、建设与管理，必将对学校的整体改造与完善产生深远的影响。

附录：几个主题文化活动方案

“童话人生，童心世界”童话文化节活动方案

一、活动宗旨

童话是关于人类梦想、希望的秘密，记录了人类生命共同的轨迹。童话是对我们精神世界的滋养，呵护着孩子纯美的心灵，指引着成年人追寻心灵安顿之路。“安

徒生是可以从小读到老的。”走进美丽浪漫的童话天地，阅读童话，探讨童话，童话的善良和纯真将弥漫于我们的世界。让我们相信童话，发现儿童，唤醒童心，回归童真，让孩子在快乐、诗意的童话中舒展天性，绽放灵性，创造美好的人生。

为了配合南山区即将举行的国际儿童文化艺术周，我校拟举办“童话人生，童心世界”为主题的第二届童话文化节，旨在进一步研究、探讨童话对于人生、世界的意义，进行一场新的“童心运动”，回归儿童本身，为未来打造一个和谐纯真的“童话世界”。

二、活动口号

1．童话人生，童心世界

2．相信童话，创造人生

3．发现儿童，回归童真

三、活动安排

（一）环境板块：“童话欢乐谷”

1．宣传画制作及张贴：制作童话文化节宣传画，在校园和社区张贴

2．廊道、阅读城：营造浓郁的童话色彩，将校园装扮成一个美丽的童话王国

3．班级环境布置：装饰班级环境，围绕童话文化节主题营造节日气氛

4．充实班级读书俱乐部，增添童话文化阅读图书

5．校园广播宣讲与本次童话文化有关的活动目的及活动主题，每周向学生宣传活动内容、活动开展情况等

6．组织进行环境文化建设评比

（二）阅读板块：“童话伴我高飞”

1．分别给低、中、高段学生推荐经典童话作品

2．班级读书俱乐部童话阅读

3．“天堂鸟在飞翔”社区童话阅读推广

（1）“童话妈妈”进社区

（2）教师、学生进幼儿园讲童话

（3）学生到福利院讲述童话

（三）活动板块：“生命欢舞，童心永恒”

1．“童手绘童心”创作竞赛

为激发学生与书本为友，与大师对话，与经典童话对话，并激发其走进童话世界的兴趣，在承传人类优秀文化遗产中净化自己的灵魂，升华自己的人格。提高全体学生创编童话故事的水平和热情，组织童话作品创编比赛。

（1）童话原创比赛

（2）童话绘本创作比赛

（3）以童话为主题的电脑绘画比赛

2.“美食总动员”10部经典童话电影欣赏

3.“为安徒生爷爷过生日”大型童话书市和童话讲述诵读活动

4.“与童话牵手”教师童话讲述展演

5.“永远的童话”教师文化沙龙

（四）学科教学：“五彩缤纷的童话”学科阅读展示

以童话为主题，开展学科童话文化阅读活动，青年教师、骨干教师进行读书会的教学展示。

（五）“童话人生，童心世界”童话文化峰会暨童话文化节闭幕式

1.“童话城堡任我游”游历活动

2.“童话大师讲童话”

3.“小人鱼游来了”儿童峰会

4.“洞里洞外的老鼠”广场集会

“家，甜蜜的家”亲情文化节活动实施方案

一、指导思想

亲情虽非中国所独有，但唯独在中国才可以形成一种历史悠久、传播广泛、影响持续、方式缜密、内容全面、形态复杂、功能完善和体系庞大的文化。根据学校工作计划，我校决定举行第二届“亲情文化节”主题大单元活动。以“亲情文化节”为活动主题，凸显文化相通、血脉相连的亲情主题，渗透新公民教育、新综合教育、新学力教育、新阅读教育和新英才教育的全新理念，以文化为价值追求。在有效的课程资源开发的前提下，通过综合实践课程的整合，探索富有我校特色和教师个性的进一步融合，促进学生的全面和谐的发展，并且通过学科课程教研，突出亲情文化，拓展亲情主题与各学科之间的联系。在此过程中，使全体师生更深层次地理解亲情、感悟亲情、感恩亲情，进一步提升校本的文化特色，为教师和学生的发展提供一个充满诗意的探索发展之旅，进一步完善亲情文化读本。

二、活动口号

1.亲情世界，温馨家园

2.谁言寸草心，报得三春晖

三、活动安排

（一）环境板块

1．宣传画制作及张贴：制作亲情文化节宣传画，在校园和社区张贴

2．学校大门、廊道：体现亲情主题的校园文化环境布置

3．班级环境布置：装饰学校楼道、走廊

4．组织进行环境文化建设评比

5．在校园利用课间和中午时间播放亲情类歌曲

（二）阅读板块

1．亲情文化读本导读

2．亲情故事采编

（三）教研板块

学科教学研究：以亲情文化为主题，骨干教师上研究性展示课，展示课要渗透和倡导情境认知理论，探索和尝试文化情境教学模式。

（四）活动板块

1．“走进千家万户”家访活动

加强家庭、社区、学校的教育沟通，形成教育合力，通过家访，了解学生与家人的相处情况，了解他们的家庭亲情故事，并组织家长委员会成员参加学校社会综合活动、教学观摩等。

2．家庭才艺展示

每个年级推选两个家庭参加家庭才艺展示，要求每个家庭至少有3人参加，才艺展示尽量以多种形式呈现。

3．“小鬼当家”回报亲情系列活动

让学生通过谈话、亲子通信，了解自己亲人的生活、工作情况，以自己力所能及的实际行动（如做家务等）体会做家长的艰辛，加深对亲人和生活的理解，学会关爱他人。

4．亲子竞技活动（亲子运动会）

通过竞技活动，让家长和学生共同参与，在游戏的过程中促进学生和家长之间的沟通，加深感情。

5．“爱在屋檐下”亲情情景剧比赛

以班级为单位推选，每个年级选出一部亲情情景剧参加比赛。剧目内容围绕亲情方面的感人故事，可以请老师及家长参加表演。

6．十大孝子、十大优秀家庭（含亲善之家、礼仪之家、书香之家等）、十大公

益妈妈（含网络妈妈、交通妈妈、童话妈妈等）评选

自荐与推选相结合，评出家庭优秀孩子和家长，推进礼仪社区、书香社区、平安社区的建设。

7. 亲情故事讲述大赛

参赛选手通过口头描述、身体语言、舞台技巧，讲述一个自选的亲情故事。共分四组，分别为低段组、中段组、高段组和教师组。

8. 亲情故事征文比赛

通过活动，了解和调查身边的亲情故事，培养学生的社会实践能力和人际交往能力。征文作品要求全部为原创，体裁不限。

9. 亲情互动主题班队会

每班（或中队）用一节班会的时间，邀请家长来参加。要求学生在班会上与自己的家长交流，把自己的心里话说给家人听。以此方式加强学生与家人之间的感情。

10. 论坛活动

就“《孝经》阅读是与非”、“亲情伦理的当代意义”等话题举行辩论赛或沙龙。

11. 电影赏析系列

组织师生欣赏《小孤星》、《马语者》、《雨人》、《我是山姆》、《一样的月亮》、《把信送到阿根廷》、《柯利亚》、《硫磺岛家书》、《罗斯之歌》等涉及亲情主题的国际获奖大片。

12. “别样的亲情”亲情公益活动

通过开展亲情公益活动，把“别样的亲情”送到鳏寡孤残等家庭，展示央校学子的公益精神。

13. 社区亲情文体活动

举行社区文艺演出、足球比赛等活动，促进社区、家庭和社区的和谐互动。

14. 家长教育学院亲情辅导系列

邀请国内专家有针对性地对核心家庭、主干家庭、单亲家庭进行相关的家庭教育辅导，强化家长对亲情纽带和亲情伦理在儿童成长中作用的认知，并开展丰富多彩的交流活动。

15. “让白丝带飘起来”反家庭暴力儿童峰会

组织儿童研究现实中存在的家庭暴力现象，撰写文章，举行儿童峰会，展示儿童研究成果，宣读《让白丝带飘起来——中央教科所南山附属学校反家庭暴力儿童宣言》。

“轻轻走在大地上”生态文化节活动方案

一、活动宗旨

“自然是精神之象征”，当我们漫步田野，仰望星空，聆听世间万物用它们独特的声音和人类沟通——流水潺潺、树叶沙沙、鸟儿欢鸣……我们感受到日月星辰之中，蓝天白云之下，青草鲜花之间，处处溢满了纯洁、仁爱、优雅、宁静与安详。自然是心灵的风景，让我们轻轻走在大地上，体验孕育于自然之中的和谐与美，在原野中找到滋润灵魂的甘露，重建人类日渐荒芜的精神家园。

为配合南山区国家级生态示范区的创建，我校举办以“轻轻走在大地上”为主题的第二届生态文化节，旨在把自然环保、社会生态建设与人自身的自然优化结合起来，讴歌美好自然，倡导循环经济，崇尚简单生活，建设田园社会。

二、活动口号

1．自然最知道自己

2．不做自然的掠夺者，做她的朋友

3．守护荒野，寻归田园

4．寻归荒野，返璞归真

三、活动安排

（一）环境板块：“美丽的都市田园”

1．宣传画制作及张贴：制作生态文化节宣传画，在校园和社区张贴

2．学校大门、廊道、校园、阅读城：营造清新优美、气氛浓郁的乡野氛围，将校园装扮成一个美丽的都市田园

3．班级环境布置：装饰班级环境，围绕生态文化节主题营造节日气氛

4．充实班级读书俱乐部，增添生态文化阅读图书

5．校园广播宣讲与本次生态文化有关的活动目的及活动主题，每周向学生宣传活动内容、活动开展情况等

6．组织进行环境文化建设评比

（二）阅读板块：“自然之书”

分为文学阅读和科学阅读两部分，开通探索系列，文学阅读包括传统田园诗文以及英、美、俄等国的生态文学。

1．分别给高、中、低段学生推荐经典生态文学作品

2．“跳蚤”书市

3．班级读书俱乐部田园诗文、生态文学阅读

4．阅读推广

（1）与生态作家面对面

（2）“阅读妈妈”进社区进行阅读推广

（3）教师赴阅读联盟学校进行阅读推广

（三）活动板块：“寻归逝去的朴素”

1．“绿色卫士行动”系列

树立“守护绿色，珍爱家园”的环境与公民意识，开展“节能减排”从我做起、从现在做起、从身边小事做起的系列活动，保护生态环境，传播绿色文化，倡导绿色文明，共建绿色家园。

2．“崇尚简单生活”系列

开展“无电日”、“步行日”、“劳动日”、“旧装日”、“静心日”等简单生活活动，倡导智者生活方式，外在简朴而内心丰富。

3．“循环经济考察”系列

了解“循环经济”倡导的理念、特征、现状、发展模式及推行循环经济的重要意义，组织学生参观考察，树立并强化提倡绿色消费，优化生存环境，实现可持续发展的意识。

4．“生态影视欣赏”系列

（1）学生欣赏人与自然经典电影，每月两部

（2）教师欣赏经典电影，每周一部

5．“传统养生文化”系列

组织传统养生讲座，组建教师、学生太极、瑜伽、气功、健身操、生态远足团队开展活动，定期展示成果。

6．“自然的歌手”创作竞赛

为增加学生对大自然的了解，激发学生对美好自然的热爱，鼓励学生走进原始、清新、纯朴的大自然，描绘、书写自然的壮美，并组织书画、摄影、文学创作比赛。

7．“文明的脚步”学生系列辩论赛

以增强学生对生态问题的了解和关注，渊博其学识，拓宽其视野，敏捷其才思，锻炼其口才，培养学生公民意识和社会责任感。

8．“生态十日谈”

延请国内环保、生态科学等方面的知名专家来校讲学，了解当今世界环境问题的症结所在、中国公民与世界公民的立场冲突、传统智慧与生态文明建设、博物学与个人生存之间的关系，促进师生真正做到环保的自觉。

9．“相约星期二”之“寻归荒野”教师文化沙龙

“相约星期二”将以生态文化为主题进行教师文化沙龙，探寻生态危机的社会根源，探讨荒野对于世界、人生的意义，揭示自然生态与人的内在生态之间的关系。

10．儿童峰会

学生自行组织以生态文化为主题的儿童高峰论坛。

(四) 学科教学：“五彩缤纷的大地”

以“轻轻走在大地上”为主题，分步实施青年教师上汇报课，骨干教师上研究性展示课，鼓励和指导教师进行文化情境研究、行动研究、个案研究、反思研究、协作研究。此外，还专设循环经济专题教学。

“美丽游戏，美丽人生”游戏文化节活动方案

一、活动宗旨

游戏，是儿童的“精神植被”，是儿童自由生命之依靠，蕴藏着儿童乃至成人生命的全部价值和意义，它记录、镌刻、深蕴着人生的矛盾与冲突、苦难与艰辛，它给人以智慧的启迪，给人“欢乐、自由、满足、内部和外部的平静和整个世界的安宁”。游戏书写着人的生命智慧和生命艺术的华彩文章。然而，很久以来，儿童的游戏被剥夺，教育的游戏精神已经委顿，在完成了“学前”令孩子终身难忘的快乐学习之后，游戏就离孩子渐行渐远，直至消逝得无影无踪。艰苦代替了欢乐，认真挤兑了游戏，严肃唾弃了活泼。随着游戏之死，儿童之死的黑暗岁月也就来临了。

中国的基础教育呼唤自由的游戏精神，人类的文化呼唤游戏的自由精神。为此，学校将举行第二届游戏文化节，让我们回归并重建学校的游戏文化，让我们一起走进美丽的游戏，让游戏的笑为我们创造充满智慧惊奇和乐趣的幸福人生。

二、活动口号

1．美丽游戏，美丽人生

2．自由学习，自由工作，自由生活，自由发展

3．畅

4．All works, no play, makes Jack a dull boy!

三、活动安排

(一) 环境文化情境的创设：“原野上的欢笑”

1．宣传画制作及张贴：制作游戏文化节宣传画，在校园和社区张贴

2．学校大门、廊道、校园、阅读城：营造活泼欢快、健康美丽的游戏节

氛围

3．班级环境布置：装饰班级环境，围绕游戏文化节主题营造节日气氛

4．充实班级读书俱乐部，增添游戏文化阅读图书

5．校园广播宣讲与本次游戏文化有关的活动目的及活动主题，每周向学生宣传活动内容、活动开展情况等

6．组织进行环境文化建设评比

（二）阅读板块："在自己的房间里旅行"

分为文学阅读和学科阅读两部分。文学阅读指中文、英文阅读，从传统诗文到近现代中外相关主题的作品，包括学校所编写的游戏主题读本。学科阅读指数学、科学、历史等方面的读本。

1．分别给高、中、低段学生推荐经典文学作品

2．"跳蚤"书市

3．班级读书俱乐部开展阅读

（三）活动板块："自由的精灵"

1．"语言狂欢"系列

组织"猜猜我是谁"字谜、灯谜游艺会、"咕噜咕噜转"成语接龙、"摇头晃脑"唱童谣、"伶牙俐齿"绕口令等语言游戏活动。

2．"玩转数学"系列

组织魔方比赛、二十四点、七巧板等各种数学游戏活动。

3．"艺术戏台"系列

组织"超级变变变"、"魔术大比拼"、"快乐传递"等富有创意及表演性的活动。

4．"生活休闲"系列

组织放风筝比赛、民族服装巧搭配等活动。

5．"军体游戏"系列

（1）传统游戏

（2）体育竞技

6．"电脑玩家"系列

组织"游戏艺术工厂"、漫画制作、"连连看"等电玩游戏擂台。

7．高端讲堂

江晓原、李庆明等为教师做游戏文化、娱乐与游戏等讲座。

8．教师沙龙"相约星期二"之"理想课堂的游戏精神"

9．"游戏文化影视欣赏系列"

（1）学生欣赏经典电影，每月两部

（2）教师欣赏经典电影，每周一部

《破铜烂铁》、《仲夏夜之梦》、《角斗士》、《听见天堂》、《魔法玩具城》、《蒂伯巴赫村的孩子们》、《追风筝的人》、《卓别林》、《心中的小星星》等。

10．学生辩论

以游戏为主题，增强学生对游戏问题的了解和关注，渊博其学识，拓宽其视野、敏捷其才思、锻炼其口才。

11．儿童峰会

学生自行组织以游戏文化为主题的儿童高峰论坛。

（四）学科教学："和着天堂之舞的节奏"

以"美丽游戏，美丽人生"为主题，分步实施青年教师上汇报课，骨干教师上研究性展示课，鼓励和指导教师进行文化情境研究、行动研究、个案研究、反思研究、协作研究。

"海的女儿"海洋文化节活动方案

一、活动宗旨

希腊哲学家泰勒斯曾经说过："万物起源于水。"海洋孕育了人类最早的生命，水乳交融，生生不息。它恢弘博大、奔放雄浑，它是自由的精灵，是力量和智慧的象征。海洋的自由本性，衍生出自由、雄伟、开放、民主、博大、深沉、开拓、进取的海洋精神，这也就是现代文明的精神。海洋文明和现代文明结伴而行。谁拥有了海洋精神的禀赋，谁就能拥有现代和未来的世界。

21世纪是海洋的世纪，为此，我校举办以"海的女儿"为主题的第二届海洋文化节，旨在通过亲近海洋、赞美海洋、探索海洋，初步积累海洋科学、海洋历史、海洋生态、海洋文学等领域的知识，树立海洋中国意识，培养海洋型的自由人格。让自由海洋之声传遍天涯海角，共创蓝色中国、蓝色世界的辉煌。

二、活动口号

1．海洋中国，蓝色未来

2．海洋精神，海洋人格

3．自由海洋，自由心灵

4．我们是海的女儿

三、活动安排

（一）环境板块："蓝蓝的天，蓝蓝的海"

1．宣传画制作及张贴：制作海洋文化节宣传画，在校园和社区张贴

2．学校大门、廊道、校园、阅读城：营造气氛浓郁的海洋氛围，将校园装扮成一个蔚蓝美丽的海洋世界

3．班级环境布置：装饰班级环境，围绕海洋文化节主题营造节日气氛

4．充实班级读书俱乐部，增添海洋文化阅读图书

5．校园广播宣讲与本次海洋文化有关的活动目的及活动主题，每周向学生宣传活动内容、活动开展情况等

6．组织进行环境文化建设评比

（二）阅读板块："海纳百川"

分为文学阅读和科学阅读两部分，开通探索系列，文学阅读包括有关海洋的诗文、欧美海洋文学。

1．分别给高、中、低段学生推荐经典海洋文化文学作品

2．世界读书日全校海洋主题诗文诵读活动

3．班级读书俱乐部海洋文学阅读

4．李校长给教师推荐有关海洋文化的阅读书目

（三）活动展示："浪花里的欢笑"

1．"海之问"海洋探索系列

（1）"走，我们去看海"

通过参观沿海地区风景和民居或妈祖庙、海洋文化展览馆，感受海洋的浩瀚壮观，调查深圳海洋文化的历史与现状，思索深圳海洋文明的未来前景。

（2）"未来水世界"海洋生态科研考察研究行动

组织学生参观海洋公园、调查深圳海域污染现状及对海洋动植物、居民生存状况的影响，分析未来深圳海洋生态的前景，写出调研报告，进行评比。

（3）海洋文化知识竞赛

2．"海之诗"诗文诵读系列

（1）"小螺号，滴滴滴吹"童诗诵读比赛

组织低段学生进行以海洋为主题的儿童诗文大赛。

（2）"美人鱼的传说"故事讲述比赛

组织学生进行以海洋为主题的故事比赛，先由年级决出前三名，最后全校进行决赛。

3．“海之韵”表演欣赏系列

（1）“浪花里飘出欢乐的歌”歌手大奖赛

组织学生进行以海洋为主题的歌手大赛。

（2）“渔舟唱晚”传统才艺展示

组织有特长的学生进行以海洋为主题的传统书法、绘画、说唱艺术、乐器演奏等富有创意及表演性的活动。

（3）“椰风海韵”戏剧大赛

组织学生进行课本剧、科普剧、英语剧的表演大赛。

（4）“听涛观海”影视欣赏系列

① 学生欣赏经典电影，每月两部

② 教师欣赏经典电影，每周一部

《风：超越极速》、《追击红色十月》、《塔里巴》、《海上钢琴师》、《征服天堂1492》、《怒海争锋》、《碧海蓝天》、《末世蔷薇》、《怒海骄阳》、《大白鲨》、《未来水世界》、《小人物征服大世界》、《海洋》、《鲨鱼海洋》、《大海的风景》、《赤道：海洋的力量》、《原色海洋》、《海豚湾》等。

4．“海之思”学术活动系列

（1）高端讲堂系列

曲金良、修斌、李庆明等为教师做中西海洋文明对比与反思的讲座。

（2）教师沙龙“相约星期二”之“自由海洋，自由中国”

5．“海之梦”畅想未来系列

（1）“我是小小航海家”航海模型比赛

（2）作文大奖赛

组织学生进行以海洋为主题的作文大赛，包括考察报告、调研报告、论述文等。

（3）每月学生辩论

以海洋文化为主题，如“海兴国强民富，海衰国弱民穷”、“世博会与海洋文化”等，加强学生对海洋文化、海洋文明的了解和关注，丰富其海洋文化的相关知识，培养正确的海洋意识，拓宽其视野、敏捷其才思、锻炼其口才。

（4）主题班、团、队会活动

（5）与海洋局长对话“深圳海尚盛事”

6．“少年与海”儿童峰会

学生自行组织以海洋文化为主题的儿童高峰论坛。

（四）学科教学："黄与蓝的交响曲"

以"海的女儿"为主题，分步实施青年教师上汇报课，骨干教师上研究性展示课，鼓励和指导教师进行文化情境研究、行动研究、个案研究、反思研究、协作研究。

【注释】

［1］胡塞尔："通过一种高于生活的朴素性的反思，正确地向生活的朴素性回归，是唯一可能的一条克服那种处于传统的、客观的、哲学的所谓'科学性'之中的哲学素朴性的道路。"参见胡塞尔：《欧洲科学危机和超验现象学》，上海译文出版社，1988年版，第70页。现代性生活使人们失去生活的本真性，于是，回归真实的"生活世界"成为一种诉求。"生活世界"指人们生活于其中的现实具体的周围世界，是唯一实在的、通过知觉实际地被给予的，并能被体验到的活生生的自由世界。胡塞尔在严格的意义上对科学世界和生活世界进行了区分。相对于科学世界，生活世界是前科学的、奠基性的世界，一个主观的、相对的世界，一个直观的、日常的、非抽象的世界。科学世界是人的生活世界的沉淀物，因而只对人而言才有意义和价值。但实证主义把科学和人的生活相割裂，使科学失去了目的、意义和价值。因此，人的认识只局限于经验事实，科学脱离了人，就成为一个可以计量的"死"的世界。胡塞尔认为，欧洲的科学危机的根源正在于实证主义的泛滥。现象学的任务就是要把人们从实证主义的偏见中解放出来，使人们重新回到生活世界。在生活世界里，人们可以直接"看"到"本质"，也为自身存在的价值和意义找到了可靠的基础。参见胡塞尔：《欧洲科学危机和超验现象学》。

［2］根据美国社会学家罗兰·罗伯森的说法，研究"怀乡"有两种思路，一是考察"关于乡愁的理论"，它关注的是对怀乡的理解；二是探究"怀乡理论"，它与受怀旧限定的理论和研究有关。两者可以互补。参见罗兰·罗伯森《全球化：社会理论和全球文化》，上海人民出版社，2000年版，第209页。

［3］参见雷毅：《深层生态学思想研究》，清华大学出版社，2001年版。

［4］马克思：《1844年经济学—哲学手稿》，人民出版社，1979年版，第73页。马克思所说的"自然"包含更高意义的人类生活本身，即"人化了的自然"或"人类学的自然界"。在人化的自然中，人在超越自然本性的同时，也在不断地实现着向自然的回归。一方面，人与外部自然的关系成为一种"田园主义"而非敌对的、掠夺性的、相互报复的"扩张主义"关系。参见唐纳德·沃斯特：《自然的经济体系——生态思想史》，商务印书馆，1999年版，第545—546页。另一方面，他也同时实现着自身的"人的自然主义"，即向他的肉体自然、社会自然、心灵自然和文化自然的回归，这是另一种意义上的"自然界复活"，也可以说是更高意义上的"田园"——人自身的"田园生活"境界。

［5］参见拙作：《哲学回归田园：一个现象学的透视》，载《江苏教育学院学报》，2005年第1期。

［6］《打造都市里的田园学校》，载《深圳商报》，2004年5月14日；《在都市中漫步孤寂的"诗意之旅"——访田园教育倡导者李庆明》，载《深圳特区报》，2004年6月6日；《守望师道：李庆明和他的田园教育之梦》，载《师道》，2004年第9期；《唱响都市的田园牧歌》，载《南方日报》，2004年9月29日；《南山教育模式》，载《科技日报》，2005年3月8日；《李庆明和他的"都市田园教育"》，载《人民日报》，2005年8月18日；《教育"狂人"的"田园梦想"》，载《南方日报》，2005年9月21日。

[7] 李庆明等:《田园教育对话》，载《教师教育·新课改导刊》，2003 年第 2 期。
[8] 丹尼斯·劳顿等著，张渭城等译:《课程研究的理论与实践》，人民教育出版社，1985 年版，第 4—5 页。
[9] 李吉林等:《李吉林情境教学——情境教育》，山东教育出版社，2001 年版，第 95 页。
[10] 高文:《教学模式论》，上海教育出版社，2002 年版，第八章。
[11] 约翰·S. 布鲁柏克著，吴元训译:《教育问题史》，安徽教育出版社，1991 年版，第 296 页。又参见崔相录:《今日发达国家教育改革导论》，教育科学出版社，1992 年版，第 139 页。
[12] 参见原国家教委基础教育司编:《全日制普通高级中学课程计划（试验）学习指导》，人民教育出版社，1997 年版，第 147 页；教育部基础教育司制定:《全日制普通高级中学课程计划(试验修订稿)》，人民教育出版社，2000 年版。
[13] 转引自麦克尼尔著，施良方等译:《课程导论》，辽宁教育出版社，1990 年版，第 318—319 页。
[14] 乔治·比切姆著，黄明皖译:《课程理论》，人民教育出版社，1989 年版，第 139 页。
[15] 吴永军:《课程社会学》，南京师范大学出版社，1999 年版，第 371 页。
[16] 郝德永:《课程研制方法论》，教育科学出版社，2000 年版，第 284 页。
[17] 张华:《课程与教学论》，上海教育出版社，2000 年版，第 341—343 页。
[18] 张华:《课程与教学论》，第 351—352 页。
[19] 参见崔允漷:《校本课程开发：理论与实践》，教育科学出版社，2000 年版，第一、第二部分；郝德永:《课程研制方法论》，第 229—230 页。
[20] 施良方:《课程理论——课程的基础、原理与问题》，教育科学出版社，1996 年版，第 9 页。
[21] 参见拙作:《走向分权的课程决策》，载《江苏教育学院学报》，2001 年第 3 期。
[22] PISA（Programme for International Student Assessment）即“国际学生评估项目”的缩写，是一项由经济合作与发展组织（OECD）统筹的学生能力国际评估计划。主要对接近完成基础教育的 15 岁学生进行评估，测试学生们能否掌握参与社会所需要的知识与技能。第一次 PISA 评估于 2000 年举办，此后每 3 年举行一次，以评价年命名。评估主要分为三个领域：阅读素养、数学素养及科学素养，由这三项组成一评估循环核心，在每一个评核周期里，有 2/3 的时间会对其中一项领域进行深入评估，其他两项则进行综合评测。PISA2000 有 32 个国家参与，评估的重点是阅读素养；PISA2003 有 41 个国家和地区参与，评估的重点是数学素养；PISA2006 有 56 个国家和地区参与，评估的重点是科学素养；PISA2009 评估的重点又轮回到阅读素养，有更多国家与地区参与。PISA 已形成了完善的教育成效评价指标体系与数据基准。PISA 在各个国家中抽取 4500 名到 10000 名初三与高一为主的 15 岁学生担任调查对象，以测试学生是否能够掌握社会所需的知识与技能，因此，试题注重应用及情境化。受测学生必须灵活运用学科知识与认知技能，针对情境化的问题自行建构答案，因此能深入检视学生的基础素养。PISA 测试的重点是看学生全面参与社会的知识和技能，对学生阅读、数学和科学能力的考察并不限于书本知识，还包括成年人生活中需要的知识和技能。对于政策制定者而言，通过对比自己国家或地区和其他国家或地区教育系统的成就表现、教育发展趋势走向，能够帮助他们总结已有政策的经验，改善教育体制，并基于 PISA 提供的指标体系，更好地评价和监控教育体制的效力与发展。PISA 的目标是发展常规的、可靠的、与政策相关的学生成就指标，从而达到关于国家教育体制的质量、公正性和效率的评估目标。PISA 评估关注四个子目标的实现：学习成果的质量、学习成果的等价性和学习机会的均等性、教育过程的有效性和效率以及教育对社会经济的影响。教育部考试中心 2006 年引进并启动了 PISA2006 中国试测研究项目。PISA2006 中国试测研究并

不代表中国正式参与PISA，实践的目的在于学习、借鉴PISA先进的考试评价理念、理论、技术，了解国际的情况，通过实践锻炼队伍，构建符合中国国情的评价标准、手段、技术和方法体系，促进考试内容和形式的改革，特别是对命题环节的改进，有利于全面推进素质教育。参见王蕾：《PISA在中国：教育评价新探索》，载《比较教育研究》，2008年第2期。PISA中国项目的研究无疑将对我国的基础教育改革产生深远的影响，但有几点值得注意：由中国教育部考试中心主持研究；目前中国只是处于研究阶段，还没有正式参与该项目；PISA主要用来为一国的教育改革提供决策依据；PISA只以15岁学生为调查对象；PISA每3年举行一次，每次只有一个重点。所以，时下坊间流行的所谓PISA其实并非正宗，且有危害巨大的误导作用。据我所知，一些地方开展的、带有商业性质的所谓PISA项目，由于缺乏科学依据，准备严重不足，已经成为变相的应试教育，一些学校为争取所谓好的测试成绩，创造办学政绩，提高学校美誉度，不惜弄虚作假，停课“复习”，专攻应试技巧。由于测试缺乏科学性，测试结果很可能被教育行政部门领导用来作为错误评估学校、错误教育决策的依据，这种变形的PISA已经违背了PISA的基本宗旨。

[23] “健康”、“表现”和“探究”三大领域课程本为我在江苏省南通高等师范第二附属幼儿园指导开展的一个幼儿教育课程改革项目提出的一种课程主张。因此，在小学低年级通过整合课程开发儿童潜能，也可以说是幼儿课程和潜能开发的一种衔接、延伸和拓展。参见朱秀芬：《优化结构，提高幼儿课程的整合效应》，载《教育研究与评论》，2010年第1期。

[24] 《他们是中国儿童阅读推广人》，载《中华读书报》，2008年1月26日。

[25] 参见拙作：《“望月”的神情与气质》，载《语文教学通讯》，2009年第2C期（总第542期）；朱自强、王荣生、徐冬梅、李庆明等：《小学语文教材七人谈》，“话题二：语文教育是语言教育还是文学教育”，长春出版社，2010年版。

[26] 柯安利：《英语教育的文化诉求》、《中小学英语也要重视文学阅读》，载《光明日报》，2006年7月5日，2007年7月31日。

[27] 马克思：《1844年经济学—哲学手稿》，第79页。

[28] 马克思：《1844年经济学—哲学手稿》，第48页。

[29] 此次发言详见《江苏教育研究》，1997年第1期，第46页。

[30] 威廉·亨利著，胡利平译：《为精英主义辩护》，译林出版社，2000年版，第14页。

[31] 李庆明：《为了学生、教师和学校的共同发展——学校课程建设与管理纲要》（2004年未刊打印稿）。

[32] 李庆明、张忠义：《新学校制度建设视野中课程变革的思考与实践》，载《教育发展研究》，2005年第8期（B）。

亲近鲁迅，温暖生命
——"鲁迅启蒙教育"的实践与思考

刘发建
浙江省绍兴县柯桥小学教育集团语文教师、浙江省鲁迅研究会会员

一、我们为什么哗然

大概是两年前吧，高中的部分教材中鲁迅的《阿Q正传》被金庸的《雪山飞狐》取代了，编辑们说："我们动了不敢动的。"媒体一时哗然。近日又传闻中学教材中鲁迅的《为了忘却的纪念》和《药》又被拿下或是由原来的必读课文调整到选修课文，舆论自然又是一片哗然。

到了21世纪，搬掉鲁迅这块"又臭又硬的石头"，似乎是一种不可阻挡的趋势，似乎成了某些人的一种时代使命。现实是，孩子们不喜欢鲁迅，老师们也不喜欢鲁迅，编辑们删掉一两件鲁迅作品，也就再自然不过。

可我们是否思考过：孩子们害怕鲁迅，老师们头痛鲁迅，到底是鲁迅本身的问题，还是我们的教育本身有问题呢?

二、永远的伯父

大概是2005年冬至2006年春，我前前后后观摩了近10位老师执教的《我的伯父鲁迅先生》，课文中有一个"鲁迅半跪着给一位脚受伤的黄包车夫擦药水包纱布"的细节，令我诧异的是，课堂里，教师都不约而同地重点讲述鲁迅"伟大的一跪"，可孩子们却始终麻木地不知如何去亲近这位高高在上的伟人。其实，我本人一向在课堂上对鲁迅也是比较麻木的，但经过这前前后后10余次的刺激，我就开始在心

底里追问自己：鲁迅真的是这样的吗？

就在我开始怀疑的时候，在学校的一次教研活动中，一位年轻的女教师又选择了《我的伯父鲁迅先生》，鲁迅那“伟大的一跪”又一次刺激了我，在评课的时候，我把自己的怀疑、思考和盘托出。在老师们的强烈要求下，就有了后来我的《我的伯父鲁迅先生》。这一次，为了验证鲁迅与孩子的真实距离，为了验证我对鲁迅的把握是否准确到位，课前我曾用临时代课的机会，去给二年级的小朋友朗读《我的伯父鲁迅先生》，当孩子们听到周晔和鲁迅那一段“碰壁”和“谈《水浒传》”的故事时，有几个孩子就咯咯咯地笑，随后，孩子们在回答这是一个怎样的伯父时，二年级的孩子们都发现鲁迅是一个幽默风趣、和蔼可亲的伯父。

《我的伯父鲁迅先生》是周晔在鲁迅逝世9周年时，写的一篇追忆伯父鲁迅的纪念性文章。虽然写作时，周晔已经是19岁大姑娘，但是文章所追忆的几件往事都是发生在周晔的童年时期。可以说，文本基本上是站在童年的视角来追忆和伯父在一起的快乐时光。文字具有浓浓的亲情和款款的童趣。

我仔细阅读《我的伯父鲁迅先生》，发现文章前前后后出现了34次“伯父”，而“鲁迅”作为一个伟大文学家的名字，仅仅是在课文的第一句话中出现了两次，加上题目中的“鲁迅”，也不过三次而已。周晔这发自心底的对“伯父”的声声呼唤，这一次次徜徉在心底的对“伯父”的亲热眷恋，字里行间浓缩了伯父和侄女之间深切的爱。但不知为何，我们的课堂里却只见“鲁迅”，不见“伯父”；我们的课堂里不见亲情的思念，却布满了凡人对伟人的那一种习惯性的“跪下来”的仰视与敬畏。

缺席了伯父的课堂，就必然缺失亲情的血脉；缺失了亲情的血脉，课堂就逐渐变得玄乎而令人窒息。于是乎，伯父和“我”谈《水浒传》，这样一则充满温情的亲情故事，却莫名地演变成了“伟大文学家鲁迅对少年儿童的关心”；一个曾经学医的伯父，半跪着给受伤的车夫擦硼酸水，这个再正常不过的助人之举，却硬生生地在课堂里跪出了“一个伟大文学家对广大劳动人民的热爱”的高尚品格。

读这篇课文，首先应该是一个很普通的侄女对一个普通的伯父的追忆和怀念，就好像我们的邻居，只不过伯父的名字叫鲁迅。如果我们一味地怀着“这是一个文学青年对大文豪鲁迅的思念和赞美”的想法，去揣摩文中的微言大义，那就糟了，我们就不能进入鲁迅。只有用平常心，把他看成最普通的伯父，我们才有可能接近最真实的鲁迅的世界。

伯父就是一个最好的切入口。我的课堂引导孩子们沿着“伯父就是伯父——和蔼可亲的伯父——亲近鲁迅，伯父不仅仅是伯父——非比寻常的伯父——敬仰鲁迅；伯父是永远的伯父——不能忘却的伯父——怀念鲁迅”这样的亲情思路一路走下来，孩子们真切地感受到了鲁迅的幽默风趣和温暖可亲。事实上，《我的伯父鲁迅先生》获得了巨大的成功。

这是我第一次在课堂用心去体验鲁迅。课堂实录在人教论坛一挂出，就受到网友们的热切关注。网友们的多角度教学评论，把鲁迅教学的研究推向了一个高潮。2006年10月，在纪念鲁迅的这个秋天，赖配根老师安排了两期专题刊发《我的伯父鲁迅先生》的课堂实录和教学评论。《我的伯父鲁迅先生》被大家视为鲁迅教学史上具有里程碑意义的一堂课。

不可否认，“鲁迅”让我第一次尝到了“甜头”。只是这个甜头对我来说，来得有点太迟。在此之前的10多年，我们一直在课堂里吃鲁迅的“苦头”。

三、人性的语言

第二次在课堂走近鲁迅，也是2006年的秋天。那年10月，绍兴第二届“越派语文”教学研讨会在我校举行。一般在本校举行的教研活动，如有我上课的安排，我是按照正常的教学进度上课，除非组织者有指定的课文外。我当时使用的是景山教材，按照正常的教学进度，正好是《少年闰土》。上课的前一天晚上，我翻开桌面的台历，“10月19日”。明天是10月19日？我的心突然一蹦。这不正是先生的祭日吗？那一夜我真的没有安睡，是无法安睡。在先生离去70年后的日子里，能和先生故里的孩子一起学习先生的文字，这是怎样的缘分啊！

第二天在课堂上，一开始我没敢说出这个特别的日子，但我的内心一直处于亢奋之中，既有一种难以言说的不安，又有一种莫名的镇定。那天借班上课的孩子比较紧张。但是整堂课我显得异常镇定从容——我似乎觉得先生就坐在我的课堂里，他正微笑侧首看着我和孩子们的一举一动。在课的结尾，我告诉孩子们，这是一个特别的日子，希望他们在这个特别的日子里，课后去阅读鲁迅的《故乡》，去思索“我”和“闰土”之间的隔阂。课后老师们的反应是强烈的，因为大家都是绍兴人，都是鲁迅先生的后人。他们说，《少年闰土》上了无数次了，听了无数次了，但从来没有像今天这样有一种亲近鲁迅的温暖感。这种温暖感，不仅仅是绍兴人才有的。

一周之后，我应邀到上海华东师范大学执教《少年闰土》，在场的每一位师生都被鲁迅的文字深深打动。在课堂结尾的时候，孩子们听说“我”和闰土在30年后有了第二次见面，都显得特别兴奋。在模拟“我”和闰土第二次见面会说的第一句话时，那种争先恐后脱口而出的“兄弟情谊”弥散在整个课堂中，但很快就降到冰点。当我把《故乡》中“我”和闰土第二次见面的片段轻轻地朗读了一遍，孩子们听到闰土张嘴叫我“老爷”时，都睁大眼睛，呆呆地望着我，一脸愕然。然后就情不自禁地举手，就情不自禁地站起来，不断地追问：“刘老师，为什么会这样呢？为什么会变得这样呢？”课后，一个来自云南的特级教师拉着我的手，眼含泪花地说道：“刘老师，我被你的课深深打动了。”

说实话，这一段文字我朗读过很多遍，但从来没有要流泪的感觉。当时，我看到特级教师湿润的眼眶，我还有点纳闷——为什么会流泪呢？特级教师说：“文章中的‘我’和闰土相隔30年后相见，儿时亲密无间的伙伴变成了形同陌路的路人。这看似奇异的变化，我们谁又能摆脱得了呢？你的这堂课，让我想起了我儿时的那些亲密伙伴，可我们如今每一次见面的时候，除了一些客套话，真的就是无话可说了。真是世事沧桑呀！”我的心猛地一震。我离开故乡也10多年了，每逢春节的时候，我就会心急火燎地买车票赶回老家。回到老家，我都会一一登门去拜访那些和我一起长大的伙伴，我们小时候一起放牛、割草、捉泥鳅、掏鸟蛋、偷黄瓜，一见面似乎有许多话要说，但就是说不上来，坐了不到几分钟工夫，我们便无话可说了。

我读了那么多遍，都没有读懂鲁迅的文字。为什么？因为我的思想还受着某种束缚。我把鲁迅的文字锁在我的思想里面。而我的思想，又被某种思想所束缚。

我总算明白过来了——不是我的课感动了特级教师，而是鲁迅的文字打动了她。这就是鲁迅文字的温度，它总是能在不经意间触及我们心灵最潮湿的地方。

王富仁先生曾经这样深有体会地说：“鲁迅作品恰恰是最好懂的，因为鲁迅的作品里充满了人性的语言，是与人的最内在的感受结合在一起的，这样的内在感受与儿童的感受事物的方式，与一般人感受事物的方式最接近……在现代文学中，像鲁迅这样以人性、童心去感受世界的作家不是太多，而是太少，这正是对人的基本要求，要从直感出发，而不是从观念出发。”王富仁先生的这个观点，对我启发极大。过去我们一直用阶级对立的观点来解读鲁迅，面对《少年闰土》中“我只看见高墙上四角的天空”这样近乎直白的表达，对自由的追求和对自然向往的言语，我们却要无端地解读出鲁迅对封建社会的批判。《故乡》中鲁迅对故土的思念，对童年的神往，对根的回眸，是那样撩人心绪，这些原本是人性中最质朴的情感、人世间最真挚的言语，却被我们无端地生发出许多非人性的“隔阂”来，孩子们岂能不感到困惑?

四、鲁迅，我的铁哥们

大概于2006年的夏天，我执教的《我的伯父鲁迅先生》课堂实录在人教网上挂出来后，引起了一阵热闹。有个名叫“大地上的事情”的网友问我：“麦子，如果让你选择，《我的伯父鲁迅先生》和《从百草园到三味书屋》，你更喜欢哪一个文本？”“我更喜欢《从百草园到三味书屋》。”“那麦子就把《从百草园到三味书屋》弄出来吧！”“可惜我们小学语文教材中没有《从百草园到三味书屋》呀。”

我当时没有想过真的要去上《从百草园到三味书屋》，因为一个小学语文老师要去上中学语文的《从百草园到三味书屋》，似乎有太多的不可能。世事又往往是如此，当缘分注定的时候，哪怕再多的“不可能”都能瞬间换成“可能”。我那上初中一年级的侄子正好住在我家，我拿着他的语文书随手一翻。第一单元第一课就是鲁迅先生的《从百草园到三味书屋》。当我再次重读《从百草园到三味书屋》的时候，也没有找到什么异样的感觉。但怪事发生了，站在旁边才上一年级的女儿却听得发呆——女儿喜欢听我讲故事和读书，她一个劲地问我：“爸爸，真的有美女蛇吗？美女为什么要变成美女蛇呢？”“爸爸，Ade，是什么意思呀？你给我再读一遍吧！”6岁的女儿，对鲁迅的《从百草园到三味书屋》如此感兴趣，多少有点出乎我的意料。我兴许就为了满足女儿的胃口吧，慢慢又多读了几遍。以至后来“Ade，我的蟋蟀们，Ade，我的覆盆子们和木莲们”都成了女儿那一段时间的口头禅了。

慢慢地细读了几遍文本之后，也许是女儿的兴趣唤起了我的兴趣吧，我开始发觉，文字中的确藏着一个可爱的鲁迅。这里先说两个我印象最深的细节吧。文章一开始，鲁迅就说：“我家的后面有一个很大的园，相传叫做百草园。现在是早已并屋子一起卖给朱文公的子孙了。”这里鲁迅所说的“朱文公”就是指南宋哲学家、教育家朱熹。而鲁迅家的屋子只是卖给一户姓朱的人家而已。有趣的是，在鲁迅的心里却无端生出“卖给朱文公的子孙”了。这莫非是鲁迅也摆脱不了文人死爱面子的况味吧！那么大的“百草园”居然“早已”卖了，毫不可惜这个童年的乐园。更有意思的是，到了文章的结尾，回忆起卖掉的一大本绣像时，却惋惜地喊出：“这东西早已没有了吧！”心疼得不得了。为何舍得“百草园”却舍不得“一本绣像”呢？那个童年的乐园早已是个荒草园，且卖给了朱文公大文人的子孙，自然是会照顾、修整得好端端的，而这本自己偷偷摸摸、辛辛苦苦画出来的绣像，却卖给了有钱的同窗，且他都做到绅士的地位了，怕是早已糟蹋得不成样子了吧！试想，如果当年的百草园是卖给一个有钱的绅士人家，估计如今的鲁迅一定会更心疼吧。

这就是鲁迅的孩子气。女佣给鲁迅讲故事的时候，鲁迅就唤她“长妈妈”——“长妈妈曾经讲给我一个故事听”。多亲切的“长妈妈”呀！到了后面他问“怪哉是什么”的时候，就毫不客气地说：“但阿长是不知道的。”一句不屑的“阿长”，活脱脱的一个“小捣蛋”。

就这样反复细细品读了几遍，慢慢嚼出鲁迅的童趣童真，也慢慢品味出鲁迅这散淡平实的文字背后所蕴藏着浓稠的思乡与不羁的寂寞。可是，一旦想到要把这样的文字拿到孩子们的面前，拿到课堂中进行教学，我又束手无策了。就好比拿到一块无瑕的碧玉，却无从着手。

首先，面对的文本太长，整整九个页面，近2500余字，要在短短的60分钟内，完成如此篇幅的文本教学，这对我不能不说是一个挑战。记得在华东师范大学"小学语文观摩会"执教后，我走下台来。江苏溧阳的一位老师说："刘老师，我这次带了我们江苏溧阳名师班的40多位骨干老师来学习。拿到会议材料后，我就跟老师们说：'到时候你们看刘老师如何长文短教。'今天刘老师的处理，非常好，对我们骨干教师很有启发。"

如果单纯是长文短教，面对一般的文本，还是比较好处理的，无非是进行一些取舍与调整而已。但是面对鲁迅这"不朽的文字"，这经典中的经典，无论舍弃哪一部分，稍有不慎，就会造成对经典的割裂和文本的肢解。鲁迅的《从百草园到三味书屋》，无论是文本的结构，还是叙述的技巧以及文字的蕴含，都是有机一体，浑然天成的。既不能面面俱到，又不能蜻蜓点水，而且要围绕某个核心，层层推进。

我到实验中学去寻问了几位中学语文老师，想看看他们是如何处理这类经典文本的教学。得到的答案是，中学课文中的现代文，基本上不涉及考试内容，他们一般40分钟就简单完事。我又在网上搜索一番,发觉拿鲁迅的《从百草园到三味书屋》上公开课的也少得可怜，几乎没有找到能给我启发的东西。

如何找到一个支点，既能够贯通全文，又能层层推进呢？那就是鲁迅的童真童趣。不论是前面的百草园的童年乐事，还是后面三味书屋的学习趣事，以及从百草园到三味书屋的中间过度段，都围绕着鲁迅的童真童趣在展开回忆。这样，在教学策略上，前面的百草园部分和过渡小节，我采取以读为主的方式，引导学生展开多种形式的朗读，体会文字中的童真童趣。记得12月参加华东师范大学中学语文教学研讨会，在学习百草园中那一段"美女蛇"的插叙部分时，这一段文字非常具有现场表现力，当我以叙述的语气朗读美女蛇的故事时，全场一片肃静，学生在随后朗读鲁迅对美女蛇的思索时所阐发的议论，也是入情入心的。课后，上海杨浦中学的一位中年语文老师和我交流，他说："刘老师，百草园的确是很神秘的。这课文应该像你这样上，读好了，文字的表现力就出来，学生就进去了。前几年我到了百草园，也是个快近黄昏的时候，那个夕阳的余晖返照过来，游人也很稀少，我的确感觉到那里泥墙的野草丛中，风声簌簌，似有异物。你的朗读，再现了我脑海中百草园那个神秘的暮色黄昏。"

鲁迅的文字虽然是朴素的，但是他所再现的事物，都是有声有色的。如果说在百草园里，鲁迅侧重的是静物的描述，那么，在三味书屋里则主要侧重“动态学习生活”的追忆。所以，在后面的三味书屋部分，我主要采取了一个立体的教学手段。借助前面的学习与鲁迅建立浓厚的感情，通过引导学生模仿鲁迅离开百草园的那一段文字形式，来体味鲁迅文字的独特风味，同时引导学生通过默读、自学，完成三味书屋部分的学习。这仅仅是长文短教的第一个层面。让学生对文本有一个整体的系统认知，通过文字的初步学习，认识了鲁迅的童年。随后围绕“百草园这样一个人迹罕至的荒园，为何成了天下名园”和“寿镜吾老先生到底是一位怎样的先生”这两个话题，展开第二层面的推进。在具体展开的过程中，把第一个问题先放下，从第二个问题开始，引导学生分析先生的言行和品行，实际上就是在感受鲁迅“方正、质朴、博学”的人生追求。回忆先生，就是在坚守先生的这种品格。过去，我们一般把寿镜吾老师当做一个人物进行孤立的分析和评介，没有注意到把先生的品性和鲁迅的人生追求融为一体。在细读三味书屋的这一部分文字时，鲁迅以真实的文字，真切地回忆了自己的恩师，对老师，是一个真实的再现。老师的缺点，他没有刻意回避；老师的优点，他没有刻意赞誉。1926 年 9 月，鲁迅在厦门写这篇回忆散文的时候，他的恩师寿镜吾还健在。鲁迅不是对一个故去的老人的缅怀，而是真实地想念自己儿时的恩师。为什么 1926 年在厦门大学图书馆阁楼上的鲁迅，会想念起三味书屋的老先生呢?

随后我翻阅了《鲁迅全集》等有关资料，对 1926 年前后鲁迅的生活境况做了一个大致的了解。这才发觉，1926 年鲁迅离开北京南下厦门，是他人生的一大转折点。记得前不久在鲁迅纪念馆和鲁迅的孙子周令飞先生交流时，令飞先生说：“1926 年鲁迅南下厦门，是他人生的一大解放，他彻底摆脱了封建婚姻的束缚，开始了他自由人生的新征途。”令飞先生的分析不无道理。但是，我感觉到，鲁迅南下既有一种积极的追求因素，但也不排除他客观上的一种逃避。因为鲁迅在北京可谓四处碰壁，前后经历了兄弟反目、夫妻冷漠，最后因为“女师大风潮”而被教育部部长非法撤职。南下厦门，他是有所追求的，但是到了厦门，他很快又失望了。在他看来，当时的厦门大学远没有他意料中的好。身边那些不学无术的人，依旧把持权力，玩弄权术，依旧站在大学讲台上，讲着鲁迅所极力反对的封建糟粕。这样，我们就不难理解，在遭遇内忧外患、重重打击之后的鲁迅，又怎能不回想儿时那“方正、质朴、博学”、如今依旧健在的恩师寿镜吾老先生呢？站在厦门大学图书馆阁楼上窗台前的鲁迅，他内心的寂寞与孤独就像野草一样疯长而无序。此时寂寞满怀而又不甘寂寞的鲁迅，有谁能理解他呢？用鲁迅自己的话来说：“目前是这么离奇，心里是这么芜杂。一个人做到只剩了回忆的时候，生涯大概总要算是无聊了吧，但有时竟会连回忆也没有……”

有了这一层情感作为铺垫，再回到第一个话题：百草园作为一个人迹罕至的荒园，为什么会如此令人神往？同学们很快就悟到了：孤独的鲁迅，渴望回到童年，回到百草园，回到自己的家。就这一点，我先后三次执教，每一个班级的孩子，都体会到了鲁迅“想回到自己的童年”，都是水到渠成。所以在最后再一次配乐朗诵课文第二自然段时，所有的孩子和听课老师都情不自禁地吟咏起来，都沉浸在鲁迅的回忆中。朴素的人性在鲁迅的文字里得到复活。

课后，有一个孩子写下了这样的感受：

鲁迅，我的铁哥们

——读《从百草园到三味书屋》有感

鲁迅，一个令我熟悉而又陌生的名字。有时感觉他远在天边，有时又感觉他就在眼前。我有时候也在想，鲁迅到底是个怎样的人呢？严肃的还是幽默的？贪玩还是斯文？快乐还是孤独？都无从知道，只晓得他是个大作家，一个赫赫有名的大作家。

今天，刘老师带我们一起上了《从百草园到三味书屋》一课，真是出乎我的意料，鲁迅原来和我一样是个贪玩调皮的捣蛋鬼。

看到鲁迅讲述自己在百草园里的有趣故事时，我真是笑得肚子都痛死了。他在翻那些砖头的时候，一定遇见了斑蝥，一定放出了臭屁，一定捏着鼻子哇哇地乱跑。还有雪地捕鸟，哎，我们现在只有想想的份儿了，要是我能够早生一百年，估计鲁迅绝不是我的对手。看他那笨手笨脚的样子，一定得拜我做他的师傅呢！这是说说玩儿的。可我的确想尝尝雪地捕鸟的滋味呀！

我敢保证，要是我和鲁迅一起在三味书屋上学，我们一定会成为最贴心的铁哥们。只可惜，我们没这样的缘分呢！

五、鲁迅自有魅力在

读着孩子这样的感受，我们哪里看得到鲁迅和孩子之间有隔阂呢？鲁迅所表达的不正是我们每个人心底最想表达的东西吗？所以，孩子们阅读这样的文字，他们心底自然会生成“鲁迅是我们的人”的情愫。

可为什么校园里又会长期流行“一怕文言文，二怕写作文，三怕周树人”的童谣呢？为什么孩子们不能通过文字触摸到鲁迅那一颗童心？为什么鲁迅这些最富有人性的文字不能带给孩子生命的温暖感？

最根本的原因就是面对鲁迅，我们不是从鲁迅出发，而是从我们固有的某些观念出发，给鲁迅教学附加了太多的“非鲁迅因素”；面对鲁迅的文字，我们不是从儿童出发，而是从我们成年人的某些固定答案出发，去灌输概念；面对鲁迅的世界，我们不是从文学出发，而是从非语文的概念出发，把鲁迅打扮成了一个神。因此，在鲁迅面前，我们很容易低下那一颗高贵的头颅，我们缺乏自信，我们无法通过文字与先生的目光对视，达成心灵的觉悟。钱理群老师在我的《亲近鲁迅》的序言中写道：“回到鲁迅，回到儿童，回到语文。”这才是我们鲁迅教学的出路，从某种意义上拓展开去，这也是我们语文教育的出路。

鲁迅自有魅力在。亲近鲁迅那些充满人性的文字，是和人的最内在的感受结合在一起的，不需要任何点缀，就能让我们的心灵得到复苏。鲁迅的世界里没有忌讳，只有真实的袒露。正因为我们长期生活在一个充满忌讳的文化氛围中，面对鲁迅的赤诚袒露，我们无所适从、无法理解。我们常常以忌讳的眼神解读鲁迅，自然就读出一个怪异的鲁迅。

我提出了“亲其文，爱其人”的鲁迅启蒙教育思想。一个作家，特别是像鲁迅这样的伟大作家，应该是用作品说话的。但是反观我们的小学语文教材，鲁迅的文字实在少得可怜。目前，《少年闰土》是小学语文教材中唯一的鲁迅文字，即便是这唯一的文字，还是被许多版本的教材开除了。这其中的原因是多元复杂的。

六、去奴性，复人性

我们知道，鲁迅所有的文字并非都适合儿童，鲁迅也从来没有以儿童作家来标榜自己。我的教学实践证明，鲁迅这个伟大作家的文字充满了“赤子情怀”，鲁迅与儿童可以说是最贴心的人，鲁迅的“儿童世界”是最灿烂的。2008 年 10 月，我和钱理群老师开始合作编写《小学生鲁迅读本》。全书分为“难忘童年”、“小动物情缘”、“草木水火雪”、“父子之间”、“寓言与诗”、“鲁迅翻译的童话”、“鲁迅故事”几个主题单元，共收录 45 篇文章，其中鲁迅的文字就有 35 篇。我曾经选择其中的《阿长与〈山海经〉》、《五猖会》、《父亲的病》、《故乡》、《社戏》、《一件小事》、《铸剑》这些鲁迅作品朗读给孩子们听，孩子们也都听得津津有味，对鲁迅有一种比较强烈的亲近欲望。《小学生鲁迅读本》出版后，我送给自己班级的孩子每人一本，如今它已经成为孩子们最喜爱的读本。

像鲁迅这样真实、活泼、大胆地表现童年情感和童年生活的作品，尤其是其真实和大胆，在小学语文教材中很少有能够与之媲美的文章。鲁迅作品中的这种真实和大胆，反映的是孩子们心底最真实的感受和最强烈的渴望，但他又没有像一般的儿童文学作品那样去迎合儿童，他给孩子的感受是一种同伴唤醒，而不是一种教育唤醒。当然，也不是说上面这些鲁迅作品都可以进入小学语文教材。但至少我们可以肯定,从鲁迅作品中选择一两篇进入小学语文教材,应该不是难题。问题的关键是,不识鲁迅的童心，哪识鲁迅的真文?

钱理群老师所写的《亲近鲁迅》的序言的结尾提醒我们:“在学生的心田播撒鲁迅种子，教师的生命同样也在场，不仅成为鲁迅与孩子的桥梁，也同时在孩子与鲁迅的生命中汲取力量，享受幸福快乐，获得教师的价值、人生的意义。”我不是鲁迅研究的专家，但我从近年来的学习和思考中，发现鲁迅一直从儿童的生命中汲取力量，一直保持儿童的言说方式，直到他生命的结束。儿童是最没有奴性的生命，所以鲁迅把所有的希望寄托在儿童身上。“去奴性，复人性”，这是鲁迅先生一生的所有努力，也是我们每个教师一生的追求，这是我们教育的终极目的。面对先生，让我们身上的奴性一点点退去，让我们的人性一点点复苏。这是一种多么温暖的苏醒呀!

鲁迅，是一个有温暖感的人，是冰的火。

七、亲近鲁迅，温暖生命

2008 年 11 月，我在接受《中国教育报》记者张以瑾的专访时，曾说:“读鲁迅的作品，你不会感觉到他在教育你如何‘做人’，但你一定能感觉到隐约的‘立人’的意蕴。过去，我们习惯用‘伟大的鲁迅’去教育学生如何做人，如今我们却需要从‘真实的鲁迅’寻觅‘立人’的精神。从‘做人’到‘立人’,虽然只有一字之差,但带给我们的生命体验是完全两样的。”

读鲁迅，你慢慢地站立起来，有尊严地站着做一个人。语文教育，从本质上讲，也就是“立人工程”。立人,就是给生命一种温暖感和尊严感。不是改变我们的生命,而是唤醒我们生命中那些固有的但一直处于沉睡的精神细胞，使之获得萌芽与生长。相信在每个孩子的生命里都不缺乏文字中一切高贵的东西。

亲近鲁迅，温暖生命。

教育讲演

老中学的传统

傅国涌
自由撰稿人

2006年春天，我编的《过去的中学》由长江文艺出版社出版后，《科学时报》的记者曾问过我这样一个问题："你心目中理想的中学应该是什么样的？"我当时不假思索地回答说："我理想的中学已经不需要虚构，不需要想象，它们曾经存在过了，在不太遥远的历史中，在20世纪前半叶，南开中学、北京师大附中、扬州中学、春晖中学、天津耀华中学……还有许多并不知名的中学都是我心目中理想的中学。"在人的一生中，中学阶段正是求知欲最旺盛、记忆力最好、想象力最丰富、对一切都充满幻想的时期，许多在各自的领域出类拔萃的人回忆起自己的中学时光，之所以会常常心存感念，就是因为他们的人生理想是从那里起步的，他们的知识基础是在那里奠定的，他们的精神气质是在那里形成的，最初的社会活动训练是在那里进行的。

1929年毕业于北京师大附中的哲学史家、北京大学教授张岱年深情地说："20年代，我在师大附中读书，受到了深切的教育，奠定了我一生治学的基础。"他永远都忘不了林砺儒校长于1924年对全校学生的一次演讲，其中讲到德国哲学家康德的三大律令中，最重要的一条就是把人人都看做目的，不要看做手段。林校长认为，这是康德的大发现。他在70多年后表示："当时我听了非常感动，受到一次深刻的教育。"

同年毕业于这所中学的物理学家钱学森说："我对师大附中很有感情，在附中6年所受的教育，对我的一生、对我的知识和人生观起了很大作用。我在理工部学习，正课和选修课有大代数、解析几何、微积分、非欧几何（高一时几何老师是傅种孙先生）；物理学用美国当时的大学一年级课本；还有无机化学、有机化学；有些课用英文讲，到了高二要学第二外语，设有德语、法语；伦理学课是由校长林砺儒先生教。我今天说了，恐怕诸位还不相信，我高中毕业时，理科课程已经学到我们现在大学的二年级了。”

当过华中理工大学校长的中国科学院院士朱九思多次提及扬州中学给予他的深刻影响：

> 我很幸运，青少年时上的中学是当时很好的一所中学——江苏省立扬州中学。当时的社会舆论是“北有南开，南有扬中”。我在扬州中学接受了6年教育。这所学校一个突出的优点，就是文理并重。当时扬州中学的高中毕业生和其他学校一样，在考大学时考虑到将来的“饭碗”问题，报考工科的比较多，但学校并没有因此重理轻文。学校对语文（那时叫国文）和英语当然重视，对中国历史和中外地理也同样重视，课程内容很充实，因为史地教育实质上是爱国主义教育，是人文素质教育。课程设置也很丰富，如普通英语课程外，还开了“英语修辞学”，这本是大学英语系的课。又如植物学、动物学、矿物学，在一般的中学是一门课，我们中学分别开了三门课，内容就充实多了。另外，高中数理化用英文版教材；建了当时很有气派的实验楼，还有一台很小的教学用X光机，可以表演给学生看；舍得花钱买书，图书馆馆藏比较丰富等，都是当时中学少有的。那时我们学那么多课程，由于教师教得好，学生的程度也不错，负担并不感到重，还读了很多课外书，照样参加体育活动。由于教学质量高，我们学校高中毕业生只要考大学，没有考不取的，而且考的都是报考人数远远多于录取人数、竞争激烈的国立大学；私立大学只报考南开大学一所学校，对其他私立大学都看不上（教会大学因收费高，一般不去报考）。我中学时代母校的办学模式，给了我终身难忘的印象，成了我思想深处办学的一个重要榜样。
>
> 扬州中学当时是全国有名的好学校。好在什么地方呢？首先就是教师水平高，教书教得好。那时校长叫周厚枢，留学美国，在麻省理工学院取得了硕士学位。他最大的功劳就在于聘请了一批好教师，不仅从本地聘，而且从江南聘，因为江南不论在经济上还是文化上都比扬州所在的江北发达。不仅主课教师要聘好的，而且音、体、美各科教师也要聘好的，如音乐老师李崇祜，是20世纪20年代著名教育家李更生的女儿，美术老师是从上海附近请来的，叫吴人文，颇有造诣，现在扬州中学大礼堂上方的浮雕就是他的作品，体育老师在扬州聘请不到好的，也到外地聘请，当时初中、高中的体育教师都是外地的。教师对于办学之重要意义，我青少年时代就有切身体验。

那真是一个好时光，一个值得永远追忆的时光，在时光的河流中，一切已经过去，一切又都不会过去，因为它们已熔铸在历史中，凝结成了可以回望、可以重新接续的传统。

二

在老中学留下的传统中，最重要的乃是它们先进的办学理念。前面提到的中学无论是公立的（如北师大附中、扬州中学）、私立的（如南开中学、春晖中学），还是教会办的（如天津耀华中学），其核心理念都是相似的，那就是最大限度地推行人的教育，真正做到以人为本。学校教育基本上是围绕着立人这个中心展开的，单纯的知识传授并不是最终目标，衡量一所学校是否成功的标准也不是按考试成绩这个唯一的尺度，在某种程度上，口碑要比分数更重要，学生在这些学校里感受到的是一种自信、自尊和对知识的敬意以及对师长、学校的感激，他们的青春在悄悄勃发，他们的生命在舒缓地展开，他们的创造力、个性得到了保护和激发。在那样的环境中，他们能体会到自己的成长，他们渴望打开未知世界的大门，学习对他们而言，不是一种沉重课业的压力，不是分数排名的刺激，而是一种求知的乐趣，是一种生命的要求。这样的中学才有可能给人以精神归属感，让人体会到求学的快乐、光阴的可贵以及知识的无限。

对教育有许多独到见解的科学巨人爱因斯坦说："用专业知识教育人是不够的。通过专业教育，他可以成为一种有用的机器，但是不能成为一个和谐发展的人。"一所成功的中学之所以成功，归根到底就是因为认识到了这一点。人在这里始终是尺度、目的，而不是手段或工具，教育是让人成为人，培养考试能手、习题高手不是教育的首要目标，甚至连次要目标也不是，培养人——具有独立思考能力的人、具有公民意识的公民才是教育的根本目的。

抗日战争前后的重庆南开中学为我们提供的就是这样一个活生生的先例，曾在沙坪坝求学的莘莘学子如今都已白发苍苍，张伯苓校长、许多任课老师、同窗学友的音容笑貌，那些一辈子都忘不掉的课堂，那些热烈的课外生活，沙坪校园的一草一木，每一个生动的细节几乎都已融入他们的血液，融会为他们人生中最重要的养分。他们的回忆在相当程度上复活了一个时代的记忆，那是一个已飘逝的传统，但在他们的生命深处却留下了永远也抹不去的印记。现在住在南京的刘鹤守先生就是他们中的一人，在南开中学百年校庆的时候，他曾编了一本《沙坪岁月》，收录了200位校友的回忆文章或片段，受到广泛好评。

南开中学的校训是“允公允能，日新月异”。1945年，抗日战争胜利的那个秋天，南开中学举行作文比赛，题目是“论述南开精神”。一位高一学生突然想到，南开精神就是“五四”精神，“允公”就是“民主”，“允能”就是“科学”，“日新月异”就是破旧立新，他“越想越激动，字迹潦草，墨迹斑斑，卷面肮脏”，结果竟获得了第二名。一丝不苟的喻传鉴主任亲自找他谈话说：“你知道为什么你写得这样乱还得第二名吗？就因为你论述南开精神有独到之处……可见你肯于思索，有头脑……现在的中国就是需要民主，需要科学啊！”这不仅是鼓励学生独立思考的一个例子，也是无时不在地实行公民教育的证据。

作为人的教育不可或缺的重要组成部分，公民教育的特点就是开放、多元、兼容并允许自由讨论。学校里并排张贴着《中央日报》与《新华日报》，学生可以对照着看。高年级学生经常对各种思想观点开展讨论，“而老师绝大多数并不搞政治化的说教”。1943年1月，这些少年学子曾就真理标准展开过一场无拘束的讨论。在每周的周会上，学校经常会邀请持各种不同观点的社会名流来演讲，周恩来、冯玉祥、马寅初、孔祥熙、何应钦、陈立夫、孙科、翁文灏、王芸生、王云五、胡政之、老舍、曹禺以及访华的美国副总统华莱士等都在其中。“在那个讲台上，你能获得不少虽然零碎但却是课堂上没有的知识。你也可以听到各种不同的声音。”

时事辩论赛也是南开中学的家常便饭。“战争促进抑毁灭文化？”“世界持久和平能否实现得了？”“第二次世界大战谁胜？”让一位女生永生难忘的是，高二那年，她参加全校男女生两部举办的一次辩论赛会，题目本来是一件生活琐事，张伯苓校长散步时偶然看见海报说，没出息，什么时候了，尽辩论这些小事。当夜题目就改成了：“美国是否应该参战？”其时，离珍珠港事件爆发、美国参战已不远。无论他们的翅膀多么稚嫩，他们的思考多么肤浅，他们在校园里获得的这些训练，对开阔他们的视野、培养他们的世界眼光，终将产生深刻的影响。

结社、演出、办壁报，这一切都是自发的，是他们兴趣、才华、理想的萌动，活跃了他们青春的生命，使他们在实践中学会表达，学会独立思考。校园广场上到处张贴着他们自办的壁报，内容五花八门，既有探讨人生的，也有关怀国事的。《健报》、《公能报》、《曦报》、《晨钟报》、《野猿报》以及以“民间报纸”（区别于班报、校报）自诩的《翔翎报》等竞相争艳，他们甚至通过各种渠道亲自登门采访邵力子等政要。经济学家茅于轼读高三时，也曾和几个同学一起办过一个名为“旁观者”的英文墙报。

作为一所著名的私立中学，南开中学中有不少国民党政要的子弟，但他们在校园里未受到任何特殊待遇，他们也从不拿自己的家庭背景在同学之间逞威风。一样穿校服，一样吃食堂，这也是学校的规定。唯一特殊的是在办壁报时，高一学生王次五曾利用特殊身份直接采访其父王世杰（当时的外交部长），写出了像模像样的“独家专访”。据茅于轼的回忆：“一些大官的子女当时我们也并不知道，到了毕业以后才慢慢听别人说起。学校从不趋炎附势，校园里绝对没有任何特权的气氛。”

操场上更是南开学子们自由驰骋的场地，每天下午三点半，所有学生都要走出课堂，融入火热的课外活动中（主要是体育活动），如果学生偷偷躲在教室里做功课并被发现，要立刻记大过一次。对体育的重视已成为南开中学的特色之一。

当然，南开中学对美育和锻炼动手能力的技艺活动也一样重视。在音乐教室里，音乐教师阮北英几乎是不分昼夜地教每个班、每个组，从中国民歌、抗战歌曲直到西洋古典乐。20 世纪 80 年代，当几个 60 岁的学生在 80 多岁的阮老师面前，流着热泪唱起他从前教的歌时，已经几十年没有听过这些歌的老师激动地哭了。在学业的传授上，南开中学的老师更有独到之处，不拘泥于书本，没有成见，往往没有现成的框架、整齐划一的答案。无论是语文、数学，还是物理、化学、英语的课堂，都让白发苍苍的老人怀念不已，那里有他们美好的少年时光，那里有他们一辈子难以忘记的老师，那是他们人生的新起点。

从清华大学教授何兆武等人的回忆中，我们知道，20 世纪二三十年代的北京师大附中，有着活跃的学生社团、学生刊物、学生壁报，那种生气勃勃的公民教育和知识授受的课堂是融合在一起、不可分割的，学生在这样的学校里受到的是健全的人的教育，校长、老师提供的是做人的示范、榜样，人格的陶冶、公民行为的锻炼和知识海洋中的跋涉同步展开。重庆南开中学在那个时代不是孤零零的一个特例，张伯苓、林砺儒等教育家的理念是完全相通的，在如何办好一所学校、如何培育人的问题上，他们都有着最大的共识。

三

中学正值人生最美好的年华，是生命之花含苞待放的时段，一所好的中学提供给学生的除了知识，更重要的还是一种求知的方法、路径，是一种精神的训练，是打开认知世界、观察社会的窗户，或者说提供了一个眺望世界的平台，是启迪心智、点亮每个人心灵的那盏灯，是对创造的鼓励和激发，肯定每个人的梦，尊重而不是抹杀人的天性和个性。过去的中学，不光是那些名校，就是大多数普普通通的学校，也在相当程度上做到了这些。在那里，学校教育的目的从来都不是单纯为了应付考试，升学率不是衡量一所学校的唯一指标，教育本身有着比考试更高的价值，教育的过程要远重于结果，尽管考试成绩作为检验方式无法回避。1936年，科学家竺可桢初任浙江大学校长，投考浙江大学的考生来自全国各地，成绩公布后，他在9月4日的日记中说:“苏省上海中学占60%，而南通中学、扬州中学均不恶。苏州中学报考之人占第一位，计91人，较杭高之82人尚多。但所取则仅23人。南开中学并不见佳。北方以北师大附中为佳。”但是，在那个不是一刀切的时代，分数不是唯一的衡量指标，一次考试“并不见佳”并不影响南开中学的声望，没有人会因此而否定私立南开中学是一所好中学。曾就读于天津南开中学的历史学家何炳棣在回忆录《读史阅世六十年》中如此分析:“如专就狭义数理教学而言，南开中学的水准只是合理的高，但要略逊于北平师大附中和扬州中学等校的，因为它政策上没有像后者特别注重督促学生演算习题，专门准备应考一流大学那种特殊‘节目’。”“事实上，30年代江浙若干省立中学的数理化教学都比南开严格……总的来说，南开的语文、史地、数理化课程水平是很不错的，学校的传统注重学生全面的活动与发展，不专死‘K’数学和理化。”

位于浙江上虞白马湖畔的春晖中学,20世纪20年代初,夏丏尊、朱自清、丰子恺、朱光潜曾经在那里任教，创造过中国教育史上的一个“世外桃源”，那是我多年来向往的地方。2005年夏天，我终于来到那所曾在梦中多次出现过的学校，刚刚放了暑假，校园里空荡荡的，招贴栏上墨迹犹新的是高考成绩光荣榜，文理科分数排列俨然。我猛然感到，我来到的不是当年那个洋溢着创造乐趣、以求知为最终目标的春晖中学,而是全封闭教学、以考分决高下的春晖中学,当然这不是春晖中学的悲哀,普天之下莫不如此，春晖中学也不能幸免。校内，经亨颐铜像、经亨颐墓碑，校外，“平屋”、“小杨柳屋”，唤醒的只是历史的记忆，白马湖的水已不像当年那样纯净，古人说物是人非，如今恐怕是物也非、人也非了。

过去的中学之所以值得我们追想、神往，其中有一个原因就是，它们常常是超越功利的，并不是把功利的目标凌驾于一切之上，从而陷入功利化的泥潭中，显示出精神上的猥琐和平庸。我们今天的中学（当然不光是中学，大学、小学也一样）最大的弊端就是急功近利，处处以俗世的标准衡量自己的成败得失，处处以功利的目光打量一切，对每个学生的评价、对每个教师的评价、对校长和学校的评价都是按照功利的标准，一切都是量化的，学生的成绩量化，老师的业绩是量化的，上级教育行政部门对学校的评估一样是量化的，这是一个单一的、一元化的、不容置疑的标准，老实说，一个具有一点正常判断能力的人都不难看出，这个标准很大程度上是非教育的、畸形的、被异化的。在这样的风气导向之下、这样的价值框架当中，中学当然找不到自己准确的位置，不知所措，只能围着高考这个轴心转了，从最初的“专科率”、“本科率”到现在的“重点率”，高考分数成为衡量中学办学的唯一指标，对此，中学校长也有他们的无奈和苦衷，他们当中，有人曾公开发出这样的感叹：“我们面前的‘宪法’是高考而不是‘教育法’，高考指向哪里，我们就走向哪里。”

年复一年，现在的中学固然可以成就一批批的考试能手、分数英雄，但是与培育人、造就人的目标不是越来越近，而是越走越远了，对学生身心的健康成长也是一种严重的伤害。人毕竟不是机器，学校毕竟不是工厂，中学自身要有清楚的定位，它不是通往大学的输送带上一个机械的环节，不是大学的预备学校，不是大学生生产流水线，而是有自己基本的独立价值。比如，要让每一个学生的人格得到陶冶，知识得到训练，视野得到开拓，即使不再升学，作为一个人，他的文明素养，他对世界的认识、对社会人生的理解都是在这个阶段初步成型的。我们从当年重庆南开中学的学生回忆中可以真切地感受到，他们在那里受到的教育，在许多方面，足以为他们的一生提供精神支撑，成为他们未来生命中一个不能缺少的支点。我觉得，这要比一次考试的分数重要得多。在教育改革的进程中，这一切都需要重新反思，老中学的传统或许可以成为一个参照系，让我们对今天的不足看得更清楚一些。

在许多老一辈知识分子的记忆中，不仅人们熟知的那些百年名校有许多可圈可点之处，就是许多散落在全国各个角落的普通中学，无论是私立的、国立的还是教会中学，有名的或默默无闻的，都一样富有特色和个性，一样卓有成效，培养出了许多民族精华。地理学家、冰川学开创者、中国科学院院士施雅风先生回忆自己上中学时，遇到一个优秀的地理老师，他对地理的兴趣就被激发起来了，后来毅然选择地理专业。科学史家、因研究爱因斯坦而受人敬重的许良英先生就读的初中是一所普通的私立中学，高中读的是职高，但他的回忆让我们同样感受到老中学的魅力，它们最大限度地启迪一个少年的求知欲，在精神上引导一个人走上独立思考之路。被誉为“中国律师界良心”的张思之先生，在烽火连天的抗日战争岁月中在四川读的初中、高中都是国立的流亡中学，那里的课堂、老师的举止笑貌一直铭刻在他的记忆深处，他后来从事律师职业，却终生对宋词、元曲有着浓厚的兴趣，时时从中领悟汉语的美，感受生命的悲欢、人性的温热，保持一颗赤子之心，这一切首先来自中学教育给他的熏陶。蓝英年先生是研究前苏联文学的学者、翻译家，他就读的晋察冀边区联中与我们熟悉的老中学已有很大区别，但透过他温暖的回忆，我们不难发现，即使这所战时的特殊中学，也还保留着许多与其他老中学相通的东西。中美关系史学者资中筠女士说起她早年在天津耀华中学接受的真正的素质教育，充满了感激之情，认为自己一辈子都受用不尽。

生命教育哲学视野中的儿童教育*

刘良华
华南师范大学教育科学学院教授

一、生命教育哲学的基本主题：以欲望为中心

当今人们有哪些苦恼？人为什么过得不好？人们之所以烦恼，原因只有一个，就是人的欲望没有得到满足。我们要思考的“大问题”是：人究竟有哪些欲望？这些欲望如果得不到满足，会给人带来哪些痛苦？根据我的阅读和思考，我愿意做一个归纳和整理。我所能想象（假设）的欲望总共有三个：一是身体的欲望；二是爱欲；三是求知欲。

（一）身体的欲望

身体的欲望主要是食欲与性欲，并由食欲和性欲派生出财产和权力的占有欲。

如果食欲和性欲没有得到满足，人就痛苦。不过，对在座的诸位来说，这两个欲望比较容易满足。但是，现代人真的就没有食欲和性欲的问题了吗？不是，现代人的食欲和性欲依然成问题，而且问题很严重。现代人的问题是有东西但不想吃，有伴侣但找不到感觉。现代人整天处于饱和状态。也就是说，现代人在食欲和性欲这些方面，遇到了新问题。这个新问题导致了现代人的第一个痛苦。如何解决这个痛苦，这是第二部分我们要讨论的问题。

---

* 这是2010年6月25日在广州购书中心做的公益讲座的讲稿。作者将这个“命题”切分为两个部分：第一部分试图回答当今人们有哪些苦恼？人为什么过得不好？第二部分试图回答我们怎样解除烦恼？怎样让自己过得开心？怎样重新为自己找回幸福的感觉？并由这些问题切入，重新思考基础教育目标的问题。

如果说食欲和性欲的问题导致了身体的痛苦，那么，除了身体的痛苦之外，更严重的问题是精神的痛苦。精神的痛苦来自精神的欲望得不到满足。人有哪些精神的欲望？接下来，我们将讨论人类的第二个欲望，就是爱欲。

（二）爱欲

人的第二个不可遏止的欲望是爱欲。每个人都渴望爱别人与被别人爱，甚至可以认为，人生唯一目的就是“为了爱”，为了爱欲获得满足。

人不是为了食欲和性欲而活着，人是为了爱欲而活着。人们可以在某个时期暂时地追求食物以及相关的财产、权力，但是，人们迟早会明白，食物、性欲以及相关的财产、权力，这些乃身外之物。我们常常说：“……乃身外之物。”那么，究竟什么才是“身内之物”？“身内之物”只有一个，就是“爱”。

爱欲之所以是所有艺术作品的主题，是因为爱欲与艺术有直接的、本源的关系。与爱欲构成直接关系的不是“性”，而是“美”。这也正是爱欲与性欲的差别。爱欲的对象是“美”，包括柔美和壮美。柔美主要是身体之美。壮美主要是“力量”的美，尤其是“创造力”的美（创造力来自人的求知欲，下面会讨论这个问题）。

如果说食欲和性欲派生了财产和权力的占有欲，那么，爱欲就派生了审美的欲望（爱美）和创造的欲望（爱智慧）。虽然，对美的追求（爱美）和对创造的追求（爱智慧）可以满足人的爱欲而不见得能够拥有足够的食物和伴侣，这是一个遗憾，但是，财产和权力可以满足食欲和性欲却不见得能够获得“真爱”，这是一个更大的遗憾。也因此，就人生的短暂快乐而言，追求财产和权力比追求美和创造更容易成为“成功人士”。但是，就人生的长远幸福而言，追求美（爱美）的生活和追求创造的生活（爱智慧）比追求财产和权力更容易成为“成功人士”。

正因为爱欲是对“美”和“力”的极度渴望，也正因为爱欲是高级的、高难度的欲望，所以，爱欲也最难获得满足。爱欲得不到满足，给现代人带来了第一个精神的痛苦。很多精神病人之所以成为精神病人，主要不是因为食物或伴侣的匮乏，而是因为爱欲没有得到满足。不过，“现代精神病人”的病因除了爱欲的长期不被满足之外，还有一种可能：人的求知欲没有得到满足。

（三）求知欲

人的第三个不可遏止的欲望是“求知欲”。求知是人的本性，求知是人的本能。

如果说人和动物有区别，那么唯一区别是，人有爱欲和求知欲，动物只有身体的欲望。爱欲和求知欲使人和动物显示出差异。动物没有爱欲和求知欲，动物也不会因为爱欲和求知欲得不到满足而感到痛苦。爱欲带来的痛苦（爱美的痛苦）和求知欲带来的痛苦（爱智慧的痛苦）是人类所独有而动物所没有的痛苦。

如果说爱欲得不到满足给现代人带来了第一个精神的痛苦，那么，现代人遭遇的第二个精神的痛苦便是人的求知欲没有被保护、被准许、被满足。

在爱欲和求知欲之间，很难说哪一个欲望更强烈，也很难说哪一个欲望的不被满足更令人痛苦。从表面上看，身体的欲望（食欲和性欲）和爱欲是深刻的欲望，而求知欲似乎可有可无。很多人似乎一辈子没有“入学”，但他们依然可以赢得简单而原始的快乐。难道不求知，人也能快乐吗？这是一个大问题。我们接下来讨论如何解除或缓解人的烦恼和痛苦，怎样正确建立儿童的各种欲望。

二、生命教育哲学视野中的儿童教育：重塑健康的身心

我们将讨论三个问题：一是如何缓解因食欲与性欲得不到满足而带来的身体的痛苦？二是如何缓解因爱欲得不到满足而带来的第一个精神的痛苦？三是如何缓解因求知欲得不到满足而带来的第二个精神的痛苦？并由这些问题深入思考如何塑造儿童的健康身心。

（一）怎样建立孩子正常的食欲与性欲？

与食欲和性欲问题相关的问题包括：我们如何缓解因身体欲望得不到满足而带来的身体的痛苦？我们如何保卫孩子的食欲？我们如何对待孩子吃零食的问题？我们如何防止孩子因食欲问题而过于瘦弱？我们如何防止孩子因食欲问题而过于肥胖？我们如何为孩子提供性教育？

针对这些问题，我们提出建议和假设。这些建议和假设不见得对所有人都有立竿见影的效果，仅供诸位参考。

我们的建议是：重新成为劳动者和运动者，让我们和我们的孩子有足够的劳动量和运动量。劳动和运动给人类带来强健的肌肉，也带来健康的饥饿感。洛克说：“不能从粗糙的木桶中饮到甘露的人是不幸的。”中国有一条类似的民间经验：“要想小儿安，三分饥和寒。”但是，现在还有多少人能够因为劳动和运动而能够大口喝水，大碗吃饭？现在还有多少父母敢于让自己的孩子有“三分饥和寒”？

劳动和运动原本是远古人（原始人）的生活方式。现代人在炫耀科技发达的同时，破坏了人类的自然生活。科技每进一步，人类的身体就后退半步。几乎每一项科技的发明都是为了满足人类偷懒的欲望。洗衣机的发明让人不再亲自动手洗衣；汽车

的发明使人类几乎丧失了走路的能力；电视和电脑的发明使现代人逐步丧失阅读能力；糖果和碳酸饮料的发明使大量的儿童丧失了吃饭的欲望。

为了建立正常的食欲与性欲，请各位在利用现代科技发明的同时，适当远离科技，适度离开汽车，不要让我们的身体因为对汽车的依赖而变得麻木，让我们尽可能步行、疾走、跑步。不要让我们的身体因电视机和网络的出现而变得臃肿，不要因为电灯泡的发明而破坏了我们的睡眠。让我们适度离开电视和网络，尽量少开电灯，尽早把电灯关掉。让我们尊重自然，对自然保持必要的敬畏感。虽然我们不可能完全做到“日出而作，日落而息”，但我们可以尽可能“早睡早起”。我们可以尽可能过“低碳生活”，低碳生活不只是为了保护环境，更重要的是为了保护我们的身体。

为了建立正常的食欲和性欲，请让我们的孩子们在享受各种精美的点心和柔软的饮料的同时，尽可能少吃糖果、巧克力和压缩饼干等零食，尽可能少喝可乐、雪碧等含糖的碳酸饮料。我们必须不断提醒自己：“零钱太多会败坏孩子的性格，零食太多会破坏孩子的身体。”

为了建立正常的食欲和性欲，请各位在充分享受现代生活的种种便利的同时，适度参照人类的远古生活样式并鼓励孩子也这么做：自食其力地劳动，如狼似虎地运动，亲自动手，奔跑跳跃，周身流汗，开怀大笑。好的教育是“文明其精神，野蛮其身体”。

（二）我们如何维护我们的爱欲？

我们如何缓解因爱欲得不到满足而带来的精神的痛苦？或者说，我们如何与自己的“爱人”和孩子建立亲密关系？

我们如果想与我们的爱人和孩子建立亲密关系，唯一的办法是让自己有“美感”，包括柔美和壮美。柔美主要是女人的身体之美和女人的灵气之美；壮美主要是男人的“体力”（身体的力量）之美和男人的“创造力”之美。这样看来，如果希望爱他人并被他人爱，唯一的办法是让自己有美感。女人需要尽可能让自己身体柔美并有灵气；男人需要尽可能让自己有“实力”，包括身体有力量并有创造力。也许我们无法改变我们的肉体长相，但我们任何时候都可以改变我们的精神长相。

由此，我们需要过有主题的、创造的生活。无论男人还是女人，都需要有自己的“工作”，有自己的主题生活。如果没有了自己的工作，没有了自己的主题，女人就没有了灵气，男人就没有了创造力。一个人如果整天无所事事，她就会陷入慵懒的、懒散的、萎缩的“精神瘫痪”状态。

仅仅保持“美感”似乎还不足以让我们与自己的“爱人”和孩子建立亲密关系。按照传统的说法，除了“美感”之外，亲密关系的建立似乎还需要相互“宽容”。

确实，人与人之间需要“宽容”。有些人的日子之所以过得不好，不是因为他们没有足够的财产或权力，只是因为他们爱挑剔、抱怨、指责他人，他们什么都不缺，他们唯一缺乏的是宽容。很多家庭甚至为“挤牙膏”的问题而无休止地吵架。各位如果对这个主题感兴趣，可以参看我的文章《挤牙膏的故事》。

不过，无论“宽容”对于建立亲密关系多么重要，我们仍然不愿意把宽容作为“爱欲”问题的关键元素。爱欲的关键是“审美”，“宽容”只是审美的前提。如果没有宽容，只有挑剔、抱怨和指责，审美就不会发生。

（三）我们如何保护孩子的求知欲？

我们如何保护我们的求知欲？更重要的是，父母和老师如何保护孩子的求知欲？

保护求知欲的第一条建议是：承认求知是人的天性。人一生下来就有求知的欲望，也渴望获得求知的满足。1岁到3岁的孩子刚学会在地上爬行，就开始探索世界的秘密。他们最喜欢做的事情就是打开父母的抽屉，看看里面究竟有些什么。这使很多家庭有了孩子之后，都不得不把抽屉锁上或者用绳子、胶布把抽屉捆绑起来。他们喜欢在大人聚会的时候钻到桌子底下，因为外面的世界太清楚，他们更喜欢探究隐秘的地方。他们喜欢躲猫猫。为什么孩子都喜欢躲猫猫？为什么当外婆故意问：“我怎么找不到呢？”孩子就很开心，心花怒放？因为躲猫猫就是一场关于隐秘与发现的探究游戏。孩子有探究的欲望。

女孩小时候最喜欢做的事情是听父母讲故事。听父母讲故事时，女孩很早就会问：“为什么呢？”“然后呢？”男孩最喜欢做的事情是粗暴地把玩具拆开，看看里面究竟有什么秘密。

保护求知欲的第二条建议是：尽可能尊重孩子的学习节奏和学习兴趣。如果父母和老师完全不顾孩子的“学习节奏”（时间）和“学习兴趣”（内容），而逼迫孩子学习在规定的时间内记忆规定的知识，以至于掐断了孩子的求知欲，这才是家庭教育和学校教育最可怕的失败。由此，有人提出“学校是智力的屠宰场”、“父母和老师是摧残孩子的帮凶”等严厉的、比较极端的指责，也就可以理解了。如果我们承认求知是人的本性、本能，如果我们承认每个孩子都愿意倾听故事的结局，每个孩子都愿意探究自然的秘密，那么，父母和老师的责任就不是自作多情、自以为是、多此一举地“激发”孩子的求知欲。父母和老师唯一的责任是尊重孩子的学习节奏和学习兴趣。上学之后，的确有孩子不喜欢学校。但是，即便孩子“逃学”，也不能说这个孩子就一定“厌学”(不喜欢学习),更不能因此说这个孩子没有求知欲。逃学、不愿意上学的孩子只是讨厌学校里的学习，只是讨厌按照老师“规定的时间”学习“规定的内容”。即便孩子逃学，他们也仍然拥有自己的学习兴趣和求知欲望。求知欲最强烈的甚至不是学校里成绩最好的学生，而很可能是那些学习成绩不怎么好的学生。成绩不好的孩子会感到痛苦，但他们的痛苦也不是因为他们没有求知欲，恰恰相反，那是因为他们的求知欲没有得到父母和老师的承认、庇护、保佑。

保护求知欲的第三条建议是：尽可能让孩子少看电视，少上网。请把卧室的电视机撤掉，把孩子卧室的网线拔掉。对成人来说，看电视太多或上网太多会影响夫妻关系，会让我们的身体变得麻木。对孩子来说，看电视太多（一天超过2个小时）会降低孩子的阅读能力，阅读能力的降低又会导致孩子所有学科成绩的跌落。“家里如果有一个看电视的小东西，这个家里一定有一个或几个看电视的老东西。”为了让孩子少看电视，父母本人要少看电视。父母改变，孩子才改变。父母如果不改变自己的生活习惯，坏习惯就会遗传给自己的孩子。学校里差生的背后，很可能有一个生活习惯不良的母亲或父亲。父母在生活习惯上的不良，导致了孩子学习成绩的落后。

教育叙事

小学才是最重要的*

许锡良
广东第二师范学院教育系副教授

上午正在家里看书写作，老家县一中的龚重雅老师打来电话，真是一个惊喜。时光又倒回到30年前我的小学时期。龚老师是家乡远近闻名的才子，无论书法、诗作还是文章都是非常漂亮的，而且他是一个性格非常温和慈善的人。他那个时候还不叫现在的名字，而叫龚鹏飞，现在的名字是恢复高考后，他考取学校以后取的名字。他现在是家乡的语文教学界的名家。龚老师只在小学时教过我两年，那个时候他也就20岁左右吧，高中毕业后无事可做，在家乡务农，后来小学缺教师，他就这样来到小学当起了民办教师，每个月的工资收入还不够糊口。

我小学时是有名的差生，而且连续留级，又贪玩调皮，没少被老师惩罚，在教师中也是有一定知名度的。但是，我留级后就遇到了龚老师，他教我们语文。龚老师歌唱得很好，每次上语文课只上大半节，其他时间就教我们唱歌，或者讲一个故事给我们听。他讲的故事现在回想起来主要有两类，一类是《三国演义》里的故事，一类是寓言故事，讲起来绘声绘色，使我们听得不愿意下课。龚老师从来不打骂学生，而且无论见到什么人，包括学生（而且不论是什么样的学生），都是一副笑眯眯的样子。他待人极其温和善良，对不同的学生也没有什么偏见。有时我们做错了事，或者因为贪玩、偷懒而没有完成作业，他最多只是皱皱眉头，不多久又开心地与我们说话了，以致我们感觉以后不好意思再犯了。他的粉笔字与毛笔字都写得极其漂亮，而且每天练习。他也经常写诗，用很好听的男中音给我们朗诵。当时的情景我现在仍然能够记得很清楚。

我上小学时，记忆中阳光灿烂的日子真的不多，作业不交受到惩罚、留堂，考

---

* 本文写于 2007 年 9 月 24 日。

试不及格受到歧视，有时还被无故怀疑偷了同学的东西。想起来屈辱的时候多，高兴的时候少。但是龚老师是少数几个能够给我苦难的童年带来阳光与欢笑的老师。想起来，他还是我上小学时第一次表扬我的老师。那个时候我真是差极了，简直就是没有希望与前途的那类孩子。但是，在一次语文课上，我偶然第一个正确地解释了“迫不及待”这个成语，他当时就在全班同学面前大大地表扬了我，而且见到我父母的时候还极力称赞说我是一个好苗子，虽然调皮，但是人却很聪明。从此，我父母对我信心大增，这同时也使许多同学和老师不再用差生的眼光打量我。

龚老师那个时候教我们写作文，还说写得好的就由他出钱奖励一本练习本。我们特别努力，天天盼望他来给我们上课。可惜好景不长，1977年恢复高考，他去考试，虽然以优异成绩考中了，却因为家庭是右派出身而不幸被拒之门外，但这对我们来说却是幸运的，因为他因此而多教了我们一年。第二年，龚老师又参加考试，再次以优异的成绩考取，这一次他真的走了。他毕业后留校任教，这一年我刚好留级后读到四年级。就这样，他教过我小学两年。

龚老师去外地上学，回来遇到我们时，还会过问我的学习情况，那个时候，小学升初中的比率是1/10，全乡500个小学毕业生参加考试，只录取一个班，即50个学生，我居然在毕业升学考试中考中了前50名，成功地读到了初中。如果这一生中没有遇到龚老师，我的人生可能就是小学以7年时间毕业，然后终结在农村里了。所以，每次想到这件事，我就特别感激。

后来上高中，龚老师也刚好在县一中教比我们低一年级的语文，我在课余时间经常去他家玩，那个时候他住的房子只有一间，约10多平米，而且是20世纪40年代的老房子，一家三口就挤在这样的小房间里。但他仍然十分敬业，也非常乐观。我有时私下把自己写好的作文拿去给他批改，每次他都会用红笔作出非常详细认真的批语。这样的作文练习本还有一些至今仍保留在老家里，也不知道还能不能找到。

当我在电话里向他叙述这些往事的时候，他说可惜你在读高中时，虽然我也在县一中教书，却没有能够教上你。我说，您在我小学教育我的经历才是最重要的。他在电话里笑了，说：“教小学时懂什么啊，我自己也只是刚从田里洗脚上来的，一个不到20岁的毛头小子，初为人师，根本不懂怎样教书啊。那时只是想混口饭吃，因家庭的拖累，陷入人生的困境，其实别无出路。”但是现在回想起来，人生最重要的阶段仍然是小学阶段。人生越到后来，能够经历那样刻骨铭心的事情就越来越少了。人越是成熟，能够左右他的人生轨迹的力量就越少。转眼30年过去了，我也已经是过了不惑之年的人了，龚老师也由当年那个才华横溢的20岁不到的青年变成了过几年就要退休的人了。想起来，人生如一场梦。今天能够意外接到30年前教过我的老师的电话，使我再次沉浸在回忆的喜悦之中。

迟开的花儿

谢英娜
广东省汕头市龙湖区上头合小学语文教师

花圃前面的空地上，同学们正玩着有趣的课间游戏，王昕总要张望几下，才明白游戏的规则。

几个调皮的小男生闯进来报告：“老师，王昕是不是弱智？她连玩都不会。”我蹲下身，抚摸着孩子们的脑袋，摇摇头。我用手指了指花圃里相继开放的花朵，笑着说：“你们看！这些花儿，有的全开，有的开出两三片，有的还是花骨朵。王昕不是弱智，她只是迟开而已。”孩子们似懂非懂地点点头，继续蹦蹦跳跳地做游戏去了。

此刻，我的心情是何等沉重：王昕这孩子，都入校两个多月啦！可什么都没学会，像跟着跳水的鸭子，整天愣愣的。昨天的镜头一幕幕在我脑中回放……

早操时，每次总是听到大家嘻嘻哈哈的笑声，王昕才意识到自己出错，然后低头盯着自己的鞋子。难道她连左脚跟右脚都分不清吗？同学们跟着体育老师的口令开始左转、右转、前后转。唯独王昕，总是左顾右盼，东张西望一番，才能确定转向。教美术的老师让她比较两幅画的异同，她左瞧右瞧，丈二和尚摸不着头脑，说不出所以然，换成其他同学，这是何等轻而易举的事情。语文老师让王昕根据课文内容回答问题，她听都没听，站起来就说：“我不会。”王昕讲故事特别乱，总是想到什么就讲什么，没有逻辑性。轮到她讲故事时，大伙就一直在下面哈哈笑，静不下来。更可怕的是，她的数学题错误率是100%。

这样的孩子不是弱智是什么？可作为班主任老师，我不甘心她就这样站到弱智的队伍中去。我必须尽我所能，竭力帮助她。

夕阳的余晖缓缓洒在孩子们的身上，眼看开饭的时间很快就到了，我将手一挥：“咱们上食堂帮忙。”我指挥其他孩子摆放餐具。然后蹲下身子，拍拍王昕的肩膀说:“我们也帮忙摆餐具好不好?”王昕点点头。“那你算算,需要多少双筷子?”王昕一边歪着脑袋,一边指了指座位。费了好大力气,王昕终于算出来一共是6个座位。我让王昕挑出6双筷子,摆在每个位置上。我冲身边围观的同学们使了使眼色,大家立刻会意,都夸道:“王昕好棒哦!”接下来是摆碗与汤勺。等到全部摆好后,我笑着说:“你能计算碗跟汤勺合起来有多少吗?王昕用手指着桌面上餐具,嘴里嘀咕着:“1、2……10,11个!对不对?”“你再数数好么?”王昕继续挥动手指嘀咕着……

饭后,为了奖励王昕,我决定请她吃葡萄。经过小卖部的时候,我顺手买了一串。记得刚开学,王昕曾告诉我她最喜欢吃的水果是葡萄。我摘下一小串,说:“这里有多少颗葡萄?谁能数数?”同学们争先恐后地围了上来。我说:“王昕,你能数数吗?”我直接将葡萄摆在摊开的手掌上,王昕像数绵羊一样数起来。吃葡萄的时候,我问王昕:“你要吃几颗呀?6颗!好不好?”王昕仰起头,一脸喜悦。我边摘边数:“1、2、3,给你。吃完老师再给你3颗。”

从那天起,王昕跟我越来越亲近。课前课后,她总会拉住我说:“老师,我喜欢听你讲故事。”“没问题。咱们讲数学的故事。不过你要边听边动脑筋哦!”她认真地点点头,仿佛接受一项历史使命。我绘声绘色地讲起来:“小明家的狗妈妈生了5只小狗,有两只是黑色的,一只是白色的,另有两只是小花狗……狗妈妈经常带着孩子去坐火车。他们一家坐火车要买几张票呀?”王昕想了想说:“狗爸爸去不去?”“不去!”“那要买6张票。”讲完之后,我就让王昕自己复述一遍,帮她梳理条理,如果讲得好,我就给她一颗红星。

周五,我刚走出教室,就接到王昕妈妈打来电话,说她去北京出差,要几天后回来,让我周末帮她带孩子。

第二天,我将王昕带到超市。她兴奋极了,看到自己喜欢的拼图,眼中洋溢着渴望。我把她拉到跟前,耐心地教她看价格,比较哪一款便宜;教她通过颜色、形状比较拼图的异同,并根据颜色给拼图归类,根据价钱将它们从高到低、从低到高进行排队。整个过程中,她时而托着腮帮沉思,时而专注摆弄着。离开超市前,王昕对一套价格11.9元的中国地图拼图爱不释手。付钱的时候,我追问:“为什么选择这款?”王昕仰起头说:“价钱便宜,款式好看呗!”我笑问:“那你算算,如果我们买两套要花多少钱呀?”王昕掰开小指头开始算。突然,她大声脱口而出:“24元给他们,他们还我们两角。”我也跟着笑了起来。

此后,每天放学后,我总会抽出半个小时陪王昕玩拼图,教王昕观察、比较不同的省市,王昕头脑中渐渐浮现出首都北京、举办世博会的上海、省城广东的模样。

我发现，她的观察力一天比一天厉害，对于哪个城市与哪个城市是邻居，广东省在祖国的哪个方向，北京是什么形状，宝岛台湾与香港长什么样子，她都十分清楚。

这一天，在我的提议下，我们一起用脚步度量教室。我用自己的脚示范一遍，结果是10脚，王昕看后，立刻迫不及待，也跟着用小脚量起来，结果是15脚。我故作惊奇地问:“奇怪！怎么不一样呀！”“因为老师是大脚啊！”我扑哧一声笑起来，王昕会思考问题啦！我俩量完教室又量走廊，量完走廊又量花圃，整个过程中，忙得满头是汗……

看着自己的学生正一点点地进步，我欣慰地笑了，为孩子的进步，更为自己这段时间以来的用心良苦。也许，唯有爱心，才能开出人世间最美的花朵。

民间语文

一个蛋头，又一个蛋头

刘云杉
北京大学教育学院教授

东成师：

我仔细阅读了您送的每一篇文章，想了很久。

有些，我已经读懂了；有些，读懂了，但领悟起来还要时间；有些，可能是现在还没有读懂的。

我“教书”已经3年多了，却很少想到“育人”——虽然我从事的是教育研究。有的研究，我还算敏锐，有的课，也还算内容饱满，言之有物，言之有据，力求尊重学生的心智且给予启发。我想，严谨地对待研究，诚实地对待学生与知识，坚持如此，已属不易，这是我的“师表”意识。我很少花心力进入到学生（即便是我带的学生）的世界中，润物细无声，我是一个专业的先行者，所谓的“大鱼先导，小鱼尾随”，从做中学，如是而已。

但是，在您面前，在您的老师面前，我紧张，也汗颜。

我从事教育研究，这颗种子，是您播下的。大一的一个黄昏，在校园中乱转的我碰到您，您说：“女孩子，以后可以做教育。”这之后，我接受了10余年的专业训练与摸索。我从学生变成了老师，身边的学生越来越多，我也越来越忙，看着比我当年更敏感、更迷糊、更稚嫩的他们，我不敢去轻易地“播种”——价值如此多元，风格如此多样，我相信他们的皮实、勇敢，甚至运气。我要做的是打开自己，更积极一点，着手营建一个共同体，欢迎他们进来，带着他们读书、做研究，我只坚持专业的标准。这就是我头脑中所谓的“消极教育”与“积极教育”之辨。在您的文字与实践面前，我是否还能这样“言之有据”？我需要再思考。

不久之前，我问王涌：“如果你不进中青院，譬如当年就进北大法律系，这样是否更有利？”他断然说：“那样就废了，就变成了通常意义上的‘专才’。”再回头，从不到20岁开始，放羊式的读书，由一群问题意识浓厚、参与意识强烈的老师导引，大事件、小事件，有字的书、无字的书，在一个各种利益角逐、价值冲撞、制度粗糙的场域，我们要辨析，也要拒绝（有时很犹豫，20岁实在是贪心的年龄，什么都想要），要选择（有时也很动摇，还在为选择的结果所顾虑），要坚持（一旦开始洒脱地丢，一旦信念伦理压倒责任伦理，坚持也就顺理成章），最终支撑着幼稚如我们的可能就是最本质的“认真”。想通了，清顺了，开始做；或者边做，边理，边想。我们有了某些态度，有时也站在某个立场，有了问题关怀，也有了行动的空间。不屈从权势，不附庸风雅，明白、通晓、认真、务实。我们开始感受到时间的压力，现在已经不是幻想去干什么的年龄，还是清醒意识到自己只能做什么，甚至只能做几件事的年龄。我也清醒地意识到，自己不是一个有大能的人，将小能发挥好，利己利人，足矣。

在我看来，您是知识分子，是赤子，也是诗人。诗人是用生命在写诗的人，所写的不是文字，而是生命实践。所有的诗情与诗意都来自您的血热。星斗其言，赤子其心（我不能说您文如星斗，但言如星斗）。岁月流逝，我们更能感受到您的温暖，从心里流出来的暖，这种暖又来自您的朴质、善良，也来自您省思之后的包容与宽厚。西方有谚语将知识分子戏称为“蛋头”（egg-head），光光亮亮的头壳里装的全是稀稀糊糊的东西，说起来头头是道，却全然不顾实际。我真喜欢您的“三表”概括（爱表现，爱受表扬，也爱表扬人），作为知识分子的您在用“三表”与粗砺的环境打交道。让我开心的是，您没有越来越激愤，而是越来越温厚，越来越温暖。这个“我的国度不属于这里”的人在尘世中也营建了温暖的家，师母越来越温婉，您也越来越阳光。我们的文化喜欢称“阳光少年”，少年阳光不足奇，而阳光中年、阳光老年——这个制度中的异数，实在是可敬、可爱。因此，反过来说，一个血热、心暖、头脑光亮其壳、稀糊其里的人，我们年轻时遇到您，实在是生命中的福气。

小青葵实在也有些大福气，逮着您就不放。她长的宽头阔耳，颇有些佛像。我看她也是很有福气的，福气来自她的心性——我很喜欢外公概括她的两点：不怕苦——使劲；什么都能吃——胃口好。您给她小名“杭之”，我们都很喜欢。

我已经不习惯写长信了，这封信写得很慢，头绪很多，让您看着受累了。

您55岁的生日快到了。您不喜欢寿宴，可以换一个形式。生日原本是私人、清静的事情，吃饭实在是太庸常、闹腾了，也许您年龄更大时，我们再来“热闹”您更合适。10月18日前后，什么时候您方便，我希望来听听您的课，不是“躲在门外巴望亮堂堂的教室、新鲜脸孔的师弟师妹，还有挥着汗如同当初的东成兄”，而是坐在教室，心安、神凝、眼睛发亮地听课——我从来没有听过您的课，一直是课堂外的学生、精神上的学生，也许也是性情上的学生。不过，我资质愚笨，得真传者少，能践行处弱，并非道道地地的学生。

但有一点，我既然体悟到了，就要在今后的教育实践中躬身力行：不仅做到“心暖”，也努力地“血热”，不是暖水瓶般的内暖，而是由内溢外，热情洋溢，真诚地信任学生、充分地肯定学生。也许这是教师最大的力量。

学生：云　杉

2004 年 10 月 4 日

征稿启事

综合性教育人文辑刊《中国基础教育评论》，以刊发思想性随笔、可读性较强的论文以及其他教育人文笔谈作品为主，它致力于对各种教育问题的踏实、细腻的言说与评论以及教育生活现场的真实记录，为思考教育问题和表达教育思想提供一种富于人文情怀、张扬理性精神的公共论丛。辑刊力图从当下教育遭遇的现实问题以及时代精神出发，在深广的视野中关注当代中国教育的幽微问题，在绵密的言说中展现当代中国教育问题的人文机理。

辑刊坚持民间立场，力求亲切、可读，注重从真实教育生活出发，在内容上注重人文品位，在形式上坚持风格多样，学术性随笔、教育散文、生活叙事、对话访谈、日记等，不拘一格，但求文风朴实、活泼，尽可能在对教育生活一点一滴的细微关注中拓展教育的人文视野，以扩大当下教育问题的言说空间，为当代基础教育改革的深化提供一份踏实而有一定深度的阅读资源。欢迎投稿，来稿请寄以下电子邮箱：tiefangliu@163.com。

图书在版编目（CIP）数据

中国基础教育评论. 第1辑 / 刘铁芳主编. —上海
：格致出版社：上海人民出版社，2011.10
ISBN 978-7-5432-1995-3

Ⅰ. ①中… Ⅱ. ①刘… Ⅲ. ①基础教育–中国–文集
Ⅳ. ①G639.2-53

中国版本图书馆 CIP 数据核字（2011）第172258号

责任编辑 顾 悦
封面装帧 人马艺术工作室 储平

中国基础教育评论（第1辑）
刘铁芳 主编

出 版 世纪出版集团 www.ewen.cc
格致出版社 www.hibooks.cn
上海人民出版社
(200001 上海福建中路193号24层)

编辑部热线 021-63914988
市场部热线 021-63914081

发 行 世纪出版集团发行中心
印 刷 浙江临安曙光印务有限公司
开 本 787×1092 毫米 1/16
印 张 11.5
插 页 2
字 数 206,000
版 次 2011 年 10 月第 1 版
印 次 2011 年 10 月第 1 次
ISBN 978-7-5432-1995-3/G·671
定 价 30.00 元